U0137530

# 周易原解

朱东——著

（中）

团结出版社

# 目 录

# 剥——顺正止邪

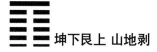

**坤下艮上 山地剥**

剥卦是十二消息卦之一，反映的是阴长阳消的过程，因此卦象中包含的基本意义十分清晰，而且卦辞、爻辞也非常通俗易懂。因此自古以来，对剥卦的解读基本上是一致的。但同时也存在另一个问题，那就是这些解读大多停留在对"辞"的直解、直译上，而无法深入其中，去挖掘隐藏于背后的深层意义。

具体而言，卦中以"床"为引，来讲述"剥"自下而上的过程，其中有三爻更是直言"剥床"，但是古来学者几乎无一人，正面地全面地阐释过，先圣以"床"为喻的用意何在？试想阴长阳消、阴来剥阳的过程，是自然规律的一部分，可以为其例者俯拾皆是，何必一定用"床"？因此，可以断言先圣以"床"为喻必然另有深意，也就是说，对"床"的理解，是解开剥卦的关键所在。

笔者在此即将解开这个"千古之谜"。

**剥　不利有攸往。**

【译文】不利于（再）有所前往。

【解读】剥卦的卦辞，可谓平淡无奇。所谓"不利有攸往"，就是不利于（适宜）有所前进的意思。但是在其背后，却隐藏着解开剥卦的根本。那就是，这一卦虽然是阴长阳消之卦，但是卦意仍旧是站在阳刚的立场上的，仍旧是在寻求对阳刚有利的解决方案的。

因为，卦处阴长阳消之际，所能往者只有阴爻，而阳刚仅剩一爻在上，阴爻再往则将迫使阳刚陨落，六爻全阴。因此所谓"不利有攸往"，是说阴爻不适宜再有所前进，而"不利"则是站在阳刚的角度上说的。反之，如果阴爻能够不往，或者能够使阴爻不往，则会有利，或者至少不会"不利"。

这是本卦的基调，是理解后面六爻的基础。

**彖曰：剥，剥也，柔变刚也。不利有攸往，小人长也。顺而止之，观象也。君子尚消息盈虚，天行也。**

【译文】剥，就是剥蚀的意思，反映的是阴柔（逐渐）改变阳刚的过程。"不利有攸往"，是因为呈现的小人道长的态势。顺势而阻止它，由卦象可以看到这一点。君子尊重消息盈虚的规律，这是天道运行的体现。

【解读】"剥，剥也，柔变刚也"一句，是在解释卦名。"剥"的本意是剥离、剥脱，即去掉物体表面上的东西，可以引申为腐蚀、剥落等意，但总的来说是一个渐次的损毁过程。这一点对比一阴五阳的夬卦可以有更深刻的体会。夬是决的意思，决是迅速的损毁、解决, 这是阳刚的本性体现, 反之阴爻以柔顺为性, 其对阳刚施加影响的方式, 不是刚猛的决去, 而是逐渐的转变, 即只能剥不能决。但是同时也暗含着不可抗拒的趋势与力量。所以, "柔变刚"中的"变", 一方面表明了"剥"的渐次而为的特性, 另一方面则凸显了阴柔的行为特征, 及其背后的必然性。

比之于人事, 就是君子去除小人, 可以堂而皇之地将其逐出庙堂; 小人对君子的影响与转变, 淫邪对正气的侵蚀与转变, 虽然只能是无声无息的, 不敢曝露于阳光之下的, 但却是异常顽强, 和难以察觉的。"不利有攸往, 小人长也"以"小人长也", 来解释为什么"不利有攸往"正是此意。

由此也可以更加清晰地看到, 所谓"不利"是由于"小人长"造成的, 是针对君子而言的, 因此不应当往的, 不是君子而是小人。

综合上述两句, 可以看出, 孔子为了突出"柔变刚""小人长"的隐秘性与顽强性, 采用了一种相对运动的视角, 来观察剥卦的产生过程, 即如下图:

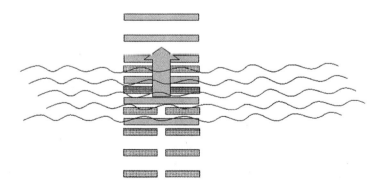

将阴长阳消的过程,想象成了水(阴)漫堤坝(阳)的过程。虽然有主次颠倒之嫌(实际上应当是由于阳刚的消退,才带动了阴柔的滋长),但却也更加形象生动,尤其在理解人事上,更有所助益。

在这个问题上,有学者比照遯卦,认为是说君子在"小人长"的时局下,不利于有所作为云云。然而遯卦仅仅二阴升进而已,阳爻仍旧占据着主导地位,当然是可以有所作为的,正因为如此,才有提醒其当"遯"的必要和基础。如今至剥,阴柔已得六爻之五,阳刚已经处在有为无民的上位,已经无所作为,又何谈往与不往?!

《周易》的核心思想,就是顺乎天命,比附天理来治理人伦。按照这个道理,在剥卦之际,就应当顺应阴爻的发展趋势,进入六爻皆阴的时代,又怎么能说"不利有攸往"呢?这岂不是要逆天而行吗?

为了破解读者的迷惑,孔子在象辞中补充了一句,"顺而止之,观象也。君子尚消息盈虚,天行也。"与通常的用法不同,孔子在此处引用上下卦的卦德时,没有说"顺而止",而是说"顺而止之",其用意就是要表明,卦辞所说的内容,并非是在卦象中起主导作用的阴爻的自身行为。恰恰相反,是外力(阳爻)作用在它(阴爻)身上的行为。即"不利有攸往"是在说,阳刚应当来"顺而止之"——阴柔,使之不能"往",不能对阳刚形成更进一步的不利。这样说的基础是,阳刚始终是变易的主导者,无论外在表现如何,阴柔的消息,在实际上都是阳刚影响的结果,都是为追随阳刚的行动,而作出的反映。

比之于人事，就是出现"剥"——"小人长"的现象的责任，在阳刚而非阴柔。所以阳刚才有可能，也有责任"止之"。

"君子尚消息盈虚，天行也"是在解释，为什么要"顺而止之"，即"止之"的方式，为什么必须是"顺"。当然运用的仍是典型的中国式论证法，即将对"消息盈虚"变化的尊重、推崇——"尚"，推到"天行"——天理的高度，以达到无可争辩的目的。换言之，"顺而止之"就既实现了"止之"的目的，又"顺"应了阴阳消息的客观规律。

对此，有必要作进一步的解释。

首先，必须明确无论是创易的先圣，还是作《彖传》的孔子，都充分地认识到"顺"的必然性，即客观规律是不可违背的。因此，卦辞中不直接说"不有攸往"，而只是说"不利有攸往"。同时卦象又示以"顺而止"之象。彖辞则在点明卦象的真意是"顺而止之"，而不是"顺而止"的同时，又通过"君子尚消息盈虚，天行也。"，来强调"止之"必须要"顺"。向读易者强调，在思想上必须要正视和尊重客观规律，在行为上要通过顺应规律、利用规律的方式，来解决问题，不能与之对抗的基本原则。

其次，创易的先圣，与后来的孔子，也都认识到了人类社会毕竟与自然界不同，人道虽然应当比附于天道，但却不能完全顺从天道，必须要有所控制，有所调整，才能在人与自然界寻找到一种平衡。（参见贲卦象辞"文明以止"的解读内容）

最后，在"顺而止之"的背后，还隐含着一个责任划分的问题，即如前所述，导致"剥"的窘境的责任在阳刚，不在阴柔。但是在"剥"的时局下,"止之"的对象又是阴柔。所以,此时如果对其采取断然措施,非但与天道不合,也与事理不合。

总之,"顺而止之"就是在顺应规律的前提下,通过人为的干预,将形势引导向有利于阳刚的一面;就是在尊重客观规律性的同时,发挥主观能动性;就是在人类社会中,"模拟"天道的运行的方法;就是在人与自然间建立平衡的方式。当然也是剥卦所要阐释的核心所在,也是为什么要以"床"为象的用心所在。

**象曰: 山附于地, 剥。上以厚下安宅。**

【译文】剥卦呈现出,山依附于大地之象。君上观此象,应当懂得通过厚待下民来实现(自身的)安处。

【解读】卦中上艮为山,下坤为地,因此有"山附于地"——山附着于地之象。

"上以厚下安宅"中的"上",说明剥卦所阐释的道理,主要是针对君上的。"厚下安宅"是说要通过"厚下",来保证自己的安稳。这里面具有两重含义:

首先,如下图所示,形象地展示了什么叫"顺而止之"。

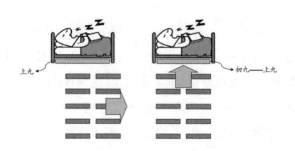

剥卦的卦象，自下而上静态地看，显然是阴柔——小人层层而上，来剥阳刚之象，因此那么居于上位的上九，真可谓岌岌可危。

但是如果换一个角度来看——自上而下来动态地看，上九则又是由初九，因为阴柔在下层层积累，才得以级级升进，正是"厚下安宅"之象。

可见所谓"顺而止之"，有因势利导、变害为用之意。强调的仍旧是自身思想观念的变易，和对客观现实与规律的顺应。

其次，引导读者对爻辞中的"床""剥床"的理解（详见后）。

**初六，剥床以足，蔑贞，凶。**

【译文】剥落了床脚，不正，有凶祸。

**象曰：剥床以足，以灭下也。**

【译文】"剥床以足"就是，消灭了下部的意思。

【解读】以"床"为喻是剥卦爻辞的显著特征之一，其中缊含着深刻的意义。

首先是诠释了"剥"的特征。如前所述，先圣以"剥"为卦名，就是要突出"柔变刚"的渐进过程。而爻辞中以"床"为喻，则是从象上"演示"这个过程。即剥卦五个阴爻的取象，都不是取自于当前的卦象，而是分别取自于各自对应的"剥"阳的过

程,如下图:

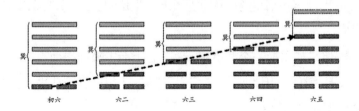

爻辞中的"床"取象于上图中的巽卦,因为在自初至四的"剥"阳过程中,都存在巽卦,因此也就始终存在"床"之象。至六五巽卦在正卦中消失,床之象也随即不存,因此自六五以后,爻辞不在以"床"为喻。

初六"剥床以足",就是说剥落了床脚。

"蔑贞"中的"蔑"通常被解作"灭",意思就是说,阴爻自下而来,变掉了初爻——变初九为初六,就相当于灭掉了初爻之贞,进而有"凶"。这种解读看似合理,因此也广为接受。但是存在两个问题:

一是不合情——不合爻辞之情,因为自初至四,都是在"剥床",自初至五都是在剥阳,都是在"灭贞",何以只有初二两爻有"蔑贞"之语?

二还是不合情——不合圣人创易之情,因为按照上述"灭贞"的解读之后,爻辞的意义戛然而止,仿佛圣人以床为喻造此卦,仅仅就是为了说明剥是自下而上渐次而来的。

笔者认为,此处的"蔑"应作"不"讲,而"贞"应取正意,"蔑贞"就是不正的意思。这样就与"床"的寓意就紧密地结合起来了,床是由四条腿支撑的,因此也就有四个"足",如今

"剥"其一足自然不正,床不正对于坐卧其上的人来说,自然是
"凶"。由此可以引申出:

第一,床之不正,就是床之不平,可见先圣是借床之象,以
"不正"喻"不平",说"蔑贞,凶",就是以不正为凶,就是以不
平为凶。初六对应的是小民之位,因此先圣是在借初六之位,和
床不平之象,来说明小民是因为"不平",而由刚变柔的,和小民
变柔之后,造成的结果。

第二,"蔑贞,凶",就意味着不"蔑贞",就有可能不
"凶"。以床为喻,决定其评语不平的,不是其是否有脚,而在于
四个脚是否平齐。因此只要将四个脚都锯掉,也就不存在"蔑
贞"——不平的问题了,也就可以避其凶祸了。这不正是"顺而止
之"吗?

其过程如下图所示:

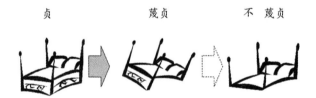

四足去其一,则被去之足必短,再短另外三足,以取其齐,
这种思想与老子的"不患寡而患不均"完全一致。由此可看出,
初六中的"贞",实际就是老子所说的"均",这个均并不是简单
的平均,而是更加深刻的公平。

因此,如果比之于人事,那么初六的"剥床以足,蔑贞,
凶",就是在说如果"不均"——不公平,就会导致民心不正,

民心不正则不免导致民弱——由刚变柔，民弱则必致（君上/天下）有凶。

民心不正何以必致民弱？

这是因为，初六小民所思所想，不过利益二字，所以民心不正，就是小民取利之心、之法不正，就是民众纷纷攘攘，上不知有君国，下不知存廉耻，所求所趋者唯一利字。民情、民心如此，则如散沙一盘，虽富亦弱，于国无益也，贫则更不堪想。即如满清末年的中国之民，被列强讥为一盘散沙，原因何在？不外乎两百多年的外族压迫，导致得社会不公的累积效应而已。

所以，不均则民不正，民不正则国必危，巽有陨落之象，正合此意。

象辞说"以灭下也"，应当就是灭在下的小民之"刚"的问题，而不是简单地说，灭在下的阳爻。

**六二，剥床以辨，蔑贞，凶。**

【译文】剥落了床腿，不正，有凶祸。

**象曰：剥床以辨，未有与也。**

【译文】"剥床以辨"就是失去了帮助的意思。

【解读】"辨"是指足以上，大腿以下的部位，对应于床应当就是床腿部分。

从象上看，首先在六二的阶段仍有巽象，所以辞中仍有

"床"字。同时在剥卦的取象中，又根据上下卦分为床上和床下两个部分，六二位于下卦，因此是位于床下的床腿。第三，通过初六图可见，六二对应的并非整个床腿，而仅仅是其中间部位，因此说"辨"。

"剥床以辨"就是折断了床腿的意思。床腿与床脚相比，起着更重要的支撑所用，因此象辞说"未有与也"，是没有去帮助九五的意思，"与"有帮助、援助的意思。

比之于人事，二为士大夫之位，也就是今天所说的意见领袖、民间精英之类。剥至六二，不再仅仅是普通小民的问题，即便是民间精英也已经由刚变柔了。即如清末民初，国家连遭重创，小民早已各求其生，就连所谓精英阶层，也彻底失去了对本民族文化的信心与坚守，于是出国如飞蝗，崇洋如潮涌……

**六三，剥之无咎。**

【译文】剥落它没有咎害。

**象曰：剥之无咎，失上下也。**

【译文】"剥之无咎"的原因是，因为存在上下之分。

【解读】以见巽为床论，六三仍旧是在"剥床"，以床上床下——上下卦分，六三为下卦之终，巽象已失，因此爻辞实为"剥床"，却不见床。

六三所变/剥的刚爻，就是在初六图中的九三，是下巽之终。因此六三剥床，是将床腿齐根剥除（或者是将床板"剥"得更薄）。床无腿虽然不够美观，甚至也可能在一定程度上，影响使用的效果，但总的来说，因为保证了底部的平坦，因此仍旧可以正常使用，所以六三的爻辞是"剥之无咎"。

象辞说"失上下也"，就是说六三分开了床的上下。

**六四，剥床以肤，凶。**

【译文】剥落床体已经触及肌肤了，有凶祸。

**象曰：剥床以肤，切近灾也。**

【译文】"剥床以肤"是说，已经接近灾祸了。

【解读】六四对应的是床上，因为在上卦中又出现了巽象，因此爻辞中也同步出现了"床"字。关于"肤"字大多数学者认为，是指人的肌肤，也有少数学者认为是床的肌肤，也就是床板或者床上的铺垫之物等等。按照初、二两爻的用词来看，似乎后者更有道理。但是无论哪种解释，都说明阴爻的上剥已经达到了非常严重的程度。所以象辞说，"切近灾也"。

四为诸侯之位，也为近君之位，因此六四"柔变刚"——柔爻剥变刚爻，比之于人事就是诸侯由刚变柔，所带来的灾祸就是君主之灾，国家之灾。

在创易时代，诸侯是国家的支柱，诸侯的强弱就是国家，尤其在军事上的强弱，诸侯与王室的关系，直接决定着国家的稳定, 因此诸侯问题是国家的核心问题。

比照与初六小民的分析, 可以推知诸侯由刚变柔的结果, 应当也是各求其利, 置对王室忠诚, 对国家的责任于不顾。与小民不同的是, 诸侯不仅能够逐渐地削弱王国的力量, 而且还可以直接威胁君王的地位, 可以直接动摇国本, 因此断语直言其"凶"。

当然从床的结构上看, 当剥至"肤"的时候, 已经没有不平的问题了, 因此也不存在"蔑贞"的问题。

六四所对应的景象, 在中国大规模的出现过数次, 比如春秋以后的诸侯争霸, 东汉末年的诸侯割据, 唐末的藩镇割据, 民国初年的军阀割据等等。

**六五, 贯鱼, 以宫人宠, 无不利。**

【译文】鱼贯而入, 像对后宫嫔妃一样逐次宠幸, 没有不利的因素。

**象曰: 以宫人宠, 终无忧也。**

【译文】"以宫人宠"（可以"无不利"）是说, 终究可以没有忧悔。

【解读】剥至六五, 巽象消失, 艮象随之而来, 艮为宫阙, 为门, 因此六五有引领群阴, 鱼贯而入宫室之象。如下图:

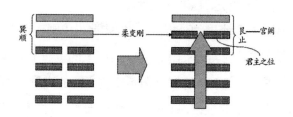

所谓"贯鱼"即是后世所说的"贯鱼之次",意思是说君王由于后宫妃嫔太多,如果偏心宠爱,则难免会有怨言,于是就按照一定的次序……显然"贯鱼"在这里具有双重含义:一是说明"柔变刚"已经深入到宫阙之内。其二则是一种秩序的象征,也就是一种"礼",一种规矩。

剥卦的爻辞,自初至四呈现出鲜明的逐次深入的规律,但到了五位,却出现了明显的转折。这是因为前四爻重在显示阴长阳消的顺序发展,重在"顺"而"止"的问题,现在是隐藏的,是需要读者自己去领会的。到了五爻随着巽象的消失,消失的不仅仅是"床"之辞,而且还有顺之重——巽为顺,转而开始直接讨论"止"的问题——艮为止。

所以,五、上两爻所要阐释的,就是如何"顺而止之",由此可以进一步推知,六五的"贯鱼",并非是六五的自觉自愿,而是上九的干预所致。而爻辞中的"宫人"才是六五的真实身份。因为五为君王之位,六五以阴柔居之,且有入得宫阙之象,因此应当就后宫的嫔妃。"贯鱼,以宫人宠"是指上九通过编制"贯鱼之次",将纷纷上剥的众阴,当作宫人般来管理,或者说是上九借用管理宠幸宫人的手段——"贯鱼之次",来管理纷纷上剥的众阴。

总之，通过这一句，我们可以看出，所谓的"顺而止之"，就建立礼制，规范秩序，以礼止之。

何谓礼？何谓贯鱼之次？以宫人而言，不过名分而已；以天下而言，不过公平而已；就其根本而言，不过合理分利而已。宠幸宫人如此，则宫人无怨；统万民如此，则民心无邪；御诸侯如此，则诸侯不乱。

因此所谓"顺而止之"就是顺礼，顺天道而止乱。乱得以止，自然"终无忧也"。

**上九，硕果不食，君子得舆，小人剥庐。**

【译文】所剩唯一的硕果不被吃掉，君子因此得到民众的承载，小人则有剥庐之祸。

**象曰：君子得舆，民所载也。小人剥庐，终不可用也。**

【译文】"君子得舆"的意思是说，被民众所承载。"小人剥庐"的意思是说，终究不能得逞。

【解读】上九是硕果仅存的阳爻，同时剥卦整体为一大艮，艮为果蔬，因此说"硕果"。"硕果不食"并非来源于象，而是继六五而来，"止之"成功的结果——"不"有主动放弃之意。

"君子得舆"和"小人剥庐"是这一结果，在阳刚和阴柔两个方面的不同表现：

坤为民，为舆，上九下乘互坤，因此爻辞说"得舆"，而象辞说"民所载也"；艮为宫阙，因此上九有庐顶之象，"剥庐"需要自上、自外进行，如今群阴在上九之下，又在上艮之内，"小人剥庐"实际是一种丑态，一来有雀跃而求之象，二来果然剥之成功，则又危及自身。所以象辞说"终不可用"。

对六五、上九两爻的顺而止之，清代王夫之的论说最为精妙，现引于下："尽彼之用，知其可以为舆也；不以我殉，授以贯鱼之制，而不就与为耦也；则民载君之分定，男统女之势顺矣。"

# 复——复以顺行

震下坤上 地雷复

复是十二消息卦之一，体现的是一阳复生、万物更始的状态，在节气上对应的冬至。因此可以通过对冬至时节的阴阳关系的体会，来理解复卦的真意。

对此，宋代的易学大师邵雍的《冬至吟》，堪称最为精当：冬至子之半，天心无改移。一阳初动处，万物未生时。玄酒味方淡，大音声正希。此言如不信，更请问庖羲。

"万物未生时""玄酒味方淡""大音声正希"等，都极为真切地说明了冬至时节的阳刚（气）的特征，"未生"则未见其形，不得其用，即如玄酒方淡，则未能饮用，大音声正希，则未能得闻。总之，冬至——复的时节，阳刚虽然复生，但是尚未成熟可用。这是复卦所对应的天理——客观规律。先圣创易，既然强调顺应天理，那么其卦义必然也不能出离天理，无视规律。

所以，复卦所要阐述的必然是，在"一阳初动处，万物未生时"，阳如何做到"复"而不用，阴如何顺阳之"复"的问题。舍此论复，即是要陷先圣于逆天论道之中。

**复** 亨, 出入无疾, 朋来无咎。反复其道, 七日来复。利有攸往。

【译文】亨通, 出入没有任何疾患, 有朋前来没有咎害。周而复始循环之道, 七天就会重新回转复来。有利于有所前往。

【解读】复是一阳复起, 万物更生, 因此能够带来亨通。"出入无疾"中"出入"在以往的解读中, 通常被说成是"生长"——以入为复生于内, 以出为长进于外, 这种解读方式的基础, 是完全建立在阳刚的运动之上的, 即将"复"完全地看成了阳刚的运动。然而阳可以复生而来, 阴也可以复归而去, 这样才能形成阴阳消息的互动, 否则阳生阴不退, 岂不成了阴阳交战。因此"出入"是指阴阳的消息互动——"出"是阴复归而出(离卦象),"入"是阳复生而入(于卦象)。

"朋来无咎"在传统上, 有两种解读方式: 一是将"朋"简单地视为后续而来的阳爻, 认为"无咎"是对阳刚持续升进的肯定, 然而既然以阳刚升进为亨通, 又何须以"无咎"鼓励之? 二是以阴遇阳为"朋"。相比之下, 后者比前者更为合理一些, 但仍旧未得"复"之真义。

所谓"朋来无咎"之反, 就是所来非朋则有咎。来者何人? 阳刚也。也即在说, 因为阳刚以阴柔之朋(的态度/方式)而来, 所以能够无咎。而其未言之意则是, 如果阳刚不以阴柔之朋(的态度/方式)而来, 则必有咎! 即在强调, 阳刚复生的态度和方式问题。

一阳复生, 将使天下亨通, 本来堂堂皇皇之举, 何以必"朋来"方能"无咎"？原因就在于此处虽然是"一阳初动处"，但此时却仍旧是"万物未生时"，阳刚尚柔弱无能，不以"朋来"必遭咎难。

可见"朋来无咎"是卦辞的核心，也是解读复卦的关键所在。先儒由于对此缺乏深刻的认识，最终导致对复卦的解读荒谬不堪，终将先圣之大易，硬解成儒门之小易，可谓憾矣。

"反复其道，七日来复"是在解说"复"对应的客观规律，所谓"反复其道"实际就是阴阳消息在卦象的表现。如下图所示：

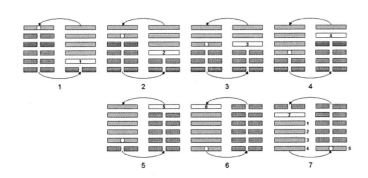

任何一个爻位，自其被另一属性的爻取代之后，都可以在经历七次变化之后，重新为原属性的爻所占据。

以复卦为例，坤卦自经历第一次变化，初六被阳爻推动升进（退却）开始，初位即被阳爻占据，之后在第七次变化时，初位方才重新被阴爻占据。即所谓"七日来复"。需要注意的是，这并不是爻的变化规律，由上图可知，任何一爻需要经过十二次变化之后，才能重新出现在原来的位置上。

从被姤卦初六升进而推动，进为九二，相继经历二、三、

四、五、上（剥之上九）五个爻位，直至坤卦时，完全不现于卦象，最终在第七次变化后，重新复生于初九之位。即所谓"七日来复"。

"利有攸往"是说有利/适宜继续发展下去，因为阳长阴消，就是君子道长，小人道消，因此应当继续发展壮大下去。

**彖曰：复亨，刚反，动而以顺行，是以出入无疾，朋来无咎。反复其道，七日来复，天行也。利有攸往，刚长也。复其见天地之心乎？**

【译文】复卦亨通，阳刚返归，运动而且以柔顺的方式进行，因此能够出入没有疾患，有朋来而无咎。反复之道，以七日来复为规律，是天道运行使然。有利于有所前往，是因为是阳刚在息长。通过复卦是否可以感受到天地的良苦用心呢？

【解读】"复亨，刚反，动而以顺行，是以出入无疾，朋来无咎。"一句，可以分为两个部分来解读。

前半部分"复亨，刚反，动而以顺行"，是在解释卦辞中的"亨"，它包含了两个条件：

一是"刚反"，"刚反"首先是针对卦象整体而言的，是在说明当"复"之时，卦象变化，也即阴阳消息的大方向、大趋势，是阳刚的返归。其次才是针对阳刚自身而言的，是在强调，当"复"之时阳刚的运动，重在"反"，而不在行——既然"反"则必然有机会"行"，但力尚不足时，应当集中精力保证"反"的实现，如果贸然骤"行"，则非但举步维艰，甚至还有可能影响到"反"的实现。

二是"动而以顺行"，"动而以顺行"是对此时阳刚运动方式的详细描述，因为"刚反"不言动，说明阳刚此时不以动为意，但是反则必有动，不动何以成反。只是阳刚此时，尚处稚嫩，因此只能"以顺行"。如果直言"动而顺"，或者"动以顺"，都容易让人直接理解为是阳刚动阴柔顺其而动，虽然卦中确有此意，但此间的重点在于说明，阳刚的运动方式，是在强调阳刚应当"以顺行"，不能冒进。所以才说"动而以顺行"——动是阳刚在动，顺也是阳刚在顺，所顺者非阴柔，而是天道。

对这一部分的深入解读，可以更全面地阐释"复"何以能、如何能"亨"，可谓精道。

比之于人事，最典型的例证就是一些政治人物，在遭逢波折之后的复出了。此时最重要的是保证复出成功，在政治争斗中站稳脚跟，而不是急于去实现自己的所谓抱负，非但不能如此，甚至还要通过暂时的隐忍逢迎，以求身安位稳，所以即使要动，也要"以顺行"。

后半部分"是以出入无疾，朋来无咎"，是在解释卦辞"出入无疾，朋来无咎"，"是以"就是所以，可见此间孔子是将"动而以顺行"作为了"出入无疾，朋来无咎"的原因。准确地说，其中逻辑关系，对错参半。

首先以"动而以顺行"作为"出入无疾"的原因/条件，是可以的、正确的。因为如前所述，阳刚如果采取生猛冒进的方式，就容易造成阴阳相敌的局面，那么无论怎样理解"出入"，都不能"无疾"。

但是以"动而以顺行"作为"朋来无咎"的原因/条件,就是不可以的、不正确的了。因为"动而以顺行"与"朋来无咎"是一回事,"动而以顺行"就是"朋来无咎"。同时,"出入无疾"与"朋来无咎"也不是并列关系,而是因果关系——"朋来无咎"是"出入无疾"的原因和条件。所以说象辞中的逻辑关系,对错参半。

其次,"动而以顺行"是"复亨"的原因之一,如今又以之为"出入无疾,朋来无咎"的原因,这就是说,在孔子看来,"复亨"与"出入无疾,朋来无咎"是并列关系,即后者是前者的具体表现。这样一来,就在事实上将"朋来无咎"的"朋",看成了是后续而来的阳爻……想来这应当是将后世儒者,引向解复歧途的发端。

"反复其道,七日来复,天行也"就是在说,复所展现的阴阳更替,实际就是天道,就是天道在卦象的映射。

"利有攸往,刚长也"是说,"利有攸往"并非是针对复卦本身,而是面向于阳刚升进的趋势而言的。"长"是在"反"的方向上,继续地发展。

"复其见天地之心乎"是孔子的感叹,意思是说通过研究复卦,应当能够了解天地之心。天地本无心,此间说"心",显然是在暗指天地变化、阴阳消长中的倾向问题。复卦卦辞以"利有攸往"定论,恰说明天地阴阳消长、循环往复之中,有崇阳抑阴之心。即所谓天地之大德曰生。有学者认为,此间的"心"应当就是指阴阳消息的规律,大谬!阴阳消息即是规律,则非但是天地之行,而且还应当是无心之行,何以言"心"?

象曰：雷在地中，复。先王以至日闭关，商旅不行，后不省方。

【译文】复卦有雷动于地中之象。先王观此象而决定，在冬至之日关闭关门，商旅不外出，国王也不能巡视四方。

【解读】下震为雷，上坤为地，因此复有"雷在地中"之象。

"至日闭关，商旅不行，后不省方"，"至日"就是冬至之日，在冬至这一天，关闭关口，商旅不行，君王（后指君王）也不能巡行四方，这是远古时的一种行政规定。其用意，就因为此时阳气虽复尚弱，需要安静而持养。

因此"先王以至日闭关，商旅不行，后不省方"一句，透露了两个信息：一复卦所言，是关乎君王之事，所以即使是在发挥其意的象辞，也要明指"先王"；二复卦之复，重在节制，因为"闭关""不行""不省"，都是在强调控制、节制，甚至是静止不动。

初九，不远复，不祗悔，元吉。

【译文】不远其复，不触及到忧悔的意思，大吉。

象曰：不远之复，以修身也。

【译文】离开并不遥远的回复（正道），是指要修养自己的身心。

**【解读】**由于《系辞传》中有，子曰："颜氏之子，其殆庶几乎? 有不善未尝不知，知之未尝复行也。《易》曰: 不远复，无祇悔，元吉。"一句，加之象辞又说"以修身也"。于是后世的儒者，纷纷将"不远复"解作不远而复。这实际上既是对易理的误解，也未必是对孔子真实思想的承袭。

因为，首先象辞中直言"反复其道，七日来复，天行也"。这说明远近乃是天行，必须七日方才能复，同时到得七日又必须要复，岂有人为人定之理? 所以此间的"远"，绝不可能是指离去距离的远近。

其次，《系辞传》虽然是对《周易》的深度阐发，但终究是由孔子所作，是其自身的思想观点，甚至是情感的表露。用今天的话说，大致相当于孔子的"读易心得"，只不过孔子具有极高的思想境界，而且又是一位严谨学者，因此不至于将"心得"写成"戏说"而已。因此不能将《系辞传》认作就是《周易》的本意。尤其是在这一句上更是如此。

因为"颜氏之子"——颜回，是孔子最得意的弟子，无论是在孔子眼中，还是在其他孔门弟子眼中，颜回都是孔子百年之后，最恰当的继承者，只可惜此人英年早逝，让孔子落得个白发人送黑发人。因此，无论是在其生前，还是死后，孔子对他都是有着特殊情感的，在这种背景下，如果说孔子有感于复之初九，而发出上述言论。完全是在情理之中的事情。因此不宜用来作为解易的依据。

事实上，初九的"不远复"就是不远其复。有四个方面的依据：

首先，是与初九的特性相符，初九为"潜龙勿用"，因此不能/适宜"远复"；

其次，是与卦辞相符，卦辞说"朋来无咎"，强调初九之复，必须以阴柔之朋的姿态前来，因此不能/适宜"远复"，"远复"则非朋而敌了；

第三与象辞相符，象辞说"刚反，动而以顺行"，说明阳刚初反，当以顺行为动的方式，因此不能/适宜"远复"，"远复"则不顺于天道；

最后与大象相符，大象说"至日闭关，商旅不行，后不省方"，因此不能/适宜"远复"。

正是由于上述诸多不能/适宜"远复"的原因，所以爻辞继之以"不祇悔"为戒，"祇"通抵，"不祇悔"就是不触及到"悔"的意思。说明，虽然阳刚复生，体现着天地之心，但也要顺天道而行，否则就会有悔。反之，如果能做到有所节制——"不远复"，则非但可以"不祇悔"，而且还会得"元吉"。

比之于人事，一阳复生实际就是正义归来，因为"复"之前是坤，六爻皆阴天地昏暗，正是君无道，民无志之时，此时正道往往自底层复生，即如复卦所示，自初九开始，一阳更生。就如同民间的思潮涌动，抑或是零星的农民起义。

初九是小民之位，小民无智，缺少将一种正确的思想，或上升为某种理论，或推演为一套可执行、能操作的方案，进而将其转化为现实的能力，因此其"复"往往是，起于义，激于情，燥于行，不能远，远则易过，于人于己于天下，都绝非幸事。

以农民起义为例，但凡起义，就其根本都是为生活所迫，因此无可厚非。但是其间有相当一部分组织者、参与者，在起义的过程中，将自己怨恨，恣意宣泄于天下，一路烧杀淫掠，走上暴虐不仁的道路，自己也从一个值得同情的起义者，变成了为人痛恨的流寇，如元末的张献忠之流，最终要么被官军捕杀，要么被同道所灭。

再如晚清的戊戌变法，几个书生以一己之义气，慷慨激昂上书变法，然而实际上却是，既无政治经验，又无改革目标，只能根据自己身受之感，提出废除科举，而招致天下士子仇而视之；根据道听途说，提出改官制开国会，而招致满朝文武与己成敌。可谓复之远矣！由《易》观之，最终君子流血，智者跑路的结果，当是必然。

所以，先圣在复卦中提醒后人，即便是一阳复生，即便是要恢复正道，但在起初始阶段，也要保持理性、克制，而不宜"远复"。

象辞中"以修身也"，被许多儒者认定为是不远而复的暗示，事实上也可以用来作为不远其复的目的——修养自己的身心，阳刚初反需要安静持养，人心复正也需要修养其沉稳。

**六二，休复，吉。**

**【译文】**喜悦地面对复归，吉祥。

**象曰：休复之吉，以下仁也。**

【译文】喜悦地面对复归，而能导致吉祥，是因为在下者的仁德。

【解读】如果将初九的"不远复"，解读为是关于个人修养的不远而复，那么首先在面对六二时，就不知所云了。

因为"休"可以是喜悦的意思，也可以是休止的意思，但无论是哪一种，都无法续接于不远而复之后，形成顺畅的逻辑关系，所以先儒至此只能草草数语而过。但如果是如上所述的（初九阳刚）不远其复，那么自二之上的五个阴爻的爻辞，都可以视为是对初九的行为方式的反应，而形成一个完成的逻辑链。

首先六二"休复"，就是喜悦地面对阳爻的复生，或者喜悦地踏上自己的复归之路的意思。体现着一种顺应天道的精神，因此能够得吉。

而象辞的"以下仁也"，既可以理解为，因为其下初九的仁德；也可以是，来顺应其下初九的仁德。都可以讲得通，都说明了六二的"休"，恰恰是由于初九的"不远复"所致，二者恰好形成阴阳相携的景象。

比之于人事，二位对应的是士大夫，是民间的精英，如果仍以农民起义为例，小民有足够的热情，因此往往能够率先揭竿而起，但是最终决定起义成败的，还是社会精英阶层的态度取向。如今初九"不远复"，不使社会因为其来复，而陷入混乱恐慌之中，六二往往就会因为感其"仁"，而知其义，进而同情之，支持之。


**六三，频复，厉，无咎。**

【译文】不情愿面对复归，有危厉，但没有咎害。

**象曰: 频复之厉, 义无咎也。**

【译文】因为不情愿面对复归，而导致的危厉，应当没有咎害。

【解读】"频"的本意是皱眉而止，六三位于下震之终，震为动，因此有动终而止之象，同时六三又在互坤之中，坤为顺，因此其止，不是完全停止而动，而是皱眉而止，不愿前行而已。

皱眉而止，有不顺之意，因此有危厉。但毕竟不是完全停止，只是不愿前行而已，甚至还有可能仅仅是心中不愿，行为上并没有抗拒。所以可以"无咎"，象辞所说的"义无咎也"——按道理可以无咎，也就是这个意思。

比之于人事，六三为底层官员之位，因此六三对于任何变革（非但是一阳复生），其基本态度都是皱眉而止，因为这些变革即使没有触动其既得利益，也会因为与其行为习惯不符，而带来诸多"不便"。

**六四, 中行独复。**

【译文】行于同类之中，独自坚持复归。

**象曰: 中行独复, 以从道也。**

**【译文】**"中行独复",是为了顺从于正道。

**【解读】**六四是初九的正应,因此有为阳刚所感应之象。因此其行为带有明显的主动性,所以说"中行独复"。与"独复"相比,"中行独复"有行于其间而独行其道的意味。所以象辞说"以从道也",为从道而不惜"中行独复",足见其有不惧千夫指、独为正道亡的殉道精神。古来贤哲,为复正道而前驱独往,最终却为市井小儒所污之最甚者,其曹孟德乎?

当东汉之末,迎门阀之风,曹孟德独复唯才是举之道,却被后世儒者诟病为奸诈,却不知无有曹孟德雄踞北方诛灭乌桓,中华将早迎"五胡之乱"百年之久!

四位诸侯之位,虽感于初九之义,但其所能复者,唯一方而。故于天下而言,则为"中行独复"也。

### 六五,敦复,无悔。

**【译文】**敦厚随顺地面对复归,没有忧悔。

### 象曰:敦复无悔,中以自考也。

**【译文】**能够敦厚随顺地面对复归,而没有忧悔,是因为能够居中而自我反省。

**【解读】**六五之"敦复",与临之上六"敦临"相近,都是敦厚随顺之义。六五柔居天位,虽然不正,但却柔而得中,有虽然不才,但却也不刚愎自用之象。同时初九又"不远复"——不躁动进逼,因此六五能够尽其敦厚之质,而顺阳刚来复。"敦复"则顺天道,因此可以无悔,同时也是戒语——如果不"敦"则必有悔。

六五为君,而"敦"初九之复,一则是因为初九有"不远复"之行,二则是由于其具备居中的特性,能够慎思而行,能够顺应阳刚——正道的来复。即象辞所说的"中以自考也",可见所谓"自考"有自省、自知之意。进而又可推知,六五的"敦复"背后,还隐藏着上古的尊贤禅让思想。这也从另一方面印证了,阴爻爻辞中的"复",也可以作自身复归来解。

**上六,迷复,凶。有灾眚,用行师,终有大败,以其国君凶,至于十年不克征。**

【译文】迷惑地面对复归,有凶祸。有灾祸发生,如果兴师作战,终将会大败,因为其国君有凶祸,以至于十年也不能取胜。

**象曰:迷复之凶,反君道也。**

【译文】迷惑地面对复归,将招致凶祸,是因为其违反了君王之道。

【解读】对于惜字如金的《周易》来说,复卦上六的爻辞,可谓长篇大论。但其核心仍只是"迷复,凶"一句三字。

"迷复"可作两解:

一是,迷于复,重在强调其对初九"不远复"的反应。迷于复，就是不知义，就是不知天地之心，因为初九来复，就是阳刚来复，就是正道来复。

二是，迷而复，重在强调上六自身的行为。因为反复其道，是天行，不以人的意志为转移，也不能以阴阳的"意志"为转移，所以上六的复归是必然的，只是其自身不知其中之道而已。

无论是上述的哪一种，亦或是两者兼而有之，结果都是"凶"。象辞对这种"凶"，作了进一步的解释——"反君道也"。君王的职责，就是为民众指明方向，如今上六由于初九来复，自五位升至上位，从象上说是失君位。而至此仍"迷"，可谓彻底"反君道"了。

至于"有灾眚，用行师，终有大败，以其国君凶，至于十年不克征"，不过是对"凶"的具体描述，或举例说明而已。唯一值得注意的是，"终有"和"至于"两词，说明"迷复"之"凶"并非立现必然之凶，而是发展的必然结果而已。

回顾复卦六爻，下三爻重在动，"不远复""休复""频复"都重在表现"复"，或者面对复的方式；上三爻重在顺，"独复""敦复""迷复"虽然各有不同，但是有两点却是一致的，一是都有顺从之意，二是都是侧重于心理的描述。"独复"是顺之初，"敦复"是顺之中，"迷复"是顺之过。

# 无妄——非礼勿念

 **震下乾上 天雷无妄**

无妄是《周易》中较为特殊的一卦，是重在论道——为君之道的一卦，因此无论是卦辞还是爻辞，都在讲述原则性问题，即便是看似对具体行为的建议，也是用隐喻的方式，使之具备更宽泛的适用性。

"妄"的本意是胡乱、荒诞、不合理、非分、不实等的意思。因此"无妄"就是不作非分之想，无有胡乱之行的意思。简单地可以理解为，安分守己，非礼勿闻，非礼勿言，非礼勿行的意思。这可说是，对每一个人都适用的行为准则，因此先儒多将此卦解作，是对个人行为方式的劝诫与指导。虽然在广义上可通，但由于毕竟与原意不合，因此导致在对爻辞的解读上，有无法通畅之处。

究其根源在于，没有充分地理解"无妄"与"不妄"的区别。"无妄"重在"无"，是根本没有"妄"的念头；"不妄"重在"不"，是即使有"妄"的念头，也不作"妄"的行为。仅就行为结果而言，二者并无区别。但就行为的可能性而言，"无妄"显然要比"不妄"更胜一筹，更进一步，更加彻底。因为"不妄"仍旧具有妄为的可能性，因为仍旧可能具有"妄"的欲望，而"无妄"则是从思想上，从内心深处杜绝了妄的可能性。

所以"无妄"强调的是对人思想境界的要求，"不妄"则仅仅是对人行为的要求。再进一步地说，"不妄"是可以在外力的作用下、约束下实现的，而"无妄"则只有通过自我约束才能实现。不作非分之想，无有胡乱之行，可以称之为"不妄"，但未必称得上是"无妄"。

二者的区别何在？臣民作为被统治的对象，必然有外在的力量对其加以约束，所以"不妄"即可，无须要求人人都达到"无妄"的境界。君王则不同，君王是统治者，加诸其身的约束，即使有也较之常人少之又少，而其行为的影响，则遍及天下，所以必须要"无妄"——从内心深处即去除妄念，才能保证其行为的"不妄"。

所以，卦名"无妄"就是在说，这一卦是针对君王而言的，而且全卦的重点在于"无"，这是正确解读本卦的根本。

**无妄 元亨利贞，其匪正有眚，不利有攸往。**

【译文】大亨通有利于正固，那些不正（的想法）都暗含灾眚，不利于有所践行。

【解读】"无妄"，无非分之想，无胡乱之行，就会导致"元亨"——大的亨通，这是一种源于高度发达的农耕文明的思想。

因为对于农耕文明而言，时节的变换是关乎生死的大事，所以凡是高度发达的农耕文明，必然导致对时令——天时的崇拜，即如中国古典哲学，言必说天道，语必说天理。当这种时令崇拜，延伸到社会中之后，就必然会产生对秩序的崇拜。当这种对秩序的崇拜，映射于人的行为上时，就是"不妄"；映射到人的思想观念上时，就变成了"无妄"。

"利贞"就是有利于/应当保持贞正的意思。何谓贞正？与不正相比，必然要有一个标准存在，才能产生所谓的贞正，显然这个标准在自然界，就是天时；在人类社会，就是秩序。所以"贞正"实际上就是与秩序保持一致，就是对秩序的尊重与遵从。因此，"利贞"既是"无妄"的表现，又是"无妄"的前提。

"其匪正有眚，不利有攸往"是说，那些不正的想法都暗含有灾眚，不利于/应当有所实践。句中虽然没有涉及"想法"的文字，但是通过后面的"往"可以推知，"匪正"所指的应当不是具体的行为，或者至少不仅仅是具体的行为，否则就是已经"往"了，又何必再说"不利"？所以，在卦辞中，已经具有了强调"无"的思想性的特征，只是不易察觉而已。

**彖曰：无妄，刚自外来而主于内，动而健，刚中而应，大亨以正，天之命也。其匪正有眚，不利有攸往，无妄之往，何之矣？天命不祐，行矣哉？**

【译文】无妄卦，阳刚自外而来，入主于内，以刚健的方式来行动，阳刚居中而应，通过正当的方式来形成亨通，这是上天的命令。（卦辞说）"其匪正有眚，不利有攸往"，（但是）无妄之往，能到哪里去? 没有天命的护佑而行, 能行动吗?

【解读】"无妄, 刚自外来而主于内, 动而健, 刚中而应, 大亨以正, 天之命也。"一句是在解释卦名无妄。可以分为四个部分来理解。如下图所示:

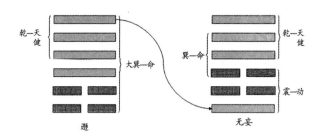

首先"刚自外来而主于内", 从象上看是源于卦变, 因为无妄是遯卦, 经由上九直接下至初九, 演变而来的。九为阳刚, 上九原在遯的上/外卦, 初九位于下/内卦, 而且是下震之主, 所以有如上之说。

就其义理而言, 则可谓精深。因为"刚自外来而主于内"的未言之隐就是, 内原本没有阳刚, 或者至少是缺少阳刚为主。这正与人的心理相符——追求个人利益的最大化是人的天性, 无论君子小人尽皆如此, 因此人人都有可能在利益的诱惑下, 产生诸多妄念, 所以必须有阳刚自外来"主于内"——成为思想的主导, 所不同者, 圣人、君子的这个过程可以自我完成, 而成"无妄"。小人则只能通过外力的强制约束, 因此只能"不妄", 而其内心则未必以阳刚为主。

同时, 上述义理在卦象上也有所表现, 即遯卦成大巽之行, 上九自上而下, 入主下卦成无妄, 有领天命而下、引天命而入之象。

所以，"刚自外来而主于内"一句实际上是阐述了"无妄"是怎样形成的。

第二部分是"动而健"，这是用上下卦的卦德，来诠释"无妄"的行为特征。下震为动，上乾为健。仔细体会，"动"与"健"并不是并列关系，而是以"健"来修饰"动"，约束"动"。即"动而健"是"刚自外来而主于内"——内心无妄之后的行为方式，即是以"健"的方式来"动"，或者说无妄之"动"，是具有乾"健"特征的动。乾"健"特征者，"其动也直，其静也专"也。事实上，后续六爻，下卦三爻重在动，在直；上卦三爻则重在静，在专。因此，此间之"动"，同时涵盖六爻的动、静两种，"动"的不同状态（详见后）。

第三部分"刚中而应，大亨以正"，是针对九五与六二正应的关系而言的。"刚中而应"是指九五居中，与六二正应，重在强调其"中"，强调其行为适度得体，这就为解读九五的"勿药"提供了思路；"大亨以正"是通过九五与六二都为居正的特性，来解释卦辞"元亨利贞"，重在强调二者的"正"，也为解读此两爻，提供了重要的思路（详见后）。

从义理上说，"刚中而应"也是"刚自外来而主于内"——"无妄"的结果和表现，所不同的是"动而健"是在行为上的表现，"刚中而应"是在"中"——内心上的表现，所应者天道也。

所以第四部分说"天之命也"，意思是说：这是上天的命令。在强调了"无妄"的正确性的同时，也暗指了"无妄"者的身份——可承天命者，非君即圣。

"其匪正有眚,不利有攸往,无妄之往,何之矣?天命不祐,行矣哉?"是通过两个反问,来说明卦辞"其匪正有眚,不利有攸往"。其中"无妄之往,何之矣?"的意思是,无妄之往,能到哪里去?实际上在说,因为无妄之行,不会有大的差错,所以也不会有灾眚。"天命不祐,行矣哉?"是直接针对"其匪正"——"妄"而言的,意思是没有天命的护佑而行,能成吗?"天命"与前一句的"天之命"相呼应,表明两个反问,分别是从正反两个方面来解释卦辞的。

同时,通过这两句反问,也可以感知到,所谓的"无妄"更倾向于静守贞正,而有排斥行动的意味。与老子的"鸡犬相闻,老死不相往来",颇有共通之处。

**象曰: 天下雷行, 物与无妄。先王以茂对时育万物。**

【译文】雷在天下滚动,万物因此都没有任何妄动。君王观此象,必须要努力规范自己的行为,顺应天时化育万民。

【解读】"天下雷行"一方面是直言上下卦之象,另一方面,也是借象说理。雷乃威震之物,天下雷行象征着君王以霹雳手段震慑天下。"物与无妄"则是其显现的效果,"物"即万物,此处重在指臣民,"与"是共同全部的意思。"物与无妄"就是所有人都无妄的意思。通过雷行天下,而使人人无妄,可见这一部分更侧重于"不妄"。

"先王以茂对时育万物"首先指明了,无妄卦的对象主要是君王,而非普通民众。其后则是说明,君王如何才能做到无妄。关键在于一个"茂"字。

"茂"是勉励的意思,与勉为其难的勉同意。说明君王必须要努力克制、规范自己的行为,以实现"刚自外来而主于内"。其表现/结果就是"对时育万物","对时"就是顺时,就是顺应天命。所以"对时育万物"就是"动而健,刚中而应"的具体内容。

**初九,无妄往,吉。**

【译文】(君王)能如初九无妄而往,没有妄行,就能够吉祥。

**象曰:无妄之吉,得志也。**

【译文】没有非分之想带来的吉祥,是因为心愿得到满足。

【解读】无妄六爻爻辞具有三个突出的特点:第一以居正者为无妄,不正者为妄;第二六爻不是以本爻取义,而是以君王当此爻,如此动取义;第三内卦三爻突出乾健的"其动也直",强调行当无妄。外卦三爻突出乾健的"其静也专",强调不可轻易正途,有妄而动。

初九爻辞"无妄往吉"通常被断作"无妄,往吉",意思是说初九居正无妄,因此"往"而能"吉"。单就初九一爻而言,这种断句方法是可以接受的。但是其中存在两个问题:

首先,这将导致上九也被断成"无妄,行有眚,无攸利",而上九阳居阴位不正,不正何能无妄?所以必然致使对上九的解读含混不清。

其次，这种断句方法，突出的是"无妄"而不是"无"，如前所述，单就行动结果而言，"无妄"与"不妄"是相同的，而初九是下震之主，其动是必然的。所以此时重在行动的方式，而非行动的结果。

所以，正确的断句应当是将"无妄往"三字断在一起，意思是没有"妄"的行动，即既没有非分之想，又无有胡乱之行地去行动。虽然事实上仍就是无妄而往的意思，但是，由于将重点转移到了"无"字上，一方面协调了，初九"潜龙勿用"不动的基本属性，与在此处作为下震之主的动的必然性。即以有"妄往"为"用"，因此"无妄往"即为"勿用"；另一方面，也为上九的解读，创造了条件——无论有妄无妄，都应当"无妄行"。

需要指出的是，"往"与"行"虽然词义相近，但是"往"更倾向于付诸的真实行为，而"行"则可以是某种未经实践的行为方式。初九为下震之主，行已是必然，所以用"往"。又因为初九居正，为"无妄"之象，因此所得断语为"吉"。意思是说，（君王）能如初九无妄而往，没有妄行，就能够吉祥。

象辞中的"得志也"，通常被解读为因为在卦变中来到初位，进而形成无妄之卦，因此有得志之象。果然如此，爻辞就应当说"来"，而不应当说"往"了。

事实上，要理解此句，需要对"妄"的意义稍加引申，"妄"是非分的、不正当的意思，稍加引申即可为刻意（超出常理）追求的意思。刻意追求的结果必然是有意为之，即以己之意，代天之意，当然就是"妄"。反之，"无妄"既然是天之命，必然就是顺乎天理，而不假人力。所以无妄就是不刻意追求，有意为之的意思。

有意为之，刻意追求，是绝大部分人的行事方法，然而在现实生活中，严格地讲，几乎任何一个预先设定的目标，最终都不会完满地实现。反倒是那些预先没有目的，仅仅是尽己之性，顺天之时的行为，最终能够带来一个个令人满意的结果——顺天之时，必然得到较好的结果，又因为没有事先设定的目标，因此当面对较好的结果时，即可感到满意——"得志"，所以说"无妄之吉，得志也。"

这并非是笔者的自由发挥，而是六二爻辞所示。

**六二，不耕获，不菑畲，则利有攸往。**

【译文】不为收获而耕耘，不以三年后有熟田为目的而开荒，则有利于有所行动。

**象曰：不耕获，未富也。**

【译文】不为收获而耕耘，是说没有事先安排好（目标）的意思。

【解读】因为《周易》的爻辞，是针对以六爻代表的，六个不同的变化阶段，因此彼此之间通常既有联系，又并不十分紧密。但是，无妄的初九与六二之间，非但联系紧密，而且几乎密不可分。

所谓"不耕获",不是不耕而获的意思,而是不耕其获,不为收获而耕耘的意思,这种用法,与今天所说的"播种希望"相似。不为收获而耕耘,就是不预先设定目标,不为得到某个具体的利益而付诸行动的意思。如果说刻意追求,有意而为,是有"妄"之动的话。那么这个"不耕获"岂不正是典型的"无妄",是一种典型的"无妄"之动吗?

"不菑畬"与"不耕获"的用法一样,"菑(zī)"是开荒的意思,"畬(shē)"是耕种三年的熟田,"不菑畬"就是不为三年以后有熟田这个目的而开荒。

不为收获而耕耘,不为得到熟田而开荒,那又是为了什么呢?答案很简单,是为了顺应天时,天时当耕则耕,当耘则耘,当开则开,一切按照天时而行,既无侥幸而获之心,又无非分而得之想,这才是真正的"无妄"。至于收获与熟田,则是必将顺天时而来的结果,所以说"则利有攸往"。

先圣以耕耘收获,开荒得田,这样当时人们既熟悉又关注的事例反说,就是为了起到振聋发聩的效果,警醒读者应当破除一切"妄",坚定实践"无妄"的信念。

这种观点,用今天的话说,就是不要只关注结果,而应当更注重过程;用易理的话说,就是"其动也直"——"直"并非是笔直之意,而是强调行为与天道的一致性,以及坚守这种一致的果决;用老子的话说就是"无为而无不为"。

如果我们将初九与六二的爻辞连在一起,就会发现,如下图所示:

无妄往, 吉。 不耕获, 不菑畬, 则利有攸往。

两句几乎衔接得天衣无缝, 六二就是对初九的深入解读。在六二爻辞中, 略显多余的"则"字, 此时突然具有重要的作用——"不耕获, 不菑畬"是无妄之往, 而后面跟着其转折作用的"则"字, 和一个肯定语气的"利有攸往", 说明前面的"无"应当是表示否定的没有的意思, 这就证明了, 初九的断句方式必然是"无妄往, 吉"。即初九在说不能"有妄"而往, 六二则进一步指出, 什么是"无妄"之往。

象辞的"未富也"的"富", 是取完备的意思,《说文解字》说:"富, 备也。""未富也"就是"未备也", 就是没有事先安排好的意思。

**六三, 无妄之灾, 或系之牛, 行人之得, 邑人之灾。**

【译文】在自己没有任何非分、不当的行为的前提下, 遭受的灾祸,(比如君王)胡乱(在道边)系了一头牛, 对于行人来说是"得", 对于邑人来说"灾"。

**象曰: 行人得牛, 邑人灾也。**

**【译文】**路过的人得到(牵走)牛,住在附近的人受到灾祸。

**【解读】**所谓"无妄之灾",就是在自己没有任何非分、不当——"妄"的行为的前提下,遭受的不期而遇的灾祸。先儒由于未弄清楚无妄是君王之卦,每一爻对应的都是君王的行为,所以无法真正理解六三的用意。只能结合自己对生活的体会,认为"无妄之灾"就是时运不济云云。

事实是,六三不正,因此有妄,所以六三的爻辞要传达的信息是,如果君王像六三这样有妄而行,则民众会有"无妄之灾"。但六三的有妄之行,并非笼统而言,而是特有所指,即"或系之牛"。

如下图所示:

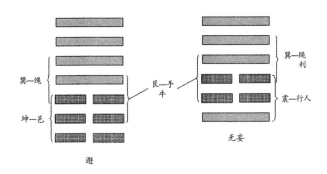

卦中,互巽为绳,艮为手,为牛,因此有"系牛"之象。如果在遯卦中,六三即为六二,与隐伏而来的阴爻组成坤卦,有邑人得牛之象,但是初九的到来,使坤象消失,而震象出现,震为行人。因此说"或系之牛,行人之得,邑人之灾"。

由于不知道六爻皆为就君王而言,因此先儒将这一句解释为:有人系了一头牛,结果被行人牵走了,而住在附近的"邑人"

却为此遭受了不白之冤——无妄之灾。看似勉强能解释，为什么会有"无妄之灾"，实则漏洞百出：

首先，句中三个"之"字，说明其后的"牛""得""灾"三件事是并列关系，即牛对于行人来说是"得"，对于邑人来说"灾"，直截了当并无转折；其次，邑人既未盗牛，何来冤屈，即便被一时诬陷，也自然会被澄清，如果就此而成灾，上古中国岂不暗无天日？

一旦明白了六三也是针对君王而言，则爻辞之意豁然可见。首先"系牛"者非是别人，就是君王本人，所谓"或"应与惑通假，为迷惑、胡乱之意，正是君王如六三一般，不正有妄之意。所谓"或系之牛"，即如群雄所逐之鹿，都是无主可得之物。秦失其鹿，天下群雄方才共逐之，所为者利也。得之者，或逐而有所得者，诸侯也，行人也，心有非分者也，有妄者也。邑人者安于本分者也，无妄者也，害于天下之争者也。

一言而蔽之，君王如六三之妄行，即为设利于天下，陷天下于纷争者也。纷争一起，则心怀妄念者得雀跃之机，而安分无妄者，必受无妄之灾。故行人所得者，何必是"牛"，"或系"已足矣——纵不得利，能得纷争之机，已足矣！

以象观之，六三位于上乾之下，又在与九五所成互巽之中，正是君王设于天下之利。六三不正而动，则是其最终成灾之主因。

**九四，可贞，无咎。**

【译文】可以正固，没有咎害。

**象曰：可贞无咎，固有之也。**

【译文】可以正固，没有咎害，是因为能够固而有之的意思。

【解读】九四与六三最大的不同在于，不在下震（动）之中，因此虽然二者同在互巽、互艮之中，但六三欲止而不能，不经意间，即会"或系"一牛。九四则虽然不正，但却可以顺而止，故曰"可贞"。虽然不正，但能够止于行，所以虽然不是"无妄"，但却可以"不妄"，因此仍旧可以"无咎"。

象辞"固有之"是固而有之的意思，即能使其不正，禁锢于心，不现于行。

**九五，无妄之疾，勿药有喜。**

【译文】在自己没有任何非分、不当行为的前提下，面临的各种疾患，不能去治疗，（另）有以外的好处。

**象曰：无妄之药，不可试也。**

【译文】针对"无妄"的药，不可以尝试。

【解读】所谓"无妄之疾"，就是在自己没有任何非分、不当——"妄"的行为的前提下，面临的各种不利问题。之所以要出现在九五爻辞之中，原因有二：

其一，无妄之疾对于常人来说，宛如玄语。然而对于君王/管理者而言，则是时常面临的问题与抉择。即存在于任何，面向群体的决策背后的，对某一部分人的不利影响，或者衍生而出的新生问题等等。在常人口中，即是所谓的两难选择、众口难调等等。由于九五居中得正，说明君王的行为顺乎天理，因此所出之"疾"，才是"无妄之疾"。换言之，"无妄之疾"是其"无妄"之行的副产品和佐证，因此"勿药"——不能去治疗，治疗则是刻意而为，则是以人愿代天命，则是"有妄"。所以"有喜"之喜，是指因为能够保持"无妄"，而必然得到的利益。

其二，九五所谓之"疾"，应当来自于与其正应的六二，六二虽然居中得正，但是却有乘刚之虞，似乎不美。但是如果用药除之——使之由阴变阳，虽然乘刚的问题解决了，但是反而变正为不正。象辞说"大亨以正，天之命也"，所以用药则会违逆天命，"勿药"则是顺应天命，其后必然"有喜"。

象辞说"无妄之药，不可试也"，已经非常明确地说明，此间所用的药，与其说是针对"无妄之疾"的药，不如说是针对"无妄"的药，所以不可试。

九五集中体现了"其静也专"的思想，"静"是持守，"专"是专一，持守之时最容易蛊惑于"无妄之疾"，而改弦更张，所以必须专一。用现代的话说，就是要敢于坚持正确的决策，即使要面对一些负面的问题，也要维持策略的连续性和一致性。否则就是"以国试药"，罪莫大焉。

**上九，无妄行，有眚，无攸利。**

【译文】不要有妄而行, 会有灾眚, 没有任何利益。

**象曰: 无妄之行, 穷之灾也。**

【译文】有妄念而行, 是其身处穷极的灾祸。

【解读】在初九的解读中所言的 "往" 与 "行" 的不同, 也正体现在初九与上九之间, 初九位于下震之中, 必动, 故曰 "往"; 上九位于上乾之中, 不必动——可以不动, 故曰 "行"。

初九居正, 所以虽往, 也是无妄之往, 所以断语为吉; 上九不正, 因此若行, 则必是有妄之行, 所以诫以 "有眚, 无攸利", 劝其不往。

但是, 上九有亢龙之象, 因此多半会往, 或者说其若往, 则是源于其亢。所以象辞说 "穷之灾", 但是象辞中 "无妄之行" 的 "无", 不是衍文, 也应当是当初孔夫子的笔误。

# 大畜——以德畜国

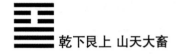

乾下艮上 山天大畜

《周易》先有小畜后有大畜，两卦都与畜贤养士有关，可见在商周时期，中国的政治经济已经高度发达，因此一方面需要更多的人才来充实国家的管理，另一方面则需要将管理，从日常的行政，上推至意识形态高度。这两个方面，就分别体现在小畜和大畜两卦中，即同为畜贤，小畜是以位畜人，大畜是以德畜国。

表现在卦变上就是，小畜是由姤卦经过九四与初六的换位，演变而来的，表现的是阳刚以诸侯之位（四位），来畜止正在躁动之中的阴爻，使天下归于亨通，而阴柔进逼之势，也如"密云不雨，自我西郊"一样，被化解；大畜则是由大壮卦经过初九直接升至上位，演变而来，表现的是君王以尊崇贤德之举昭示天下，以畜止下卦中所有躁动上进的阳爻。

小畜所畜者小，所以叫小畜；大畜所畜者大，所以叫大畜。

**大畜 利贞，不家食，吉。利涉大川。**

【**译文**】有利于正固，不在家中吃饭，吉祥。有利于涉越大川。

【**解读**】大畜以德畜天下，因此必须"利贞"。因为所谓"德"作为一个抽象的概念，自然是正确的、高尚的等意思，但是在实际生活之中，"德"却完全是一个因人而异的相对概念。在一个人的心中，是高尚的事情，在另一个人的眼中，则有可能是无聊的，甚至是龌龊的。因此以德畜天下的基础，就是要首先树立正确的道德观，即所谓的"贞"。显然在《周易》系统中，"贞"是客观的，即是以符合天理天道为标准的，所以大畜卦不言吉凶，先说"利贞"，以突出"贞"的重要性。这一点在上九的解读中，还将进一步阐释。

"不家食"就是不在家中吃饭的意思。在重视礼制，同时文明程度与今天相比，还十分原始的商周时代，人们的生活应当是相对简单的，而且其生产劳动的主要目的，仍旧是解决温饱问题，所以"食"是当时的核心经济问题，用现代的话说，那是一个恩格尔系数超高的时代。因此"不家食"很可能就是当时外出做官的代名词，这一点在从后世中国的官员俸禄中仍有所体现，直到明朝为止，官员的俸禄原则上还是按照粮食来计算的，即★★官员的俸禄是每月★★斤大米。

"利贞，不家食，吉"说明，只有保持贞正，那么再"不家食"才能得吉。这就形成了一语双关：首先是对于"不家食"者——出仕为官者本人而言，告诫他们应当"利贞"，即以贞正的心态与目的来"不家食"——为官，才能得"吉"；其次是针对使人"不家食"者——君王而言，告诫他们应当"利贞"，即以贞正的标准，来选择"不家食"者——官员，才能得"吉"。这两种意义，并没有轻重缓急之别，而是分别体现在内外卦中的，尚贤畜国这一个问题的两个方面。

"利涉大川"是对前面"利贞，不家食，吉"的补充，意思是说如果能够如前所述而得吉，那么就有利于/适宜越过重重阻碍。关于大川的取象，古来众说纷纭，笔者认为从义理上解释，可能更接近于先圣的初衷——卦变之前，大壮所示的天下汹汹之势，难道不是为君王者眼中最大的川吗？

**象曰：大畜，刚健笃实，辉光日新。其德刚上而尚贤，能止健，大正也。不家食吉，养贤也。利涉大川，应乎天也。**

【译文】大畜卦，刚健而笃实，每天都发出新的光辉。其特征是阳刚上行而崇尚贤能，能够制止刚健之势，能够广大正道。"不家食吉"，是养贤的意思。"利涉大川"，是因为其行为顺应于天道。

【解读】"大畜，刚健笃实，辉光日新。其德刚上而尚贤，能止健，大正也"一句是同时在解释大畜卦名，和"利贞"卦辞，因此给其断句方式带来了不确定性。

在传统上，是将此句断为"大畜，刚健笃实辉光，日新其德。刚上而尚贤，能止健，大正也"，想来是因为看好"日新其德"一句，而牺牲了前后的两句的通顺。

事实上，如下图所示：

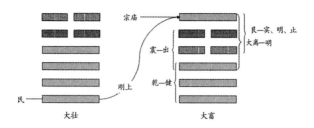

"刚健笃实"和"辉光日新"两句,侧重于卦象本身:下乾为刚健,上艮为笃实;三至上为大离,离为日为光,互震为出,上艮又为日为光,所以有光芒自下乾而出,因上艮而再生光,因此在"刚健笃实"之后,有"辉光日新"之象。而其中又蕴含有深刻的义理:

刚健与阴柔无异,都是人与生俱来、人皆有的性情,不实则不显而易散,笃实则厚重而绵长。即如人人皆曾有理想,然而常人心中的刚健之性,虚而不实,或早或晚终将弃理想而就市井,唯有刚健笃实的君子,才能尽己之性,于理想不舍不弃。

"其德刚上而尚贤,能止健,大正也"侧重于卦变,"刚上"就是指上九自初位上进而来,"尚贤"是指六五以王者之尊,上承自初位而来的上九——与小畜相比,更显"尚"意。"能止健"是"刚上而尚贤"的结果,没有"能"单说"止健",则是就大畜卦象静态而言,加上一个"能"字,就突出了动的因素。

"大正也"的"大"不是形容词,而是动词,扩大、放大的意思。"大正"就是放大、扩大贞正的意思,就是"利贞"的意思。

这样"其德刚上而尚贤,能止健,大正也",实际上就可以简化为:其德大正也=其德利贞。而"刚上而尚贤,能止健"不过是对如何"大正"的解释。

由此可见，严格地说"大畜，刚健笃实，辉光日新"是在解释卦名，"其德刚上而尚贤，能止健，大正也"则是在解释"利贞"。

"不家食吉，养贤也"是在说，因为"不家食"实际上就是君王"养贤"，所以能够得吉。即君王"养贤"可以得吉。

"养贤"与"用贤"不同。用必有养，"用贤"看似实用，然而却是用其小、用其才而已。养则未必要用，"养贤"看似不用，实则是要用大、用其德。养贤的根本目的，不是用贤人之才，而是：

- 将圣贤（的品德）树立为民众学习的模范；
- 用"养"——"食"将天下的民众吸引到模范面前。

直白地说，就是通过国家的"养贤"，告诉人们像"贤人"那样生活、行事，是更有利可图的。趋利而聚是民众的天性，因此国家"养贤"，则民趋贤；国家"养奸"，则民趋奸。所以凡"养"皆可谓"不家食"，但结果却是吉凶有别。

孔子说"不家食吉，养贤也"，其反义就是，如果以"不家食"养"不贤"，则不能吉，甚至会有凶。用现代的话说，就是要给民众建立正确的导向，但所谓的导向，并不是什么高尚的口号，而是实实在在的"不家食"——利益、金钱。再进一步地说，就是决定吉凶的关键，就是让什么人，通过什么渠道成为富有者。唐宋以后一千多年的时间里，对于科举中试者的赋税减免政策，始终都是历朝扛负的沉重的经济包袱，同时也是历朝都坚守的经济政策，究其根本就是这一句"不家食吉，养贤也"——历朝都是在以巨大的经济付出,来换一条区隔华夏与蛮夷的道德长城。

反言之,贤而不得食,能有几人续其贤?贤而不得养,又有何人继其贤?

"利涉大川,应乎天也"是为"利涉大川"找了一个卦象上的依据,进而为"大畜"提供了一个无可辩驳的理论基础。六五与九二正应,九二为下乾之主,因此有"应乎天"之象。

**象曰:天在山中,大畜。君子以多识前言往行,以畜其德。**

【译文】大畜有天在山中之象,君子观此象,应当懂得通过多了解历史,来积蓄德行。

【解读】下乾为天,上艮为山,因此大畜有天在山中之象。

何谓"前言往行"?在今天看来这是一个较为宽泛的概念,但如果回到孔子的时代,这个问题就变得较为明确了。自商周以后,中国的政治就与世界其他文明的政治,出现了一个巨大的转变,那就是在西方一直延续到18世纪的神权力量,在中国此时既已经被摧毁了,取而代之的,或者说是作为折中方案出现的,是原先的神职人员,以史官的角色出现在世俗的朝堂之上,通过将会流传千古的记录,来约束君王的言行。

所以在早期的中国,所谓的"书"基本上就是指记录君王言行的史书,当时的史官分左右两人,对君王如影随形,各有分工"左记言右记事"。而所谓诸子百家的文化大喷发,是发生在孔子之后,由此可以推断,这里的"前言往行",应当主要就是指先王的言行，也就是今天所说的历史。这是中国政治区别世界其他文明的又一特征，即以历史来作为培养从政人员的"教科书"。

稍微扯得远一点，如果要将中国秦汉以后的古代政体，拿来和西方的古代政体作一个对比的话，很容易发现二者之间的一个显著的特点，那就是中国是高度强调等级制的，而西方则更加强调公议。这种传统一直延续到今天，就是西方所谓民主的根源所在。因此在西方人写的东西中，只要涉及到这一点，就会情不自禁地对中国的等级制，说道上一句两句，同时再明里暗里地抬高一下西方的公议传统。

其实，就政治或者说得轻松一点，就一个组织的管理而言，等级差异总是客观的存在的，所不同的是，中国的等级制度中，隐藏着一个逐层递减的决策圈，而最终把决策权集中在皇帝一个人手中（名义上的）。而西方的公议强调的则是，即使是最终的决策，也要是公议的结果。

如果，站在这里争吵二者的优劣，恐怕只能是一场无休止的公婆之争。不妨先求同存异，首先从双方都认同的——决策圈应当是逐层递减的这一点上入手，再分析二者的区别之所在。

决策圈逐层递减的本质，实际上就是所谓的社会分工——对组织进行有效的管理，作为一项高度专业性的工作，势必要在其复杂程度上升到一定高度的某一时刻，变成一项需要专业技能才能胜任的工作，而从普通的劳作中分离出来。这就是说，此时社会开始需要职业的政治家和管理者。到此为止，中西方之间，等级和公议之间，并没有什区别。问题出现在接下来的环节上。

作为某一高技术，而且还很可能是高回报的行业的从业人员，与之相对应的是，他们需要拥有两样东西：一是他们的从业资格；二是他们的从业技能。中西方之间，等级和公议之间的区别就在于此。为了更好地理解，我们将此问题局限在古代。

首先是从业资格问题。

在古代奉行公议的民族和国家之中，能够参与政治的决策的人的资格，往往都是世袭的。即血统本身就是他们的从业证明，这一方式大概要一直持续到资产阶级大革命以前。而在中国，这个资格除了皇帝本人以外，自秦汉以后就不再是世袭的，即血统至少在广泛的意义上，从此不再是参与政治决策，从事社会管理工作的从业证明。

其次是从业技能问题。

不能否认的，对于管理这门需要高度技巧与经验的职业来说，家族环境的影响是客观存在的。但是这并不能成为世袭的存在的理由，或者说这项技能，并不是只能通过遗传的方式，在特定的人群中不断传递的。因此，相关的专业技能的训练，以及在对相关人员的有效的考核，就成为了一种必要。在这一点，中国在很早的时候——汉朝卅始是举孝廉，隋朝以后是科举——就已经比较妥善地解决了。而西方则直到今天为止，也没有解决。正是这一区别，决定了上一个不同。

由于在中国可以通过一种广为社会认可的方式，来培训和选拔未来的管理者，因此才可以据此建立起来一套完整的等级制度——这种等级制度，也因为其公平性，而不至于引起社会其他等级人群的异议。反之，如果没有这样的一个培训和选拔机制，就没有公平地从业资格评定过程，但作为管理者所必须的权威性，又必须要以这个"资格"来作为基础，因此就只能世袭的方式，将其延续下去。

同样是因为缺乏一个超出血统之外的，让人信服的评定标准，所以即使在最终的决策过程中，也只能采取公议的方式来完成。

事实上，藏在"公议"背后的，是由无知带来的无奈，和因此而被迫接受的"自认倒霉"原则。

这里还可以进一步探讨：怎样才能避免"由无知带来的无奈"？或者说需要知道点什么，才能在面对未来时，不至于感到无奈？

纵观人类历史，在这方面大概一共有五种知识，进入了选择之列：西方人用哲学、宗教、经济和法律，中国人用历史——中国人用了至少3千年，而且在这3千年中，中国始终站在世界之巅。至于它对今天的价值怎样，我想可以这样来回答：

如果我们相信人性是相似的，相信历史是连续的。那么，就没有什么能够比历史更像未来。

就此，再进一步延伸到中国古代的科举制度，与现代西方的民选制度的对比上。毫无疑问，二者有一个共同之处，那就是它们都是一种开放的政治体制，原则上都可以让每一个合法的公民，能够拥有参政的机会。但是二者的差异也是明显的：

科举开放的仅仅是手段，或者说是途径——每个人都可以参与科举，但并没有就社会的基本道德指向，进行任何开放。即是一种方向和原则既定的开放。

民选则既开放了手段，又开放了原则——善恶、好坏完全由每一个人来自行评判，这应当是建立在"性本善"的信念和"后果自负"原则基础上的开放。

如前所述，"刚健"是人人皆有的一种品德，也可以称之为一种"善"，但是不厚重笃实，就不能或不足以运用，所以即使"性本善"，也仍旧需要一个养成的过程，否则就只能"后果自负"了。这个养成的过程，就个人而言是"畜德"，就国家而言就是"大畜"，其手段则是一样的，那就是要"多识前言往行"——向历史学习，因为历史能向人们展示，曾经的循环往复、周而复始，而这些循环往复、周而复始反映的，都是人们靠一己之力，一生之时，所不能透彻了解的天道，它将告诉人们，未来将如何到来；告诉人们什么是不灭的正道，为人们指出应当"畜"什么样的"德"。

**初九，有厉，利已。**

【译文】（如果动）有危厉，适宜停止。

**象曰：有厉利已，不犯灾也。**

【译文】有危厉，适宜停止，不触犯灾祸。

【解读】初九"有厉，利已"，意思是说（如果动）则有危厉，因此应当/适宜停止不动。显然包含有两个方面的信息：

一是初九有动的欲望与可能。初九为阳爻具有向上运动的本性，加之大畜又是经由阳长阴消的大壮卦演变而来，这种向上而动的欲望，就更加明显和强烈；二是初九不宜动。首先初九具有"潜龙勿用"的特性，其次初九上应六四，而非六五，有应于诸侯，不应君王之象，因此不宜向上而动，动则"有厉"。

比之于人事，当"大畜"之时，国家尚贤，则小民争进。然而初九有德业未成之象——"君子以成德为行，曰可见之行也。潜之为言也，隐而未见，行而未成，是以君子弗用。"，德业未成而急于进身，所图者不过名利而已，于国于己均有厉焉。故戒之"有厉，利已"。若不顾而进，则必酿灾祸，所以象辞说"不犯灾也"。

**九二，舆说輹。**

【译文】大车从輹上脱离下来。

**象曰：舆说輹，中无尤也。**

【译文】大车从輹上脱离下来，意思是说其内心没有忧虑。

【解读】"輹"是车厢与车轴的连接构件，"说"通脱，"舆说輹"就是将车厢从车轴上卸下，并非车辆受损而不能行，而是主动选择了不行。

九二有德业已成之象——"庸言之信，庸言之谨。闲邪存其诚，善世而不伐，德博而化"，而且上应六五，按理应当积极上进,为国所用。先圣反常理,而说"舆说輹"足见其中必然另有深意。其意有三,其中两个在本爻之中即可揭示,另一个则需要结合九三,一并解说。

首先是要诠释德的真谛。

当"大畜"之时,国家尚贤,德业未成者跃跃欲试,而德业有成者,却主动不进。其间的反差,正可以诠释何为"成"与"未成"。简而言之,济济于功名者,虽然每每以君子自居,然而或为有才无德之辈;无位亦能悠然者,方为有德之人;临大位,当大利(六五之应),而岿然不动者,方为有大德之人。

因此古人云"但凡圣君之世,必有不召之臣"。即如东汉的严子陵不奉光武帝之召,悠然垂钓于富春江上,却被后世誉为"桐江一丝系汉九鼎"。因为恰恰是其不奉诏入朝的行为,向世人昭告了,天下尚/确有高于名利的德行在,坚定了那些摇摆于市井与理想之间的人的信念,系住了沉浮名利浊流间的国之宝鼎。所谓九鼎,社会道德底线也。"系汉九鼎"就是保住了东汉的社会道德底线,也就是象辞中说的"能止健"的意思。

第二,是从另一个角度来看"舆说輹"。

有德之人能够悠然"说輹",说明其内心没有忧虑,即如象辞所说"中无尤也"。这一方面是九二德业已成、境界已高的表现,另一方面也是因为正当"大畜"之时的原因。"大畜"之时国家"养贤",九二虽不进,仍可得养,因此方才有"无尤"之态。否则,食不果腹,身无所养,何来无忧?因此,"舆说輹"暗含了"养贤"的意义与价值。

### 九三，良马逐，利艰贞，日闲舆卫，利有攸往。

【译文】良马的标准，是奔跑起来能够持久。平常熟练了驾驭和护卫车辆的技能，才有利于有所行动。

### 象曰：利有攸往，上合志也。

【译文】有利于有所行动，是说上下心志相合。

【解读】如下图所示：

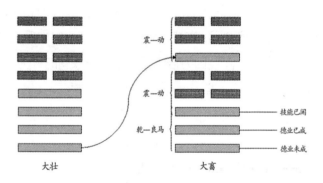

下乾为良马，互震为动，因此九三有"良马逐"之象，"逐"是奔跑的意思。"利艰贞"是利于持久的意思，因此"良马逐，利艰贞"的真实意思是说，良马的标准，是奔跑起来能够持久。

"闲"是熟练的意思，"日闲舆卫，利有攸往"是说平常熟练了驾驭和护卫车辆的技能，才有利于有所行动。这一句话，一方面是继前一句而来，以驾车为喻，说明行动之前，要有充分的准备——马要储备充分的体能，人要具备充分的技能。另一方面，则是点明了"技能"这一概念。说明，只有具备了一定的技能，才能够真正付诸实践。

回顾下卦三爻，初九因为德业未成，欲动而被止；九二德业已成，可进而自主不进。到了九三才有"良马逐"之象。一方面体现着中国传统再三而行的谨慎态度，另一方面更重要的是表现出创易先圣的人才观和德才观：

首先，九二"舆说輹"，九三"良马逐"，说明先圣以"舆"喻德，以"马"喻才，以"舆卫"喻能，体现着以德为体、以才为用的德才观；其次，经初、二两爻，德业已成而不用，必得九三"日闲舆卫"方能"逐"，体现着德、才、能兼备的人才观。

比之于后世，即如宋以后每年科举中的进士中，位居后位的往往能够被充任地方实职，而名列前茅者却纳入翰林，充任编修之类的闲职。这种看似不合理的分配，其中所体现的就是"大畜"九三的精神，这些名列前茅者，以翰林的身份，可以轮值于政府各部，熟悉各种朝政，以弥补其才情有余实践不足的弊病，迅速成长为可堪大用的人才。以避免出现小民当政，极于理想而拙于实践的尴尬。

至于象辞的"上合志也"，是因为九三位于互震之中，上九实际上也与另外两个隐伏的阴爻，组成互震，因此有上下合志之象。


**六四，童牛之牿，元吉。**


【译文】绑在小牛头上的横木，大吉。

**象曰: 六四元吉, 有喜也。**

【译文】六四大吉, 是因为将会另有利益。

【解读】"牿（gù）"是绑在牛角上, 防止其顶人触物的横木。"童牛之牿"就是绑在小牛头上的横木。从象上看, 六四进入上艮之中, 艮为止, 因此虽是阴爻, 也有组织下卦阳爻, 尤其是其应爻初九的升进之象。

但是牛并非生而有角的, 而是在成长的过程之中, 逐渐形成的。所以"童牛"之角, 即使有也未必能伤到人, 相反童牛因为没有角, 或者角尚小, 反倒有可能在冲撞中, 给自己造成伤害。由此可见"童牛之牿", 同时具备两种功用: 一是防微杜渐, 将隐患消灭于萌芽状态, 或者不因恶小而放任; 二是仁及禽兽, 即要保护童牛, 不会因为自己的莽撞而受伤。

结合六四与初九正应, 当"大畜"之时, 有畜止初九之象, 而初九爻辞又为"有厉, 利已", 可以推断, 上述第二种功用, 非但是存在的, 而且还至少与第一种功用, 是同等重要的。

正因为六四能够人牛同护, 止乱于几, 而且所畜者为天下之大众初九, 因此断语是"元吉"——大吉。所谓"有喜", 应当是指六四畜止初九有成而言。

**六五, 豮豕之牙, 吉。**

【译文】被阉割了的猪的牙, 吉祥。

**象曰: 六五之吉, 有庆也。**

**【译文】**六五的吉祥, 是因为将会产生有益的效果

**【解读】**豮(fén)豕(shǐ)是被去势——阉割的猪。猪原本是一种性情暴躁的动物, 其尖牙利齿往往会伤人, 但是一旦被去势, 就会变得性情温顺, 牙齿也不再锋利。在传统的解读中, 往往将"豮豕之牙"与"童牛之牿"等同看待, 事实上, 其间有着本质性的区别, "童牛之牿"是用来阻止牛伤人伤己的工具, 而"豮豕之牙"则是有用无害之物, 如果是与"童牛之牿"等同的话, 那么这里就应当是"豮豕之刀"了。

二者的细微区别, 正体现着六四六五两爻, 与位于下卦的应爻之间关系的不同, 初九是劝其止, 因此上应的六四, 就要充当畜止的工具。九二德业成, 而不欲进, 因此上应的六五, 就可用其无害之用。

六五"豮豕之牙"还透露出另外一个信息, 那就是六五对九二之用, 是要先去势而后用, 这可能就是九二中未言的, 有德而不进的原因。比之于后世, 去势而进者, 太监也。为求进身, 不惜去势, 何德之有? 然而, 立于朝堂之上, 上仰君王鼻息, 下同奸佞周旋, 身之势虽在, 心之势岂能留?

六五不正, 用人而先去其势, 有不仁之象, 而断语却能"吉", 这是因为"去势"表明"知其本, 而制之有道", 因此能够以最小的创伤, 达到预期的效果。

象辞"有庆", 与六四"有喜"相比, "庆"更倾向于实际效果。

**上九，何天之衢，亨。**

【译文】肩负着天道的通畅，亨通。

**象曰：何天之衢，道大行也。**

【译文】肩负着天道的通畅，其道得以大行。

【解读】"衢（qú）"是四通八达的道路。上九为上艮之主，艮为小径；如九三用图所示，上九又在震中，震为大途，因此上九有出小径、入大途之象，又在天位，所以称之为"天之衢"，而且意味着"亨通"。

"何"通荷，是肩负的意思，"何天之衢"实际上是在上述意义上，进一步引申，是说上九肩负着亨通天道的责任。

如象辞用图所示，上九由初位、民间一跃而至上位，入宗庙，领思潮，受六五之尊崇，是大畜尚贤的写照，因此上九"何天之衢"，就是开贤之门，这是主"尚"者——君王之责，也是被"尚"者——圣贤之任。

纵观古今，当此上九之任者，其唯孔子乎？

# 颐——王朝更迭

 **震下艮上 山雷颐**

颐卦的卦象尤如一张张开的大口，虽然十分形象生动，但却是一个自古以来解说不详的一卦。这主要是因为"颐"所要阐释的社会、政治问题，相对比较原始，随着时代的变迁，在后世看来已经十分遥远，甚至到了被遗忘的程度。只知"颐"是养的意思，而不再了解所养的对象为何，以及为什么而养了。因此只能将其比附于君臣关系、个人道德等自身比较熟悉的事物上。

笔者认为，这一卦所反映的是原始社会中，新旧部落首领更迭时的社会关系。

由于在上古时期，部落首领是建立在公推制的基础上的，因此就不可避免地要出现，新老首领并存的更迭时期，即使是发展到后期，首领的更迭发生在老首领去世之后，即如禅让制时代，也存在新首与老首领的子嗣之间的权力争夺问题。见诸于史籍的，如舜与尧的儿子丹朱、禹的儿子启与禹选定的禅让对象伯益之间权力争夺，虽然寥寥数语，已足可见当年的激烈程度。由此可以推想，随着私有财产的出现，随着首领在分配和占有公共财产上的特权的出现，新老首领交替的时期，就不可避免地会演化成一个关系着部落的安稳，甚至存亡的特殊阶段。虽然《易》成熟并盛行于夏商时期，但是其源起要早得多，而且即使在夏商时期，尤其是在所谓以艮为首的《连山易》所对应的夏朝，政权更迭问题应当并没有得到完全妥善的解决，所以如何让国家渡过这一特殊时期，应当仍旧是一个重要的政治课题。

"颐"卦所要解决的就是这一课题。

**颐 贞吉，观颐，自求口实。**

【译文】坚守贞正才能得吉，要了解其所要颐养的对象，就通过观察其自求食物的方式。

【解读】"贞吉"就是贞正才能得吉的意思。

"观颐，自求口实"一句，就其字面意义而言，至少可以有如下三种解释方法：

1.将其视为一个双宾语结构，即同时观"颐"和"自求口实"，颐的本意是下巴，引申为养的意思，"口实"就是食物的意思，因此同时观"颐"和"自求口实"，就是象辞所述的观其所养和观其如何自养的意思；

2.将其视为连续的两个动作，即通过观"颐"，而"自求口实"，有点投其所好、仰人鼻息的意味；

3.将其视为状语后置的结构，即通过观其"求口实"的方式，来观其所"颐"。

在今天，乃至秦汉以后的中国人看来，所"颐"与"口实"之间的关系,可能是疏远的,因此要理解二者的关系,也是一个较为困难的问题。但是如果回到更原始的时代,二者之间的关系,清晰得就如同照镜子一般——看一个人吃什么,就一定会知道他要养什么,因为当时货币并不发达,现代意义的商业也基本不存在,人们劳动的基本目的,就是为自己创造足够的食物。

其实即使到了后世,在宏观上,这种关系也依然存在着——汉人吃面粉、大米,于是就要种植小麦水稻;游牧民族吃肉食,于是就要养殖牲畜。只不过,对生活在中原的居民来说,所养与所吃的食物之间的关系,随着商业的发展,已经不再如此地紧密了,所以后世的解易者,也就对此句卦辞,因为缺乏认识,而难以准确把握了。

事实上,先圣是通过当时尽人皆知的这一事例,来阐释一个更加抽象的社会概念,即通过观察其如何自养,来了解其所养的对象与方式等等。

这种分析方法,实际上直到今天,仍然广泛地被运用于对社会政治关系的分析当中,比如,我们要分析,某位由选举产生的总统的未来政治取向,即要将政策倾向哪些方面——所要养的对象与方式,只要看看在他竞选的时候,都得到了那些利益集团的资助——如何自养,就可以了。

虽然颐卦产生于近似原始的时代,但是由于所谓的"民主",事实上就是一种最原始的思维方式和政治手段,所以二者之间反倒存在着极大的相似性。

在新老首领更迭的时期,必然会出现老首领或其子嗣,重新回归"民间"的问题,即如颐卦卦变所示:

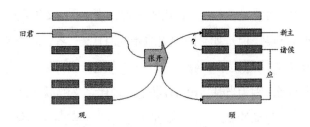

颐由观卦经过九五与初六的交换演变而来的,因此有自上而下、自贵而贱之象。与之相对应的则是新兴的首领——六五,与其他的诸侯——六四,如何选择政治基础的问题。通过历史上关于舜与丹朱、启与伯益之间权力争夺的记述来看,决定胜负的,归根到底还是诸侯归附于谁,用现代的话说,就是谁聚集的社会经济、政治资源更多的问题。反之,胜利者在获胜之后,也必然会对当初的支持者,有所回馈。

上述分析的内容,应当说是古今皆准的必然规律,但是是否有利社会的发展和天下的安康,那就是另外一回事了。因此卦辞中,将"贞吉"这一定论,置于"观颐,自求口实"这一事实之前。说明,无论谁是最终的获胜者,只有坚持"贞正",才能获得吉祥。事实上,开创了世袭制的启,就曾经为了安抚天下民心,而不仅过着粗茶淡饭的俭朴生活,还经常做出些尊老爱幼、任用贤能的政治秀。由此可知"颐"卦所说的养,对天下而言,就是要息养动荡,使各种政治、利益关系重新回到平衡。

至于将这种分析,延伸到对人的品德的考察上,即如孔子所说的:"视其所以,观其所由,察其所安,人焉廋哉?人焉廋哉?",或者更为著名的"居视其所亲,富视其所与,达视其所举,穷视其所不为,贫视其所不取。"等等,当然也是可以的。但终究是后世之人的发明或拓展，而不是创易者的原意。

**彖曰：颐，贞吉，养正则吉也。观颐，观其所养也。自求口实，观其自养也。天地养万物，圣人养贤人以及万民。颐之时大矣哉。**

【译文】颐卦说，坚守正固才能吉祥，是说颐养正道就能得吉。所谓"观颐"，就是观察其所颐养的对象。"自求口实"，是观察它如何自养。天地颐养万物，圣人通过颐养贤人，延伸到颐养万民。颐卦所对应的时势，太重要了。

【解读】"颐，贞吉，养正则吉也"是在同时解释卦名和卦辞"贞吉"，"养正则吉"说明了两个问题：第一"颐"在这里是养的意思；第二养要得吉必须以正作为基础。换言之，养不过是一种中性的手段，关键是其实行者的初衷和施与的对象。

"观颐，观其所养也"和"自求口实，观其自养也"，分别是在解释卦辞"观颐"和"自求口实"，但是要真正理解二者之间的关系，还必须要结合后面一句"天地养万物，圣人养贤人以及万民"。通常的解易者，都将这两句认定为，是为了强调"颐"的重要意义，而加入的过度性语句。

但是在圣人——贤人——万民之间，实际上是存在着"养人"和"自养"两种关系的，因此此处的圣人即指君王，君王要养的对象是万民——包含贤人，但不仅仅是贤人；相反，贤人对君王来说，有"自养"的价值，因为圣人/君王养贤人的根本目的，是需要贤人帮助他们来养万民。由此可见：

■ "观其自养"时发现，是以"贤人"自养，那么就可以推断出，未来"其所养"的对象和方式，都必将是"贞"的，因此也就能够延及"万民"；

■ 如果"观其自养"时发现，并不是以"贤人"自养，那么就可以推断出，未来"其所养"的对象和方式，都未必能是"贞"的，因此也就未必能够延及"万民"——圣人是用来指代君王的，但是未必每个君王都称得上圣人，其间的差距，应当就是贞与不贞。

所以，如果不结合后两句，就无法真正理解，"观颐，观其所养也"和"自求口实，观其自养也"之间的关系，也就无法理解"颐"卦的真实用意，而很容易转向，所谓既要观其所养，又要观其自养，从两个方面共同考察一个人的品行云云的观念。殊不知，物以类聚人以群分，养人自养不过手心手背而已。

"颐之时大矣哉"是一句赞辞，目的是提起读者对颐卦的关注，但通常的用法是"★★之时义大矣哉"，即强调意义的重大，而对颐卦则只说"时"，没有"义"，笔者认为，这并非孔子的笔误，而正是其所要强调的内容所在，即"颐"对应的是某一个特定的重要的时间段。

**象曰：山下有雷，颐。君子以慎言语，节饮食。**

【译文】颐卦有山下有惊雷滚动之象。君子观此象，应当懂得谨慎言语，节制饮食。

【解读】卦中上艮为山，下震为雷，因此有山下有雷之象。山为静，有畜止之象；震为动，有释放纳入之象，因此"颐"就有动而有所止，纳而有所畜，释而有所敛的意味。同时，颐又有口之象，言语和饮食是口的两项基本功能，所以孔子说，君子观颐象之后，应当在这两个有所节制，即"慎言语，节饮食"。后人据此引申出"祸从口出病从口入"的观点，就大象本身而言是正确的。

**初九，舍尔灵龟，观我朵颐，凶。**

【译文】舍弃你应当尊奉的灵龟，来观看我的下巴，有凶祸。

**象曰：观我朵颐，亦不足贵也。**

【译文】来观看我的下巴，也不足以称贵。

【解读】由于不了解"颐之时"的具体所指，因此后世的解易者，只能将对颐卦六爻的解读，集中在人与人之间的养与被养上，结果导致要么颠倒其意，要么完全不知其所云，只是在象与辞之间寻找所谓的联系。其中初九就是典型的被颠倒其意的一爻。

按照传统的解说，初九的爻辞变成了六四对初九的劝诫，意思是说：你舍弃自己原有的灵龟般的资质，来看着我的下巴（流口水），必然会凶的。其中"灵龟"被理解成是不需要求养于外，完全可以靠自养生存的动物。其依据是，初九为阳爻，因此有自养的能力。而所谓"凶"，就是源于初九原本可以自养，却要求养于六四，有自取其辱的意思，云云。

笔者认为，其中的错误几乎无需言说：

首先，颐之所以为口象，就是以上九和初九两爻为上下颌，以中间四个阴爻为牙齿而成，即初九本身就是"朵颐"——"朵"是垂的意思，又何来观六四的下巴？

其次，象辞说"亦不足贵"，前人将其讲成，是因为初九自取其辱，因此不足贵，初九本身就是小民之位，何贵之有？既然无贵，又何谈"不足"？

第三，如果考虑卦变过程，上述错误就更加明显，因为初九是自九五下来至初位，正有"朵颐"之象。

所以这种解读方式，着实不能接受。

事实上，当政权更迭、社会不安的"颐之时"，初九可以代表三种力量：老首领的残余势力、民间的贤人、民间的异士。这三种人，都是当时处于六四地位的诸侯们，急需要拉拢，或投靠的人。

所以，"舍尔灵龟，观我朵颐"不是六四对初九说，而是初九对六四说的话。如下图所示：

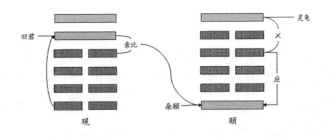

"灵龟"是指上九，上九是宗庙之位，代表着神权、占主导

地位的价值观念等等, 这些原本都是诸侯们, 应当尊奉和依托的执政基础, 如今六四却弃之不顾, 向下求养于初九, 所以有舍弃灵龟, 而观人朵颐之象。

在现实中, 这种反常的行为, 正体现着政权更迭之初——初九所对应的阶段, 权力、资源的重新集结、积聚的过程。就其本质而言, 六四的这种行为, 不过是出于对个人/集团利益的争夺而已, 体现在卦象上, 则是对卦变之前, 与九五(即颐之初九)的亲比之情的依恋, 所以动机不贞, 其所求通常也并非真正的正人君子, 因此根据"贞吉"的原则, 只能是"凶"的结果。

六四居诸侯之位, 原本身份尊贵, 如今为了保住自己的私利, 而下观已成小民的旧君(甚至直接就是小民)的"朵颐", 所以说"亦不足贵也"。

由于自商周以后, 中国在政治上的最成功之处, 就是相对较好地解决了政权交接问题, 从原则上说, 每个新君都自即位起, 就具有无上的权力, 因此只有在下的臣子求养君王, 而极少有君王要求养于臣下的事情。所以后世的解易者, 很难理解六四何以要为私利而求养初九。

事实上, 这样的例子, 在中国后来的历史上, 始终未间断地发生着, 只是比较隐秘而已, 而显而易见的, 则仅仅先后出现过两次: 一次是武则天专政时代, 另一次就是慈禧专政时代。

由于女性当政有违于正统的思想, 因此她们无论身处四位, 还是五位, 都无法借用上九所代表的宗庙力量, 因此只能转而向下求养于民间, 所以武则天时代, 类似于袁天罡之流的各种奇能异士, 得以混迹于庙堂之中; 慈禧晚期更是史无前例地,发动了一场"人民战争"——义和团运动。

这岂不正是"舍尔灵龟,观我朵颐""亦不足贵也"！?

**六二,颠颐,拂经于丘颐,征凶。**

【译文】颠倒求养,违背求养于上的原则,强行向上,则会有凶。

**象曰: 六二征凶,往失类也。**

【译文】六二征进将有凶祸,因为征进则会脱离于同类。

【解读】考察颐卦六爻,不难发现颐卦中的求养,有两个基本原则: 一是以上养下为正道; 二是以阳养阴为正道; 三是以正应为基础。

六二与六五敌应,因此无法求养于上。但六二同时与初九相比,可以就近求养于初九。所以,六二为"颠颐"——颠倒求养的意思。

"拂经于丘颐"是对六二"颠颐"的解释,"拂经"就是违背常理的意思,这里是说违背向上求养,和向正应求养的常理,"丘颐"是指六五,六五位于上艮之中,且位于六二之上,因此以"丘"一语双关。

"征凶"是指六二强行向上,求养于六五就会有凶。这是因为: 一方面,六二是士大夫之位,本来肩负着养初位之小民的责任,如今却因为才具不足、反而求养于下,已然有不美之象;

另一方面,其应爻六五,自身也有才具不足、地位不稳的问题,当"颐之时"正是自顾尚且不暇之象,岂能养无才无能的六二?所以若"征"必"凶"。

象辞说"往失类也",不应当从阴阳之类的角度来理解,而应当从爻位的角度来理解——六二往征,则将其失去同为民类的初九(的颐养)。

**六三,拂颐,贞凶,十年勿用,无攸利。**

【译文】得不到颐养,正固则有凶祸,十年不要有所行动,没有任何利益。

**象曰:十年勿用,道大悖也。**

【译文】十年不要有所行动,因为所行之道严重有悖于常理。

【解读】六三是颐卦中最为特殊的一爻,首先以阴居阳,不中不正;其次,虽然与上九正应,但是上九也是不中不正之爻,因此二者是以不正应不正——如果求养于上儿,则有违"贞吉"的原则;最后,向下求养于初九,又为六二所阻隔——向下又"颠颐"不得。

总之,六三是颐卦中唯一一个不得"颐"的爻。所以,爻辞说"拂颐",与"拂经"不同,"拂经"仅仅是有违于常理,但尚有"颐"可求、可得,"拂颐"则是彻底地不得"颐"。

当"颐之时",六三所代表的臣子们,作为老首领的旧部,随着政权的更迭,一方面原来的权势迅速消失,另一方面却既难以得到六五的信任,又不是六四所要争取的对象,因此不得"颐"。

六三阴柔居阳位,有才不足而心不止之象,因此诫以"贞凶",此处的"贞"是坚持自己的躁动之"贞"。"十年勿用,无攸利"则是对其行为与心态的进一步劝诫。

象辞说"道大悖也",其中义理即如上述。从象上说,下震为大途,上艮为小径,六三正位于离大途入小径之时,因此"道大悖也"。

**六四,颠颐,吉,虎视眈眈,其欲逐逐,无咎。**

【译文】颐养于下,吉祥。一方面虎视眈眈(地监控),另一方面又充满渴望地期盼,没有咎害。

**象曰: 颠颐之吉,上施光也。**

【译文】颐养于下的吉祥在于,在上位而施与广大。

【解读】六四"颠颐"是指其养于下,虽然与初九爻辞在内容的实质上,有相似之处。但是初九说凶,六四却说吉。其中的区别就在于,这求养与养人之间。

以初九向上观之,六四是来求养于己,因此有"观我朵颐"之感,这一方面是初九小民,见识短浅以自身阳刚之才自居的表现；另一方也是初九所对应的时局所致。

以六四向下观之，则六四有居上养下的能力，传统的解读认为，六四阴柔无才，不具备颐养阳刚的能力，是为小民之见也，与初九所思无异。天下可养人者三：食以养人，才以养君，位以养贤。初九有才无位，向上可以其才养君；六四有位无才，但可以向下以其位养贤。所以，六四的"颠颐"与六二的"颠颐"有所不同，不是求养于初九，而是养于初九，是在养贤，所以得"吉"。

"虎视眈眈，其欲逐逐"这是缺才少能之君，对在下辅佐的贤能之士惯有的态度，一方面忌惮于其才能，因此虎视眈眈；另一方面又期望得利于其才能，因此其欲逐逐。刘邦就是这么个活生生的例子。但终究因为养贤能够"以及万民"，所以"无咎"。

象辞说"上施光也"，正是指六四向下养初九之贤。否则，就无法疏通爻辞与象辞之间的逻辑了。


**六五，拂经，居贞吉，不可涉大川。**


【译文】违背常理，因为居于正固而吉祥，不可以涉越大川。


**象曰：居贞之吉，顺以从上也。**


【译文】居于正固而吉祥，是因为顺从于上。

【解读】六五与六二敌应，无法从应爻那里得到颐养，也无法去颐养应爻，因此"拂经"。

"居贞吉"是因为六五居中，且上承上九阳爻。上九是宗庙之位，如前所述有神权、正统思想之象，而这些正是作为信任之君的六五，最有力的依靠。所以六五"居贞"——不动，坚守道统，就会得到吉祥。所以象辞说"居贞之吉，顺以从上也"。

"不可涉大川"从象上说，就是不能向下求"颐"于六二，不仅因为敌应而不得颐，而且还要面对六四、六三的重重阻碍。

"居贞吉，不可涉大川"说明，不"居贞"——不"顺以从上"，甚至冒险涉越大川，就会有凶。这也有一个现实的例子，那就是清光绪帝，客观地说，虽然慈禧并不满意光绪，但是在发动戊戌变法之前，光绪由于有"道统"的保护，慈禧在原则上，是无法将其如何的。反之，光绪只要坚守道统，就会得到绝大多数大臣的拥戴与保护，就可以通过时间，最终战胜慈禧。但一旦冒险涉越大川，就相当于走出了道统的保护，使自己裸露于慈禧的淫威之下，所以其凶必至。

**上九，由颐，厉吉，利涉大川。**

【译文】促成颐养的基础，有危厉，但能吉祥，有利于涉越大川。

**象曰：由颐厉吉，大有庆也。**

【译文】促成颐养的基础，有危厉，但能吉祥，是因为能产生巨大的良好效果。

【解读】上九是上艮之主，从象上讲，是颐卦动而有所畜的根本，无所畜就无所养，因此也是"颐"的根本。从义理上说，上九居于上位，颐养六五，是当"颐之时"天下稳定的根本——六五不得养，则天下不得安，所以说"由颐"。

但是，上九毕竟非天下之君，虽有阳刚之贤，却孤悬于上位而不得养，有位高压主、功高盖主之象，所以说"厉"，但因为终究能够使六五得其所养，因此虽有危厉，仍可得吉。

显然这其中，颇有矛盾、晦涩之处，究其根本，很可能是因为，此间的上九，对应的并非后世所说的贤达逸士，而很有可能是当时还掌有一定实权的神职人员——至少在殷商时代，神职人员非但存在，而且对政治仍旧具有较大的影响力。但是无论古今中外，神权都既是君权最好的伙伴，又是君权最大的敌人。所以才有"厉吉"这样矛盾又意味深长的断语。

"利涉大川"应当视为是对上九"厉吉"的肯定与激励。

"大有庆也"可作两方面来理解，一方面从世俗的角度来说，上九在"颐之时"往往会起到中流砥柱的作用，使社会保持安定；另一方面，从庸俗的角度来说，神权只有/必须和君权相结合，才能转换成现实的利益。

# 大过——大过之明

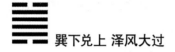

**巽下兑上 泽风大过**

对大过这一卦的理解，机窍在于"大"与"过"两字之间的关系，即是"大"字名词作主语，"过"字动词作谓语使用；还是"大"字副词作状语，"过"字动词作谓语。前者是说大者，大的一方犯有过错的意思；后者则是强调过（错）的程度（很）大。

如果仅仅从卦象上去看，下巽为木，上兑为泽，通常来说应当是（树）木（生长）在泽上，而卦象的反应恰恰相反是泽在木上，颇有大错——大过之意，但是如果深入地思考，就会发现在木与泽之间，任何一木都不过是茫茫大泽之上的一木，与大泽相比都是弱小的，都需要依附于大泽的滋养才能生存，因此木为小，泽为大，木被动，泽主动，这样卦象反映出的过（错），应当是由泽造成的，也就是由大的一方造成的。

所以，大过的本意应当是大者"过"，大者错，而不是讨论"过"的大小问题。

引申一步：

木与泽的关系，实际上就是个体与其生存环境之间的关系, 在人类社会中, 与这种关系最相似的, 就是个人与国家的关系, 当然从小的方面, 还可以认为是个人与企业, 个人与某项事业之间的关系等等, 但就《易经》被创制的时代背景来考量, 个人与国家的关系应当是创易者所要阐释的内容。

在国家之中, 君为大, 民为小, 君为阳, 民为阴, 因此对国家而言的"大过", 就是指君之过。君之过又有多种多样, 但其中最大者, 莫过于君权阳刚过盛, 完全将民权民意淹没于其下, 正如卦象所示——天下陷于污浊混稠的泽水之中, 无助的小民——木, 只能在灭顶的泥沼中听天由命。这种过, 在古代则被描绘为统治者恣意妄为, 违天逆时置民于水火而不顾, 比如上古的夏桀、商纣, 以及五胡时代的后赵石虎等等。在今天则有一个专有的名词与之对应, 那就是集权专政。

除去异族统治的两个朝代不论, 在(广义的)汉族统治的朝代里, 明朝无疑是中国历史上, 最为"集权专政"的朝代, 以下将借用明朝为背景, 来解大过这一卦。

**大过 栋桡。利有攸往, 亨。**

【译文】支撑屋顶的檩木弯曲, 适宜有所行动, 能够亨通。

【解读】栋, 是支撑屋顶的檩木, 栋与梁不同, 栋与屋檐成平行关系, 梁与屋檐成垂直关系, 梁下可以有柱子支撑, 通过将支撑的柱子砌在墙内, 就可以将房隔成不同的分区——屋, 栋的下面没有柱子, 完全依靠两端的支撑。因此栋有可能弯曲, 而梁是不会弯曲的。桡(ráo), 就是弯曲的意思, 严格地讲是向下弯曲,但是比照下面的爻辞可知,卦辞中的桡应当是包含上下的泛指之意。

"利有攸往",是有利于有所行动之意。是指在"大过"——国家处于高度集权的时代,应当有所行动。而不能混沌无知,无所事事,只有行动才能获得亨通。关于具体的行动内容与方式,孔子则分别在下面的彖与象中,给出了两种建议。

**彖曰:大过,大者过也。栋桡本末弱也。刚过而中,巽而说行,利有攸往乃亨。大过之时大矣哉。**

【译文】大过,是大者有过错的意思。"栋桡"是因为本末弱。阳刚过盛而适中,顺从而喜悦的行动,因为有利于行动而导致亨通。大过对应的时局,太重要了。

【解读】"大过,大者过也。"一句清楚地解析了卦名,指明要讨论的是"大者过",而不是过的大小。

"栋桡本末弱也。"大过卦的卦辞是典型的因象取辞,从卦象上看,上下两爻为柔,中间四爻为刚,恰似一条刚直的栋架于两壁之间。但是其支撑作用的两壁,却是呈现"柔"的状态,因此有难以支撑——"本末弱"之象,而其导致的结果,则是栋的弯曲,并由此可能引发的房屋的倾塌等危险。但这仅仅是象,象可以引导最初的观象者了解基本的卦意,并不能全面地揭示出卦辞背后的理。简言之,通过象我们可能推测出卦辞中的文字内容,如"栋桡",但这些文字背后的道理,则需要另行理解。

就本卦而言，"栋桡本末弱也。"显然是要说明导致"栋桡"的原因是"本末弱"。但这里隐含着两个更深层的问题：

1.面对"本末弱"的局面应当怎么办？

2.是什么原因导致了"本末弱"？

通过对大过卦的深入思考，我们会发现，这两个问题的答案其实是统一的，那就是"大过"——面对一个"本末弱"的时局，只有采取强有力的集权政治，才能迅速地将一个颓败的社会，重新带向欣欣向荣充满活力；反之，也正是因为统治者集权过重，专制太甚，最终必然导致民心离散、君臣失和的"本末弱"的状态。

在进一步讨论"为什么"之前，有必要先厘清一下，此处所说的"本末"到底是何意。简单地说，"本"在下"末"在上，反映在卦象上就是初与上两爻。将其引申到国家政治中，"本"是容易理解的，它应当对应的就是民、民心、民意等等，而且也符合易例——在易经的六爻卦中，下两爻是民位，那么最下一爻，就应当对应着最底层的百姓了。但是"末"则需要更深入地理解，同样按照易例，上两爻对应的是天，是君，其中五位是君位，那么这个比君还要高一位的"末"又是什么呢？窃以为，应当就是文化背景、伦理习俗、社会风尚、价值观念等等，用今天的话说叫作上层建筑、意识形态的内容。只有这些，才能既超越任何君主的权力，又容易被忽略为"末"，同时又是在实质上支撑国家的基础。

至此，我们就可以讨论，为什么在"栋桡本末弱也"一句背后隐藏了两个问题，而这两个问题的答案竟然是统一的了。不妨借用明朝的历史背景。

众人皆知明朝是由元朝而来，但很少有人会知道，明朝实际上是继唐朝而来，甚至还应当是继安史之乱之前的盛唐而来的一个朝代。因为自安史之乱诱发晚唐的昏暗开始，五代的纷乱，以及随之而来的，在残破的国家废墟上，依靠并不健全的力量建立起来的大宋王朝，实际上都是一个连贯的过程——如果没有安史之乱，国家就不会陷入实际的分裂，如果没有长期的分裂与战争，就不会出现五代后期，后晋石敬瑭因契丹狼入中原室的事情，如果没有契丹政权的存在，北宋就有可能建立一个真正统一的中原王朝，就可以拥有全部的经济资源，如果北宋能够拥有一个统一的国土，能够拥有全部的经济资源，就未必会先受辱女真，后灭亡于元蒙，那么明朝也就不会继元朝而来了。

这一变故的最大影响，便是"本末弱"。

首先，中原民众经历了至少百年的异族统治——南方百年，北方尤其北京山西的所谓燕云一带，从辽代算起竟有400年之久！虽然，辽金两代在思想上，还基本对汉族文化报以一定的尊重，但是客观存在的民族和社会矛盾，必然后导致对底层百姓的压迫与欺凌，因此在长期的异族统治之下，民力凋敝，民心怯滑是必然的；

另一方面，有元一代非但在经济上、政治上对以汉族为主体的中原百姓，进行了纯帝国主义思维的掠夺式统治，更重要的是在文化上、伦理上的毁灭性破坏，拣其主要的可以归纳为两条：一是白话文的大量使用（出于蒙古人参与地方管理和抑制儒家影响的需要），二是商业的强制性引入（出于蒙古贵族通过回回商人敛财的需要）。从根本上颠覆了中国传统的价值观念，也就是摧毁了中国原有的意识形态体系——非但是在精神层面的摧毁，而且也是在物质层面的摧毁，这一点可以从明朝初年，在频繁地招贤纳士的同时，众多的官位仍然空缺，从像胡惟庸这样的人物都能坐上丞相的位置，从明初官员们对明太祖的奉承阿谀，就可以得到佐证。

后人往往评论朱元璋残忍多疑，但是如果回到当时，站在他的角度上去看，面对数百年异族压迫的历史，面对民弱商奸、士穷志短的"本末弱"的现状，怎么能不采取"大过"之策，行"大过"之实——将国家权力集中于自己一人之手，将国家行政限制于刻板之中？因此，朱元璋由于其自身的经历，导致的诸多局限性是一回事，面对当时"本末弱"的社会现实，采取集权手段，整肃人心，结束战乱，恢复生产，重塑传统则又是另一回事。

但是，事情从来都不是一成不变的，正所谓"易者易也"，变易既是《易》的精髓，也是世界的客观规律。明朝的事情也是如此，朱元璋希望他的大明王朝，能够按照他规划的结构和模式，千秋万代地延续下去，但却在根本上违背了《易》的精髓，和事物发展的客观规律。这种变易的结果就是，由于他推行的高度集权的"大过"之政，不能适应社会发展的客观需要，导致明朝在经济和意识形态两个方面，本末皆弱的结局。

低税收不仅使国库经常处于拮据状态，也没有给底层的百姓带来幸福安康；大量兴办的学堂，不仅没有保证传统价值观念的坚不可摧，反而因为识字率的快速提高，导致民间思潮的泛滥；同时，在商业冲击和集权打压的双重压力之下，即使是作为国家栋梁的官僚群体内部，也从权利争夺到思想争鸣，都出现朋党纷争现象……

因此，后人评说明史，有痛斥阉党的，有严批朋党的，但是根本的过错都不在于他们身上，因为明朝的问题是"大过，大者过也。"是皇帝的过错，是集权太过。

在象辞中，孔子显然是选择了前一个问题，并加以解释"利有攸往，亨"。

"刚过而中"如下图所示，可以用卦变的观点来解释：

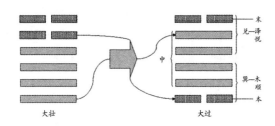

大过是由大壮卦，经由初九与六五换位，演变而来的。原来位于大壮初九的一个刚爻，就来到了君位（五位）居于上卦之中，颇有底层民众（初九）起而抗争，最终驱除混弱之君（六五），而夺得的君位，随即又要面对"本末弱"的现实之象。

"中"在这里，与《易经》中惯例略有不同，并不着重于九五居于上卦之中，而是指阳刚作为一个整体，占据了卦象的中间位置，即形成栋梁这一事实。因此是表示对其行为——"大过"之政的肯定。

"巽而说行"则是从上下卦的卦意上来理解，当此"大过"

之时，即在上述第一种情况下，人们应当采取的行为方式，同时也是"大过"之政可能得到的效果。巽是顺，说同悦，连在一起就是顺从而高兴的行动。也就是说，此时的民众，尤其是那些有思想有能力的"君子"们，应当顺应君王的政令，心怀喜悦地践行君王的政令。同时，当此"本末弱"的时局，（新得天下的）君王，果断地推行"大过"之政，也会得到良好的效果——百姓（无知的小人）会"巽而说行"。君子与小人都能够"巽而说行"，固然会得到天下亨通的结局。

**象曰：泽灭木，大过。君子以独立不惧，遁世无闷。**

【译文】大过卦有大泽淹没树木之象，君子观此象，应当坚持自己的原则而不惧怕，即便因此而隐遁（不为人知），也不郁闷。

【解读】大象往往提供了另一种观卦的视角，和应对的策略。在本卦中，孔子看到的是大泽中泛起的浊流，淹没了成片的树木，一派水势大盛，大者过强小者灭顶之象。这就不再是国君面对"本末弱"的局面应当怎么办的问题，而是君子面对因为国君坚持"大过"之政，而导致的（新的）"本末弱"的局面应当怎么办的问题了。

同样的问题，产生的原因不同，当事人的角色不同，因此采取的策略也不同。（新任的）国君面对（前朝遗留下来的）"本末弱"，应当果断地行"大过"之政；（本朝的）君子面对（本朝造成的）"本末弱"，则应当坚持自己的贞操"独立不惧"，如果无法坚持，则宁愿隐遁，也不同流合污。"遁世无闷"就是不因为隐遁不为人所知而烦闷。

**初六, 藉用白茅, 无咎。**

【译文】用白茅作为铺垫, 没有咎害。

**象曰: 藉用白茅, 柔在下也。**

【译文】用白茅作为铺垫, 说明柔顺地居于下位。

【解读】白茅是一种在祭祀时, 垫祭品用的白色的草, 由于它吸水性较好, 祭祀用的酒洒在上面之后, 很快就会被吸干——缩酒, 仿佛是被神灵欣然享用了一样。当年齐桓公打着尊王攘夷的旗号讨伐楚国时, 提出的理由就是, 楚国没有按时向周王进贡这种草——"尔贡包茅不入, 王祭不共, 无以缩酒, 寡人是征"。可见白茅虽然仅仅是一种草, 但却是用于天子祭祀的重要物品。

但是, 按照古人的祭祀观念, 诚意是第一位的, 所用的仪式、器物则在其次。因此, 孔子在《系辞传》中说: "苟错诸地而可矣, 席用白茅, 何咎之有? 慎之至也。"——(如果心怀诚意)即使(祭品)放在地上也可以, 更何况用白茅垫着, 能有什么咎过呢? 真是非常谨慎的表现。

从卦象上看, 下巽为木, 初六又是柔爻位于全卦最下, 有承载祭品的白茅之象。同时, 初六不仅上承九二, 而且还与九四成正应关系, 足可见其心意之诚。以如此之诚意, 和至慎的态度来行事,当然"无咎"。

象辞中"柔在下也"一句较有深意,一方面进一步解释了为何巽木要取"白茅"之象——草为木中之柔者;另一方面也为应和了卦辞中的"本末弱"之说;还有一方面则将"无咎"从物理引向了人事——在"大过"之时,"柔在下"是一种可保"无咎"的态度。

### 九二,枯杨生稊,老夫得其女妻,无不利。

【译文】枯干的杨树又生出新根,老夫取到了妻子,没有不利因素。

### 象曰:老夫少妻,过以相与也。

【译文】老夫少妻,虽然有所过,但仍旧相亲相悦。

【解读】"枯杨"就是枯干的杨树,这里仍旧是取下巽为木之象,进行延伸。"生稊(tí)"有说生根,有说生枝,总之是老树有获得新的生机,衍生出新的生命之象——根据与初六的关系,取生根史恰当。作爻辞者,为了让后人史容易理解,进一步引用了人类社会中的相似现象——老夫少妻。

对断语"无不利"的理解,需要回到当时的婚姻观,就殷商时期的婚姻来说,其核心目的有两个,一是强化两个家族的关系,二是传宗接代——"合两姓之好,上以事宗庙,下以继后世"。老夫少妻显然可以同时满足这两个方面的要求,因此虽然有违常理, 但仍然是 "无不利"。

从象上看, 则是以刚柔爻之间的关系来取象——九二刚爻在上, 为老, 为老夫; 初六柔爻在下, 为少, 为少妻。阳在上乘阴, 阴在下承阳, 有老夫得少妻之象。

**九三, 栋桡, 凶。**

【译文】支撑屋顶的檩木弯曲, 有凶祸。

**象曰: 栋桡之凶, 不可以有辅也。**

【译文】支撑屋顶的檩木弯曲导致有凶祸, 是因为不可以有辅助。

【解读】三与四两爻居栋之中, 当栋桡之处。

九三与上六正应, 从相对位置来说, 自己在应爻之下, 因此是向下弯曲——桡。栋梁向下弯曲, 又没有支撑, 有房屋倾塌的危险, 因此凶。

小象说 "不可以有辅也" 一语双关, 既说了物理——栋下无柱, 又再次强调了 "桡" 的原因——应爻在上, 不可能起到辅助的作用。

**九四, 栋隆, 吉。有它吝。**

【译文】支撑屋顶的檩木隆起, 吉祥, 有其他方面的吝难。

**象曰: 栋隆之吉, 不桡乎下也。**

【译文】支撑屋顶的檩木隆起导致吉祥, 是因为不向下弯曲。

【解读】九四与初六正应, 从相对位置来说, 自己在应爻之上, 因此是向上弯曲——隆。栋梁向上弯曲, 即使没有支撑, 也不会有房屋倾塌的危险, 甚至还会因此而变得更加坚固, 因此吉。

"有它吝"指有其他的隐伏的问题。"吝者言乎其小疵也", 产生这个小疵的原因就是当悔而不悔, 没有防微杜渐。考之于象, 仍与同应爻的相对位置有关。

九四为近君诸侯之位, 于初六小人百姓正应, 受其拥戴敬仰, 在平常时局本无大碍, 但是当"大过"之时则不然, 凡是国君阳刚过盛, 在国内施行高度集权专政之时, 随之而来的就是对大臣猜度怀疑。其中最为忌讳的就是, 大臣在百姓中具有强大的号召力。

明初, 朱元璋大杀学案, 屠戮功臣名将, 除了诛杀奸小整肃世风朝纲之外, 更重要的原因, 就是因为他是一个行"大过"之政的国君。而此时那些对朝廷有贡献, 甚至是支撑作用的"栋隆"之臣, 往往会因为他们在民间和军中的声望, 而招致飞来横祸, 岂止是"它吝"而已。

**九五, 枯杨生华, 老妇得其士夫, 无咎无誉。**

【译文】干枯的杨树又开出了花, 老妇得到青年丈夫, 没有咎害也没有名誉。

**象曰: 枯杨生华, 何可久也。老妇士夫, 亦可丑也。**

【译文】干枯的杨树开花, 怎么能长久。老妇得到青年丈夫, 也可谓丑行。

【解读】九五原在上兑之中, 但是全卦取"栋"像, 栋是水平放置之木, 不分上下而论左右, 所以上卦仍旧应当视为巽。这样九五实际上处于与九二是相对应的位置, 因此爻辞有很大的相似性, 仍旧是取"枯杨"之象。所不同的是, 九二"生稊", 九五则是"生华"——生花。这一区别来自于它们与柔爻的相对关系。九二上乘初六, 柔爻在下, 因此是向下生根; 九五是上承上六, 柔爻在上, 因此是向上生花。

相应的在人类社会中的相似关系, 就变成了老妻少夫——上六柔爻在上, 为老, 为老妻; 九五刚爻在下, 为少, 为少夫。老妻少夫虽然也可以合两姓之好, 但是能否下继后世, 就是一个不确定的问题。而且相对老夫少妻来说, 与常理相去更远, 因此虽"无咎"但也"无誉"。

象辞中则表现出更为鲜明的否定态度, 先以物理起兴"枯杨生华, 何可久也?"老树开花怎么能长久呢? 接着归于人事"老妇士夫, 亦可丑也!"老妇娶了一个小伙子, 也够丢人的。这种变化, 在孔子更直白地阐发爻辞内涵之外, 还有一个社会演进的问题, 商周之际是社会从母系向父系转变的时代, 因此母系观念尚有残存, 父系观念尚未健全, 到了孔子的春秋晚期, 父系观念已经完全占据了主导地位,因此对老妻少夫这种现象,更加地不能容忍。

综观大过卦中的刚爻,如下图所示:

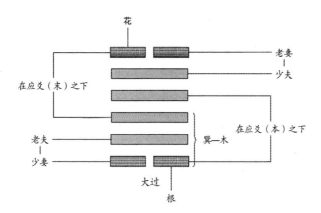

象与辞均由其与两个阴爻之间的相对关系决定。其中二、五两爻看似有脱离主题之嫌,其实不然。二、五两爻乃栋之两端,皆是与本末接触之处,卦辞说"栋桡本末弱也",似有将"栋桡"的原因完全归结于本末两端之意。但通过二、五的爻辞可以看到此间更有一层深意。

无论老妇少妻,还是老妻少夫,均不是正常的婚姻关系,其结果往往是婚姻本身结合不够紧密,未来家庭难以长久牢固。这就是说,"本末弱"可以使"本末"木身弱,但也有可能不是"本末"本身弱,而是与"栋"结合得不够紧密——嫁与老夫的少妻,至少生理不弱;能娶少夫的老妇,更应是财、权至少强其一。引申至国家政治,则是在由高压强权维系的稳定之下,隐隐存在的上下分心离德之象。

**上六，过涉灭顶，凶，无咎。**

【译文】过分涉越，淹没了其头顶，有凶祸，但没有咎害。

**象曰：过涉之凶，不可咎也。**

【译文】过分涉越，淹没了其头顶，造成的凶祸，不可归咎。

【解读】"过涉灭顶"既是卦象也是爻象，就卦象来说，如前所述是泽水滔天淹没林木之象；就爻象来说，是上六一柔位于四刚之上，是柔"过涉"灭刚之顶。

根据两种取象方向，可以得出关于断语"凶"的两种不同理解：

1.就卦取象，是对下巽凶，是导天下入凶局，对天下万民凶，当然也包括对上六凶。

2.就爻取象，则是专指对上六凶，因为它不识时务，柔灭刚顶。对此可以作两种理解：

一种是许多解此卦者常用的例子，值商纣无道，倒行逆施行"大过"之政之时，王叔比干直言敢谏，最终导致自己惨死。虽然比干象征着正义，但是按照易例，纣王为王为君为阳，比干为臣为阴，但正因他代表着正义，所以才在道义上占据着制高点，才在"大过"之时，具备上六"过涉灭顶"之象，因此才得到了凶的结果；

另一种可以理解为，是指那些为前朝守节的遗老，比如大名鼎鼎的文天祥，虽然在精神层面上，他得到了流芳百世的结局,但就生命而言,其坚贞的结果显然是凶。

至于凶而无咎,则是直接针对上六而言的。简单地说,因为卦为"大过",是"大者过也",责任当然不在为柔、为阴、为小的上六身上,无论"凶"在人在己,都不应当受到怨咎,因此小象中一句"不可咎也"来强调,所谓"无"实际是"不可"有。

以明朝的阉党为例,不仅按照中国传统思维,他们应当是最小的小人,最阴的阴人,而且就其行径而言,也可谓恶迹昭彰,千古遗臭,但是就其根源来说,却不能将其种种令人不齿的行为,归咎于他们身上,因为他们得以手握权柄、恣意逞凶的原因在于,贯穿大明王朝始终的"大过"之政,给他们创造了条件,形成了氛围,养成了习惯。

因此,一句"不可咎也"褒奖志士仁人,使其名节义举不为市井观念所辱,同时拨开了奸佞小人,使之不会成为,那些行"大过"之政的强权之君的遮羞布和挡箭牌。可谓一烛照亮千古,一刃分开善恶!

# 习坎——设险御民

 坎上坎下 坎为水

习坎上下卦都是坎，这样的组合被叫作纯卦，《周易》的基础是三画的八卦，因此纯卦共有八个，即所谓八纯卦。与其他七个纯卦不同的是，习坎的卦名中多了一个表示重复的"习"字，而其他纯卦都是直接以其三画卦的名称为名。

关于习坎的解读，自古以来，也始终处于含混的状态。这主要是因为，对习坎的由来——卦变过程，缺乏准确地判断造成的。在传统的解读中，习坎被认为是由临卦，经过初九与六五的换位演变而来的，这种卦变方式，除了能够迎合彖辞"往有功也"中，"往"字的由内而外的运动方式以外，对全卦的解读，非但没有任何帮助，反而会陷卦义、爻辞于无象可依的境遇（详见后）。

事实上，习坎应当是由观卦，经过上九与六二的交换演变而来的。二者的区别如下图所示：

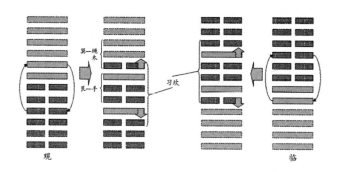

虽然最终产生的六画卦的卦象都是习坎，但是一旦将其延展成十二画卦之后，就会发现，其间所反映的，爻与爻之间的逻辑关系完全不同。具体而言，观——习坎，是以阴进阳退为背景；临——习坎，则是以阳进阴退为背景。所以，当需要以卦变为基础来解读卦义爻辞时，就会产生出完全不同的解读。

举例而言，如果临——习坎为基础，那么上六的"系用徽纆，置于丛棘三岁不得"，就完全没有卦象支持。相反如果在观——习坎的变化中，很容易就会找到，隐伏于上六之上的两个阳爻，而巽有绳索之象，其下的互艮又有手之象，因此"系用徽纆"的卦象清晰可见。巽又为不果之木，有荆棘之象，上六位于其中，又为下临的互艮所止，因此有"置于丛棘"之象……

诸如此类，随处可见于卦义爻辞的解说之中，因此笔者认为，解读习坎要从卦变入手，而且习坎是由观卦演变而来。

**习坎 有孚维心，亨行有尚。**

【译文】有信诚源自内心，通畅流行而有所趋向。

【解读】由于象辞有对习坎卦辞的明确"拆解"——有孚，维心亨，行有尚。因此成为后世儒者的定论，进而通过"行有尚，往有功也"一句认定，习坎应当是由临卦演变而来的。但是笔者认为，卦辞应当被断为两个部分，即"有孚维心，亨行有尚"。

其中"有孚维心"是这对构成习坎的三画卦坎而言的，坎中实，一阳居中，上下二阴。阴阳相得为"有孚"，坎卦"有孚"是源于一阳居中，因此说"维心"。

"亨行有尚"是在概括坎的卦德，坎的基本象是水，水的本性是奔流不息，因此说"亨行"。"有尚"的"尚"是崇尚、注重的意思，"有尚"就是有所崇尚、有所追求、有所趋向的意思。水无论如何奔流，无论中间有何险阻，终究以趋下为方向，以大海为目标，矢志不渝——正合"有孚维心"之意，也正因为如此，才能奔流不息，所以说"亨行有尚"。

如此断句，不仅可以更加深刻地揭示坎的本性，而且也可以规避"往有功也"的问题——事实上，也未必是个问题（详见后）。使卦变、卦象、卦义浑然一体。

**象曰：习坎，重险也。水流而不盈，行险而不失其信。维心亨，乃以刚中也。行有尚，往有功也。天险不可升也，地险山川丘陵也。王公设险以守其国，险之时用大矣哉。**

【译文】习坎，是重重险阻的意思。水流动而不满盈，即使遇到险阻也不会失去其信诚。天道所设之险不可凌越，地上的险阻就是山川丘陵，王公们设立险阻，以保卫其国家，险的意义太重大了。

【解读】坎为水，象辞说"习坎，重险也"——以"重险"解释"习坎"，也就是以"坎"为"险"，这是当时城市建设的写照。有学者曾经认为，在殷商时期，可能并没有现代意义上的险关阻碍，是否果真如此，如今尚无定论，但是人们以水为险，防护自身居住地的安全，则是可以上溯至数千年前的事情，因此在创易时代，人们才会将代表水的坎，阐释为险。

"水流而不盈，行险而不失其信"是在解释"有孚"，"孚"是信诚的意思，"流而不盈"是水的常态，奔流不息而不满盈不动。"行险而不失其信"是进一步突出其坚守奔流不息的常态的"信"，即即使遇到险阻也不会失去其信诚。

"维心亨，乃以刚中也"是从卦象上，来解释"维心亨"，即是因为以阳刚居中，因此才能内心亨通。"维"字显然具有关联"有孚"与"心亨"的作用。

"行有尚，往有功也"涉及到卦变的问题，说明卦变过程中的"往"，会产生好的结果——"有功"。

通过上述解读，可以看到：

首先，孔子的断句方式，与笔者的断句方式，在对卦辞的解读上，并没有本质性的冲突。所不同的是，按照孔子的方式，必须用卦变的内容，来解读"行有尚"。而按照笔者的方式，至此尚不必使用卦变的内容。

其次，由于"行有尚"需要用"往有功"来解释，导致了对"行"的方向的误判，因为在《周易》中，通常是以由内而外，自下而上为"往"，因此后人据此认定，卦变中阳爻的运动方，也应当是自下而上的。却不顾这种运动方式，本身是与"坎"——水的运动规律相违背的，因为水是趋下运动的，是以向下奔流为"往"的。因此即使说"往有功"，也是指向下运动会有良好的结果。

所以，即使按照孔子的断句方式，也不能得出坎是由临卦变来的结论。而且一旦得出这样的结论，象辞后面的"天险不可升也，地险山川丘陵也。王公设险以守其国"三句，就成了完全脱离卦象的孔子的个人感慨。事实恰恰相反，这三句正是解读爻辞的关键所在。

如下图所示：

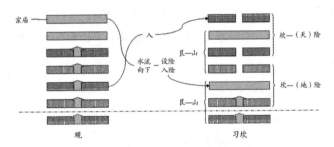

卦中上下两坎，即为"重险"——两险，在上者为天险，在下者为地险。"天险不可升"在义理上是指，天道不可逆，在爻辞上则是上六乘刚而得凶的依据；"地险山川丘陵"在上图中，自九五以下，卦中有两个连续的艮卦，艮为丘陵，正有山川丘陵起伏之象；"王公设险以守其国"则是一语点破了卦变的方式和习坎卦义的本质：

首先"王公设险"而非小民设险，在爻位中上、五为天位，代表着君王的地位与权威，因此"王公设险"，必是自上而下设险，所以习坎必是由观卦变来，来到二位的阳刚九二，就是王公所设之险。否则，如果是由临卦变来，则是小民设险了。

其次，九二自上位而来，设险于下，有以源于宗庙的正统思想，统御万民，以防民乱之象。这与观卦对应的阴长阳消的态势，正相吻合。同时也合于，卦中四个阴爻，除了六四以虔诚敬畏而得"终无咎"，其余三爻皆有不同程度的凶相的"命运"，相契合。所以，习坎所要讲述的，就是王公如何应对，逐渐升进的阴柔之风，逐渐得势的奸佞之臣的策略。这无疑关系到天下的安危，所以孔子说："险之时用大矣哉"。

当然，将此处的"坎"，引申为物质层面的"险"，也不失其用，只是自"天险不可升"一句推之，应当更倾向于内政与观念。

**象曰: 水洊至, 习坎。君子以常德行, 习教事。**

【译文】习坎有水接连到来之象，君子观此象，应当懂得守常德行，不断地修习教化。

【解读】"洊（jiàn）"是再、屡次、接连的意思。"水洊至"就是水接连而来的意思，以此来解释卦名，既是对卦象的形象描述，又是对坎水"有孚"的特性的诠释，即水会一再地、不间断地到来（奔流）。比之于人事，就是要像水那样，始终如一，不中途而废，半途而变，所以孔子说"君子以常德行，习教事"。

显然孔子是将水的特性，视为一种值得仿效的品行，"常德行，习教事"就是要坚守自己的德行（正确的），同时又不断地修习教化。此处的"教",不能简单地理解为现代的教育,而是教化的意思。因为"教育"侧重于知识的传播,而"教化"才是对人品的塑造。

用现代的语言来表述"常德行,习教事",大概就是"做一件好事并不难,难的是一辈子做好事",所要表达的内容。

**初六,习坎,入于坎窞,凶。**

【译文】深陷重险,落入到深坑中,有凶祸。

**象曰:习坎入坎,失道凶也。**

【译文】深陷重险,进入坎陷,是因为失于正道而有凶。

【解读】象辞说"习坎,重险也",初六上临两坎,有深陷重险之象,因此说"习坎"。

"窞(dàn)"是深坑的意思,初六位于双坎之下,有陷入坑中之坑之象,因此爻辞又以"入于坎窞"补充说明"习坎"。

习坎由观卦变来,九二自上而下的根本目的,就是要阻断阴柔的进一步进逼,由于初六是阴柔升进的动力来源,因此首当其冲成为九二遏制压抑的对象,如上图所示,九二、初六,以及其下隐伏的另一个阴爻,共同组成艮卦,艮为止,且九二自上而来,因此对初六有压制之象。

"凶"是对初六境遇的断语。直观上看,是因为初六身陷重险,但更深层的含义则如象辞所示——"失道"。这是因为,九二下来之后，阻断了阴柔的升进，导致三四两爻因为失去动力来源，而不再对阳刚采取进逼的态度，只有初六仍保持其升进的趋势，因此有失其作为阴爻的柔顺之道，其结果终将获"凶"。

比之于人事，阴柔躁动在先，而且已有得势之象，至习坎虽然王公开始设险以守其国——通过将正统思想灌输于下，与君王执掌权威于上相结合，设立重重险阻，以阻遏阴柔的躁进，此时那些因得位而有所见识，或者"有所收获"的小人，往往会望风而敛，只有位于底层的无知，或者未获利者，仍旧激情不减，欲动不止，其凶必矣。

**九二，坎，有险，求小得。**

【译文】(设置)险阻，(自身也)有险，只求小有收获。

**象曰：求小得，未出中也。**

【译文】只求小有收获，是指其行为适度。

【解读】在传统的解读中，九二的爻辞通常被断为：坎有险，求小得。笔者认为，这种断句方式，不利于突出九二的作用，而且"坎有险"连读，在意义上有重叠之嫌。所以将"坎"单独断出，用以强调九二就是象辞中所说的那个王公所设之险。"有险"则是针对九二本身，或者说王公设九二之险，这种行为而言的。即如上图所示，观上九到坎九二的过程，既是设险，又是入险。

如前所述，九二代表着原则宗庙的正统思想，其自上而下的根本目的，就是要以正统思想来统御小民，牵制官吏，使阴柔不再升进。进一步地说，就是要重新在民众中，确立正统思想的主导性。

但是，任何一种思想，或者说价值观念，都需要通过某种载体，才能得以传播。在当代可以通过一定的媒介手段，而在创易时代，则只能通过散在民间的意见领袖来实现，这正是九二所要扮演的角色——实际上，直到今天，九二仍旧是最有效的终极观念载体。

然而，当九二作为一个/种人出现时，就不再像一种观念那样"有孚维心"了。相反，在他施加影响于他人的同时，也不可避免地要受到来自他人的影响。也就是说，九二是有被位于其上下的阴柔所同化和改造的可能的。这正是古往今来，位于社会底层的小民与小吏的特长之一，虽然他们最初同化和改造的，仅仅是作为观念载体的九二，然而最终造成的结果却是，源于宗庙的正统思想的泯灭或被篡改。

九二"有险"，有的就是这种风险。

"求小得"是"有险"的结果——因为"有险"，所以只能"求小得"，在经历了观卦的阴柔进迫之后，不能将正道的恢复，完全寄希望于九二身上，只能循序渐进，积少成多，所以要抱着"求小得"——阻遏阴柔继续升进的心态，来设险。

象辞说"未出中"，就是未出中道、行为适度的意思。

**六三，来之坎坎，险且枕，入于坎窞，勿用。**

【译文】前后都有险阻，险阻就在眼前，落入深坑之中，不能有所行动。

**象曰：来之坎坎，终无功也。**

【译文】前后都有险阻，是说终将没有成就。

【解读】六三与初六的境遇略有不同，初六"习坎"说明直接面临着重险，六三"来之坎坎"是说前后都有险阻，"之"是去的意思。"险且枕"说明六三尚没有离开"险"，"枕"是靠近的意思。就本质而言，"险且枕"一句并无必要，其所起的作用，是对"来之坎坎"的强化，因为前后都有险阻，但只要与险阻保持一定的距离，自身仍可悠然处之，所以必须加上"险且枕"一句，才能准确地描述六三的境遇。

六三与初六的境遇也有相同之处，那就是都"入于坎窞"。笔者认为，这一句也是习坎自观卦变来的重要依据之一。因为，如果是由临卦变来，那么在"入于坎窞"的问题上，六三和初六应当是不完全一样的——只有初六自身"入于坎窞"。正是因为，下来成坎的不是初六，而是九二，才能形成了初六、六三同时落入"坎窞"之象。

"勿用"是告诫六三不要有所行动。这里的行动，应当包含两个方面的内容：首先是指继续升进，因为在观卦中，六三有升进的趋势，同时在习坎卦中，又位于互震之中，震为动，因此需要有所告诫。其次是六三在九二之上，有乘刚之嫌，"勿用"应当是告诫其不要以爻位自居。

根据象辞"终无功也"推断，"勿用"的两个方面内容中，应当以前者为重。

**六四，樽酒，簋贰，用缶，纳约自牖，终无咎。**

【译文】（只有）一樽酒，两簋稻米，而且所用的器具都是陶器，从窗户纳入祭品，但终究没有咎害。

**象曰：樽酒簋贰，刚柔际也。**

【译文】一樽酒，两簋稻米（却可以无咎），是因为有刚柔交际之象。

【解读】六三乘刚，且位于互震之中，说明仍有动的意愿，因此爻辞诫其"勿用"。六四与之不同，首先六四已经离开了下险（坎）；其次与其上九五保持正常的阴阳关系——上承阳刚；最后位于互震之终、互艮之中。可见其对阳刚的态度，已经发生了根本性的转变，已红由进逼，转为了亲近、顺从。

六四的爻辞"樽酒，簋（guǐ）贰，用缶"，展示的一幅燕享之礼的场景——虽然只有一樽酒、两簋稻米，而且所用的器具都是陶器，十分俭朴，但是十分恭敬。"纳约自牖（yǒu）"更是有，由当时贵族女性操持的牖下之祭的嫌疑。"牖"是窗户。但是这都不妨碍，表明六四对九五阳刚，所持有的恭顺谨慎的态度。所以，虽然在观卦中，六四是直接与阳刚锋芒相见的阴爻，但却可以"终无咎"。

象辞说"刚柔际也"中的"际"，是交际、会合的意思。这又一次说明了，习坎是由观卦变来，否则卦中阴阳交际的随处可见，何必单只六四。同时，"际"又可以引申为，阴阳之间的区别，即正确的相互关系——阴柔应当对阳刚，持有敬畏之心。

比之于人事，六四对应的是在阴柔躁进之际，窃得高位的诸侯。一方面，这种人必然是头脑极为灵活之辈；另一方面，由于其已经窃据诸侯之位，因此从本质上说，已经与王公归为一类；第三，就"王公"此时也需要，六四的稳定与归附。因此当王公设险之时，六四会迅速由紧迫者，变成敬畏者。其"终无咎"，则是对阴、阳，以及天下均可无咎。

**九五，坎不盈，祇既平，无咎。**

【译文】水永远不满盈，只到达水平的状态，没有咎害。

**象曰：坎不盈，中未大也。**

【译文】水永远不满盈，是指其行为适中，而不过大。

【解读】"坎不盈，祇既平"是指九五具有坎水的美德，能够不盈过满，只保持在"平"的程度上。对于九五——阳刚之君来说，这无疑是一种高超的政治技巧，同时也是即六四爻辞发展而来。换言之，六四转变态度，以敬畏之心上承九五，说明王公设险的目的,已经在原则上实现了。所以,九五应之以"坎不盈,祇既平"——适可而止,最终才能实现共同"无咎"。

象辞"中未大也"是从爻位上,来解释九五的行为,"中"就是指九五居中,意味着行为适度,"大"是借水势,来阐释"盈"的程度,水大则过盈,过盈则必然外溢。所以"大"其实就是过的意思。

九五的"坎不盈,祇既平",表现出得是一种理性与淡定,无论对于君王,还是普通人来说,都是一种长期修养而来的处事技巧。因为,大多数人,在应对危局时,都会作出过激的反应,事后往往又美其名曰矫枉过正。事实上,无论目的为何,"过正"本身就是"不正",最终带来的结果,必然是新的"枉"。对于普通人而言,可名之曰"遗憾",但对于身系天下的君王而言,又岂能以"遗憾"二字来推脱?!

**上六,系用徽纆,置于丛棘三岁不得,凶。**

【译文】(被)用徽纆捆绑,置于荆棘丛中三年不得出,有凶祸。

象曰:上六失道,凶三岁。

【译文】上六失于正道,要经历三年的凶祸。

【解读】徽纆(huī mò)是古代用来捆绑犯人的绳索。关于上六爻辞的卦象依据,在前已述,此间不再重复。

上六之"凶",源于其乘刚的位置。象辞说"天险不可升也",如今上六乘于刚上,正是主动升于天险之中——自入天险的景象,因此象辞所说的"失道",其实就是失于天道,失于正常的阴阳相谐之道。其表现就是,以阴柔僭越于九五之上!

比之于人事,上六源于观卦中的六二,二位对应于民间的意见领袖,因此在阴柔躁动之时,六二就是在民间鼓噪不安的妖言惑众之徒,在今日来说,就是邪教首领,是历朝历代、古今中外都严惩的对象。所以,其升进之上六,本来是自下而上,由贱及贵,爻辞却将其说成是被投入了监牢。因为,如果不将这种人,置入监牢,则天下必危。

"三岁不得"是《周礼》记述的古代刑罚原则,即一个犯错之后,先将其关进监狱,如果三年之后,仍不悔改,就会被认为罪大恶极而杀掉。爻辞说上六"三岁不得",看来创易者,对上六这种人,是深恶痛绝的。而象辞却说"凶三岁",看来在孔子时代,这种人已经急剧增加,到了法不责众的地步了。

事实上,随着社会的进步,文化的发展,"妖言"已经越来越难以从社会噪音中,被分辨出来了,更何况,"妖言者"往往是以种种正义、公理、自由之名来惑众的。正如法国大革命时期著名的政治家罗兰夫人,于1793年11月8日被雅各宾派送上断头台之前,在自由神像留下的那句名言:自由啊,多少罪恶假汝之名而行!

所以,在现实生活中,妖言惑众者往往真的窜到了上六之位,但遗憾的是,不是被当作囚犯囚禁起来,而是被当作所谓的正义之士,为愚民们供奉于神殿之上。

甚矣,道之不存!

# 离——观念更化

 **离上离下 离为火**

前文说习坎卦是由观卦演变而来的, 通常在成对出现的卦象之间, 卦变之前两卦关系, 与卦变之后的两卦的关系, 是一致的。习坎与离互为变卦, 即阴阳相反, 由此推断, 离卦就应当是由观卦的变卦, 大壮卦演变而来的, 而不是源于遯卦。

除了上述推断之外, 还有以下几个方面的理由, 可以支撑这一观点:

首先, 离卦的 "离" 字是附丽、附着的意思, 既然是附着, 则必然是弱者附着于强者, 表现在卦象上就是, 阴爻附着于阳爻。对此自古并无异议, 但同时还应当是弱势的一方, 附着于强势的一方, 因此可以推断, 在卦变之前, 阴爻应当是弱势的一方, 这就与遯卦变来之说不符, 因为在遯卦中, 虽然二阴在下, 但实际上却是阴长阳消之时, 阳刚处于外强中干的状态, 真正的强势是在阴柔的一方。

其次, 如果是由遯卦变来, 则无法解释六五何以自下而上, 达于天位之后, 却要 "出涕沱若" 地, 因为忧惧而痛哭。也无法给上九爻辞中的"出征""折首",以及象辞中的"正邦"等,找到合理的卦象依据。

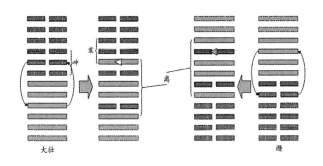

综合上述分析与图示,可以断定离是由大壮,经过九二与上六的换位,演变而来的。其所要阐释的就是,如何缓解、疏导、应对大壮所示的,天下民情汹汹而上的局面,是天下重归光明和谐的问题。

**离 利贞,亨,畜牝牛吉。**

【译文】适宜保持正固,能够亨通,蓄养母牛吉祥。

【解读】附丽或者说依附关系,是普遍存在于自然界,和人类社会之中的一种关系。甚至在力的相互作用基础上,宇宙中的任何一个物体,都是附丽、依附于其他物体而存在的。但是,要使这种关系能够长久地保持下去,就必须要保持某种平衡。这种适度的平衡关系,在《周易》中就被叫作"贞",引申到人类社会中,就被叫作"正"。能够保持平衡,做到贞正,"离"所代表的附丽关系,就会长久地持续下去。

所以，卦辞说"利贞，亨"，即应当/适宜保持贞正，进而才能实现亨通。

但是通过上述分析，我们可以感觉到，离卦的"贞"似乎与其他卦中的"贞"略有不同，因为其目的是要保持某种平衡，即是以是否能够维持平衡，来作为贞的标准。但平衡的实现，往往需要双方，或多方，随着环境、条件的变化，而作出适时、适度的调整，所以离卦的"贞"，更倾向于对"中"的把持。这就是为什么，作为附丽者的阴爻，在卦象上都居中，却不都当正。

"畜牝牛吉"一句，虽然通常被解读为，作为附丽者应当具有温顺的性情，而牝牛——母牛，正是温顺的典型云云。但仍旧是非常令人费解的一句，想来可能是有两种解读方式：一是类似于坤卦中的"利牝马之贞"，强调随顺的性情，以"畜"为持有、抱持的意思，指在离——附丽之时，如果能够具有母牛般的随顺，则会得吉（与前人所解基本一致）；二是以"畜"为聚集之意，以"牝牛"为"离"——离有牛象，"畜牝牛"就是重离、继离的意思，又因为离为明，因此重离、继离就是重明、继明的意思。

前一种直接，后一种迂回，但是仔细想来，两种似乎都没有触及真意，这便是此一句的令人费解之处。

笔者在此，作一无据之猜测：离为火，离上离下，即为火上火下，叠火为炎，传说中的炎帝又是牛首人身，炎帝的部落又是以牛为图腾，炎帝被黄帝击溃之后，其下部落又对黄帝的征服，进行了激烈的反抗，最终才在黄帝部落，作出一定让步的情况下，逐渐实现了两个部落的融合。以现存的离卦卦辞、爻辞而言, 显然已经与此相去甚远, 但离卦在最初是否与这一段失传的历史有关? 具体地说 "畜牝牛吉" 一句, 是否是原始离卦残留下来的内容呢?

> **象曰: 离, 丽也。日月丽乎天, 百谷草木丽乎土。重明以丽乎正, 乃化成天下。柔丽乎中正, 故亨, 是以畜牝牛吉也。**

【译文】离是附丽的意思。日月附丽于天, 各种草木附丽于大地。能够复制光明才能附丽于正道, 才能成就天下教化。柔顺地附丽于中正之道, 所以才能亨通, 所以说蓄养母牛能得吉。

【解读】"离, 丽也" 是在解释卦名, 说明 "离" 在此处是附丽的意思。如下图所示:

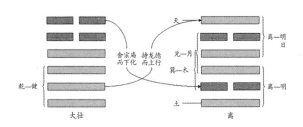

"日月丽乎天, 百谷草木丽乎土", 首先是在解释附丽这种关系的普遍性, 其次则是在暗示六爻之间的附丽关系, 即是分别附丽于上下两个阳爻的, 上九为天, 初九为土。

"重明以丽乎正, 乃化成天下" 是将附丽关系, 引申到人类社会之中, 其中 "以" 和 "乃" 都是具有表现因果、递进关系的连词。"重明以丽乎正" 说明 "重明" 是 "丽乎正" 的手段和基础——只有"重明"才能实现"丽乎正","乃化成天下"是"丽乎正"的延伸和结果，所以"重明以丽乎正，乃化成天下"所要表达的意思就是，只有"重明"，才能"化成天下"。

从卦象看，"重明以丽乎正"和"乃化成天下"又各有所指。首先大壮的九二是有龙德无君位的大人，因此其升进就有，持龙德而上行，将正确的（新兴）观念带入宗庙，成为天下新的正统思想，进而促成上明之象。其次，大壮的上六，有昏庸被迫之象，因此其下来得居中正，有旧思想旧观念退出历史舞台，让出主导地位，归正于民间，化解了阳刚躁进的态势，进而形成下明之象。

所以，据此二句，以及卦变的过程可知，离卦讲述的是一个通过思想的更化，来化解大壮所示的民情汹涌的问题。

比之于人事，又可以根据静态的离卦，作两种解释/拓展：

一是，上下都明，才能真正实现对天下万民的教化，否则智者高明在上，愚者昏暗于下；或者民清君昏，都不可能"化成天下"。

二是，要有两个甚至是多个智者、思想、意见同时明亮——用现代的话说就是"百花齐放，百家争鸣"，才能够使民心豁然服悦。否则只有一家之言，一灯独明，终究无法照亮天下的每个角落。

"柔丽乎中正，故亨，是以畜牝牛吉也"中的"柔"，自古以来都被解读为柔爻，但是实际上，至少应当进一步引申为"柔顺地"，才能将此一句完全解通，即在原文中"柔"的后面，省略了一个"而"字，应当为"柔而丽乎中正，故亨，是以畜牝牛吉也"。

说"丽乎中正",而不说"丽乎正",即如前面所述,卦辞中的"贞",更倾向于对"中"的把握,换言之,有以"中"为"正"的倾向。

由"是以畜牝牛吉也"可见,至少孔子认为,"畜牝牛吉"一句,应当取前述的第一种解释。

**象曰:明两作,离。大人以继明照于四方。**

【译文】离卦有光明两次兴起之象,大人观此象应当,延续其光明,照亮四方。

【解读】"作"是兴起的意思,由于火焰有趋上的态势,所以离上离下有"明两作"之象。

在"大人"这个位置上,孔子通常用的是君子、圣人、先王、王等,社会等级明确的称谓。"大人"的社会等级并不明确——在乾卦中,在下的九二和在上的九五,都称"大人",而笔者认为,正因如此,"大人"二字具有极强的暗示作用。

因为在当前的卦中既没有九二,又没有九五。在卦变之前的卦象中,遯卦有九五,大壮有九二,遯卦之九五要下至初位,才能完成卦变;大壮九二则是升至上位,来完成卦变的。在上与在下相比,更能"照于四方",而且"继"也有由内而外的意思,因此"大人以继明照于四方",在阐释如何化成天下的同时,也暗示了卦变的过程。

**初九, 履错然, 敬之, 无咎。**

【译文】规则(礼仪)交错复杂, 尊敬它, 没有咎害。

**象曰: 履错之敬, 以辟咎也。**

【译文】规则(礼仪)交错复杂的尊敬, 可以规避咎害。

【解读】"履"在这里是礼、规则的意思。"错然"首先是错杂、交错的意思。在卦象上的表现就是, 在卦变之前, 从初至四, 包括两个隐伏的阳爻, 是连贯的六个阳爻, 卦变之后, 六二打破了原有的规则, 是整齐划一的阳爻序列, 变得"错然"。

同时,《易》中又以阴阳相"错"为文, 在本卦中, 六二的来临, 在造成"履错然"的同时, 也促成了下卦成"离", 有文明之象。因此初九应当对六二"敬之", 而不能继续延续大壮中的升进趋势, 更不能因为被阴柔所乘, 而相敌。

反之, 如果初九不"敬之", 而继续迫近, 则会因为破坏文明之象, 而有咎。所以爻辞说"敬之, 无咎"。象辞则说得更加直白, "履错之敬, 以辟咎也"——"敬之"就是为了规避"咎"。

**六二, 黄离, 元吉。**

【译文】附丽于黄土, 大吉。

**象曰: 黄离元吉, 得中道也。**

**【译文】**附丽于黄土，大吉，指其得于中道。

**【解读】**"黄离"的"黄"通常被解读为土之色，中之色，进而引申为中正美好的意思。对此，笔者已在坤卦"黄裳，元吉"的解读中，已经作了分析，此处不再重复。但是，由于在本卦中，缺少更有力的证据，将其与黄帝之黄联系起来，因此笔者认为，更应当将其引申为"土"。

如下图所示：

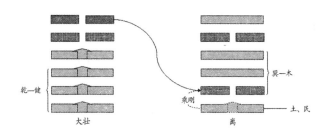

"黄离"就是附丽于土的意思，与象辞中的"百谷草木丽乎土"相呼应，在卦象上的支持，就是六二自大壮的上六而来，其实是附丽于初九，因此并没有乘刚之嫌，这既解释了六二何以能"元吉"，也说明了初九何以能"敬之，无咎"。

六二是参与卦变的一爻，其自上而下的运动轨迹，包含着其在天下民情汹汹的大壮之时，主动将上位——宗庙之位，让给来自民间的"大人"九二，这其中包含两个方面的意义：

首先，参与促成了上下相继而明，尤其是直接形成了下卦的文明之象。大壮是阳刚升进至四位的状态，其根本的动力，则是来自下卦的乾健，因此有民志壮大、质而不文、壮而不明之象。六二自宗庙而来，则有将原有的正统思想，与新兴的民志相融合的意味,不仅为原来质朴的民志,带来了文明的因素,同时也舒缓了民情的激越。

其次,比之于人事,大壮阳长阴消的根源,必定是宗庙不固,即原来的正统思想,已经不能适应天下的进步。既如此,何不与时俱进,顺应时代的要求呢?同时,就其个体而言,回归下位,有草木附着于泥土,遗贵依附于百姓之象,正是返朴归真有所依托的大吉之象。

综上,六二的"黄离"于下,既成就了文明之象,又体现了对天道的顺应,所以才能于人、于己、于天下都得"元吉"。

象辞说"黄离元吉,得中道也",实际上,略显有些小。

**九三,日昃之离,不鼓缶而歌,则大耋之嗟,凶。**

【译文】太阳西下,而有所附丽,不是拍打着瓦罐歌唱,就是像垂暮之人一样哀叹,有凶祸。

**象曰: 日昃之离,何可久也。**

【译文】太阳西下,而有所附丽,怎么能长久。

【解读】九三位于下卦之终,又在互兑之初,有出离入兑之象,离为日,兑为西,因此有太阳西下——"日昃"之象。

日月的升降运行,原本是天道使然,应当坦然面对。但是"日昃之离"——太阳西下,而有所附丽,却显现出留恋固着的意味,这显然是有违天道的。

"不鼓缶而歌，则大耋（dié）之嗟"两句自古众说纷纭，其中以明初的石门先生梁寅的见解，最为精道，现引述于下："其歌也，乐之失常也。其嗟也，哀之失常也。哀乐失常，能无'凶'乎？君子值此之时，则思患之心，与乐天之诚，并行而不悖，是固不暇于歌矣，而亦何至于嗟乎？"

究其原因，九三阳居阳位，正而不中，有终日躁动不止之象。动则易失，尤其是在强调平衡的离卦中，九三的失常，更是"凶"的源泉。"不鼓缶而歌，则大耋之嗟"则从两个方面，诠释了其动的方式：

"不鼓缶而歌"是"乐之失常"，原因在于其一方面因既得之小利而乐，另一方面又因为望见前阳（离）将至，而欲望又起，所以是不知足而欲动。

"大耋之嗟"是"哀之失常"，原因在于其不满足于现状，另一方面又见后阳（离）将去，而心有不甘，所以仍旧是不知足而欲动。

上述两种，是历朝历代开元创世的功臣们，尤其是其中的中下层人员的普遍心理，要么纵情于既得之安乐，要么不甘于眼前之现状，总之都希望激情延续，因而成为社会的不安定因素，进而招致君王的杀戮。

自古皆言刘邦多疑、吕后阴险，然而韩信果有张良之智、萧何之退，又何来杀身之祸？反之，若韩信不死，谁又能保证，天下不会重燃战火？


**九四，突如其来如，焚如，死如，弃如。**

**【译文】**突进式地前来，被焚烧、死去、遗弃的样子。

**象曰: 突如其来如, 无所容也。**

**【译文】**突进式地前来，不可能被包容。

**【解读】**九四在卦变前后，周遭境遇丝毫未变，因此其在大壮中的升进之势，对阴柔的进逼之心，也丝毫没有改变。因此是离卦中，离的时代里的躁进者。

"突如其来如"就是说，"其来"的方式，是突进式的。其造成的结果，就是"焚如，死如，弃如"。

从象上看，九四在互巽之中，巽为木，九四又在离中，离为火，因此有焚烧之象；巽又为死气、绝命，所以有死象；九四又在互兑之中，兑为毁折，有弃之象。

从义理上说，"焚如，死如，弃如"则是一语双关，既反映了九四对六五的态度，又是九四因此而得的结果。即如先儒所言"明之于人，犹火之于木。火宿于木而能焚木，明本于人而能害人，顾用之如何耳。"

"明"原本是一件好事，但是在以"中"为正，强调平衡的离卦中，九四不中不正属于行为极端，目的未必纯正之人。就其根本，是无法抑制自大壮延续而来的，刚猛躁进的性情，全然不顾时代的变迁。其导致的结果，将是上离的毁灭——文明无法继续。

比之于人事，就要将已经让出宗庙之位的阴柔，从形体上——宗庙为精神，君位为形体——彻底铲除，却不想这样做的结果, 却将导致文明的中断, 而自己也将走到文明的对立面上去, 在对六五 "焚如, 死如, 弃如" 的同时, 或之后也将遭受同样的命运。

这就是为什么, 历朝历代的新君, 都会礼遇前朝遗老的原因。

象辞说 "无所容也", 同样也是双关语, 一方面是说九四对六五(阴柔)无所容, 同时也是在说, 九四本身无所容于天下。

**六五, 出涕沱若, 戚嗟若, 吉。**

【译文】痛哭流涕, 凄凉地哀叹, 吉祥。

**象曰: 六五之吉, 离王公也。**

【译文】六五的吉祥, 是因为附丽于王公。

【解读】在大壮中, 面对阳刚的灼灼之势, 六五是阴柔中首当其冲的一爻, 如果没有卦变的发生, 六五则会被进一步逼退至上位。卦变之后, 虽然阳刚的进逼之势, 有所缓和, 但是其境遇仍旧是下有 "无所容" 的九四, 上爻为上九所乘。因此是一个既无力保全宗庙, 又夹于强臣之间的弱主, 其忧惧可知。

从卦象上看, 六五在十二画卦中, 入于坎卦, 因此有忧惧之象, 所以说 "戚嗟若"。同时, 六五又在上离, 互兑中, 离为目, 兑为口, 二至五是大坎, 坎为水, 目下、口下出水, 因此有 "出涕沱若" 之象。

六五为君，为强臣暴民所压，以致痛哭流涕，但是断语却是"吉"，这显然与后世所谓的"君辱臣死"的君臣观，大相径庭。这其中所反映出的，就是《周易》在思想观念上，与后世占主导地位的儒家思想，或者更准确地说是官方推行的儒家思想之间，存在的本质性区别。具体地说，就是天下观与君臣观、天命论与忠孝论、整体利益与集团利益、原始共产主义与等级制度之间的区别。也就是说，此处的"吉"并不是针对六五自身，而是针对天下而言的。

从某种意义上说，正是《周易》中的这种天下观、天命论，帮助中华文明、中原文化，度过了一系列的磨难，而得以传承至今。这种思想，在明末的顾炎武那里，最终发展成了著名的亡国与亡天下的区别"有亡国，有亡天下，亡国与亡天下奚辩？曰：易姓改号，谓之亡国。'仁义充塞，而至率兽食人，人将相食'谓之亡天下。"成为满清时期，儒学士大夫们的精神支柱。

象辞说"离王公也"意味深长，因为六五本身就是君王，如今却要附丽于王公，可见已是名存实亡。

**上九，王用出征，有嘉折首，获匪其丑，无咎。**

【译文】君王出征，能够顺利地折其首，所获并非常，没有咎害。

**象曰：王用出征，以正邦也。**

**【译文】**君王出征，是为了端正邦国。

**【解读】**上九本是"贵而无位，高而无民"，但在此处却说"王用出征"——非但有位，而且有军。这是因为，此间的上九，就是大壮中的九二，是"大人"之才。其自下而上，则有替六五治国，替上天行道之象。

"出征"在象上的体现是，上九上临两个阴爻，共同组成震卦，震为出；上九又在上离之中，离为甲胄弓矢。所以有出征之象。（见本卦所用第一图）

"折首"是指折阴柔之首，即在卦变中将阴柔的上六折为六二（如同图所示），如果是由遁卦演变而来，则上九就成了被折的对象了。

"获匪其丑"是指占据上位，并且上乘六五的意思，即如后世所说的，挟天子以令诸侯。"丑"是众的意思，引申为普通人、底层人员。"获匪其丑"就是说，所获的不是普通的人。

"无咎"实际上是与六五的"吉"，传达着相同的内涵——上九获六五，挟天子以令诸侯，原本是不臣之举，而断为"无咎"，则说明对吉凶悔吝的判断，是以对天下是否有利为标准的。

象辞"以正邦也"，就是要补充说明这一点。同时从向上看，上九在卦变中，入于坤中；在卦变之后，又上临隐伏的坤卦，都有"正邦"之象。

# 咸——交感有度

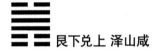

**艮下兑上 泽山咸**

咸，就是古体的感，因此这一卦应当读作感。

《周易》分为上下两经，上经30卦，以乾坤为起始，侧重于天地自然的规律。下经34卦以咸恒为起始，侧重于男女人伦的规律。所不同的是，乾坤两卦分说天地，而咸恒两卦则都是在讲男女人伦，只不过讲述的是不同的阶段而已。

虽然上述观点，历来被读易者既接受又反对——《周易》是一部与政治、人伦关系极为紧密的书，几乎无一卦、一爻不与政治、人伦有关，因此简单地将上下经分开确有牵强之处。同时，在上下经之间又确实存在一些可以感知得到的不同——但无论如何，咸卦作为下经之始，确实开创了一个新的篇章，将人们的视线迅速聚焦到了人类社会上。

咸，即是感，即是感应、感知。卦象上兑下艮，兑为少女，艮指少男，是明显的男下女，凤求凰之象。在人类可以感知、理解的各种"感"当中，男女之间，尤其是少男少女之间的相互感应，是最为显著、最容易理解的。而男女相感，进而生情，再进而结为婚姻,这是人伦之始,一切的社会伦理道德,最终都要源起于此,归结于此。人伦在中国又有着更加重要的作用,这是因为中国人讲求天人合一,而所谓的天人合一,就是以人伦比附自然,以政治比附人伦。政治是人伦的延续,人伦是政治的发端,和链接政治与天理的纽带。

所以,创易者用这一卦的卦象,通过人人皆知的少男少女之间的"感",向人们传达了一个基本的信息,感——人与人之间的相互感知、感应,是影响人类社会关系的根本原因。

事实上,人与人之间的感,就如同物与物之间的万有引力,始终是客观存在的,而且一旦紧密到一定的程度,就会显露出来,影响到人们的行为和思想。

但这并不是卦象的全部,因为在如此客观的感的面前,人们是完全被动的、无助的,创易的先圣显然不仅仅是要向人们阐释一个客观事实,而是要告诉人们一种正确的处置办法,即应当如何去"感",如何去应对"感"。

"感"是客观存在的,"感"是社会人伦的基础,以及具体应当如何感,这三层含义的总和,就是咸这一卦的卦象所要表达的全部内容。

**咸 亨利贞,取女吉。**

【译文】亨通,有利于正固,迎娶女人吉祥。

【解读】在周易的语言中,有许多词汇都被灵活运用了,其中"利"字很可能是最让人难以把握的一个。"利"字的本义自古至今并没有太大的变化，始终是利益、有利等意思。在易经中也无非是两种含义：

■ 在\*\*条件下，有利于\*\*结果——此时"利"字前面的内容是条件，后面的是结果；

■ 若要达到\*\*目的，应当如何如何——此时"利"字前面的内容是目的，后面的是条件。

在具体的语句中，二者之间的差异，并不是十分明显，大多数情况下，两种解释都可以视为通顺。但深究之下，则有很大的区别。毕竟通顺不等于正确，更不等于窥见了作者的初衷。以本卦爻辞为例："亨利贞"，是应当解释为：由于亨通而有利于贞正，还是为了亨通应当保持贞正呢？

以往的大多数学者选择的是后者，即为了亨通应当保持贞正，或者更进一步地说，只有保证"感"的贞正，才能实现亨通。因为"感"是一种客观的能力和结果，它既可以指向正义，也可以指向邪恶，所以，由"感"而促成的"亨通"，当然能够有利于贞正，但同时也可能是通向邪恶的快车道。比如，二战时数以千万计的德国人，不正是被纳粹所感，而走上战场的吗？因此"感"必须以"贞"为保证，才能实现天下真正的亨通。

这种观点显然是正确的，但同时也存在一个明显的缺陷——笼统，怎样的"感"才是称得上"贞正"？这是一个必须要给出明确答案的问题，因为"感"是由心而发的，是完全自我的，因此每一种"感"，每一个"感"都有一个共同的特点，那就是在其所有者、发出者看来，一定都是对的，都是"贞正"的——即便是一个罪犯，也一定会给他的犯罪行为，在内心里找到一个十分正义的理由。因此，如果笼统地说一句：应当保持"感"的贞正性，是毫无意义的。

所以，我们还是应当按照"利"字构成的第一种句式——在\*\*条件下，有利于\*\*结果——来解读卦辞。只不过，这里的条件不是"亨"，而是"亨"字前面的那个，长期被忽略于解读范围之外的"咸"字！因此，正确的解读方法应当是：

按照咸卦卦象所示进行"感"，就可以实现亨通，有利于贞正……

支持这种解读方法的，有一位重量级的人物，那就是做彖辞的孔子。

**彖曰：咸，感也。柔上而刚下，二气感应以相与，止而悦，男下女，是以亨利贞，取女吉也。天地感而万物化生，圣人感人心而天下和平。观其所感，而天地万物之情可见矣。**

**【译文】**咸，就是感。阴柔上行阳刚下行，两种气相互感应、投合，有所止而喜悦，男性在下女性之下，所以能够亨通但应当正固，取女人吉祥。天地相互感应万物才能生化出来，贤君与民心相互感应天下才能和平。通过观察与之感应的对象，天地万物的情致就可以明白了。

**【解读】**彖辞共分为三个部分：第一部分"咸，感也。"是在解释卦名的音与意；最后一部分"天地感而万物化生，……"云云，是孔子对咸卦的延伸思考；中间一部分则是在解读卦辞——"柔上而刚下，二气感应以相与，止而悦，男下女，是以亨利贞，取女吉也。"此中的"是以"就是所以的意思,由此可以推知其所连接的前后两部分之间,存在着因果关系。后一部分一目了然,就是卦辞;前一部分"柔上而刚下…"云云,则是咸卦的卦象。也就是说,孔子是将卦象中所反映的"感",作为亨、利贞、取女吉等的先决条件。

其中的"男下女"前文已述。"柔上而刚下,二气感应以相与"如下图所示:

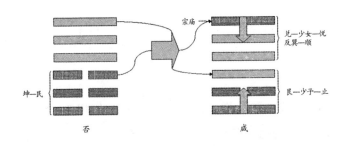

说的是咸卦的演变过程——咸卦是由天地否卦经过六三与上九互换而形成的。否卦中天在上,地在下,是天地阴阳不交之象,因此陷入困顿之中,经过柔(六三)上而刚(上九)下的变化之后,就实现了阴阳二气之间的交感,因此卦由否变为了咸,状态、时局也由困顿变为了亨通。这里说明了两个问题:什么是感?柔上而刚下就是感,反之柔了向上而刚不向下,刚不能感;感的结果是什么?是相与,即相互和悦,即所谓的亨通,但是这个亨通与贞正是没有必然联系的。

也就是说,卦象中的"男下女"和"柔上而刚下"都与贞正没有关系,所以决定是否能够贞正的是"止而悦"。如果我们认可,贞正是"取女吉"的前提的话,那么决定是否能够"取女吉"

的, 就也是这个"止而悦"。

"止而悦"是艮、兑两卦的卦德(特性), 艮为止, 兑为悦。"止而悦"何以能保证贞正, 一共包含三重含义:

第一重: 悦是人的一种精神状态, 其基本特点是精神的放松和情绪的激越, 所以"悦"带来的往往是, 感性胜过理性, 欲望指导方向的, 不确定的动。这种动, 往往是有害的, 即所谓的得意忘形之举, 所以必须要有所止。

第二重: 如果是在悦动之后, 尤其是出现了危害之后再去止——悦而止, 则是亡羊补牢之举, 虽然未必不美, 但终究不如未雨绸缪的"止而悦", 更能保障天下的公利。

第三重: 艮的卦德为止, 由此又可引申为笃实、诚悫(què), 因此"止而悦"可以进一步引申为"实而悦""诚而悦", 就是以笃实、诚悫为基础和前提, 以相互和悦为结果与目的。

有这三重含义的"止而悦"的感, 当然是贞正的, 当然也是有利于贞正的。事实上, 还可以将"止而悦"的内涵再向前拓展一步: 很显然感的结果未必都是悦, 还可以有"怒", 感到悦需要止, 感到怒就更需要止, 但是八卦中没有卦德为怒的一卦。有一个有趣的例子, 即今天香的反义词臭, 在古汉语中就是香的意思, 即当时香和臭没有严格的区分, 都是指一种刺激性的气味。由此, 是否可以猜想, 在以结绳记事的时代里, "悦"也包含了喜悦和愤怒, 两种与正常状态不同的激烈情绪呢? 如果是的话, 那么"止"的对象就拓展为一切不正常、非理性的情绪……

最后再来解读"取女吉",对此的理解可以分为大小两个层面,关键是如何理解文中的"取"字。

如果将其理解为"娶"的通假字,则话题就局限在男女婚姻的较小的范畴里,从卦象中可以解读出来的,也只是少男如何以谦卑的姿态,笃实的心理,来争取少女的芳心,进而结成婚姻的内容。

如果将其解读为其本意——获取、取得,则话题就可以延展到人类婚姻关系的演进,如何建立婚姻之礼等较大的范畴。笔者认为应当从其大。

因为由夏的《连山易》,经由商的《归藏易》,演进至周的《周易》的过程,也正是人们的生活方式,从原始和野蛮,向文明与进步的演进过程。婚姻之礼——男性通过何种方式取得一个女性(或者说一次繁衍后代的机会),一定是一个引人注目的内容。"止而悦"正反映了这种婚姻文明的进步。

回到卦象中,要理解"止而悦"在婚配过程中的进步意义,需要将上下两卦看成是运动的,其运动的方式是,分别从自己的出发点(上、下),向中间运动,以实现最终的交感婚配——婚姻本身就男女双方逐渐接近,最终结合的过程。由此,就可以清晰地看到男、女双方各自不同的行为特征。

"男下女"是凤求凰,少男取悦少女之象,但其行为仅限于此,到此为止。少女在上而悦,这是从少男的角度——自下而上看到的,但是如果站在少女自己的角度——自上而下地看,则兑卦就变成了巽,巽为顺,即少女最终作出的行动是顺从。男有相求之诚,女有顺从之意,最终的结果必然会结成婚姻。

也就是说，在先圣眼中，堪称"贞正"的婚配过程，应当男止于求，女悦则顺（不悦则可不顺）。这在当时看来，意义实在重大！

因为，一旦男不是止于求，转而为动，则"取女"的方式就变成了强而取之，就成了与女悦与否无关的抢。可以断言的是，在生产力不发达，人口寿命低，死亡率高的洪荒时代，女性作为一种繁殖工具，一定是各部落之间重点争夺的重要"战略物资"——后世匈奴等周边少数民族，在对中原的掠夺过程中，一个重要的目标就是有生育能力的女人——这种野蛮的婚配观念，也必然是许多战争的根源，是对天下的极大戕害。所以先圣才要建立正确的婚配观——男止于求（不能抢），女悦则顺（不悦则可不顺）。

**象曰：山上有泽，咸。君子以虚受人。**

【译文】咸卦有山上有大泽之象，君子观此象，应当以虚怀接纳别人。

【解读】这是孔子观咸卦卦象而得出的感受，但也符合咸卦，凡感必须要刚下柔上的基本原则。山上有泽，阳刚之山位于阴柔之泽下，为谦卑虚怀之象，这样才是君子与人交往时，应有的心态。

**初六，咸其拇。**

【译文】感应到了脚趾。

**象曰: 咸其拇, 志在外也。**

【译文】感应到了脚趾, 说明其心志趋向外面。

【解读】如下图所示:

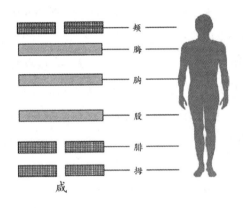

咸

咸卦的六爻取象非常有特点, 是按照人体的部位从下到上, 依次取象的。位于最下的初六对应于脚, 因此叫 "咸其拇", 拇就是足之大指, 大拇脚趾也。

象辞进一步解释说 "咸其拇, 志在外也"。据此, 后人往往认为初六所表达的意思就是, 在受到应爻九四的感召之下, 初六的身体虽然没有动, 但是心志已经向外了。笔者认为这种理解略显狭隘。

因为, 在其他五爻中, 除了四爻之外 (具体见四爻的解读), 所取之象都是人体的某个较大的部位, 或者说是某个部位的整体, 只有初爻不同。初爻应当对应的部位是脚, 爻辞中不言脚,而单指"其拇"——脚的一个局部,必然是有其深意的,是要表达完整的脚所不能明释之意的。

首先,"拇"与脚对人体运动的影响不同。"拇"虽然可以动,但却不能带动整个身体的运动;脚则不同,千里之行始于足下,脚是可以带动身体运动的。所以说"咸其拇",而不说"咸其足",就是要强调和突出,想动又不会动的这种状态。而这种状态,也正与初六的征象——无能柔顺的草民相配。这种人的一大特征是,始终对现状不满,心中的山总比眼前的山更高,所以永远"志在外",但是又没有改变现状的能力,所以只能像一个不安分的大拇脚趾一样,上下弹动两下而已。

其次,拇与脚的大小不同。脚是一个完整的人体组成部分,能够完成一系列具体的功能;拇则仅仅是其中的一个组成部分而已,简言之脚大而拇小。所以说"咸其拇",而不说"咸其足",也是要强调和突出,感的大小问题。结合初六的征象,就很容易理解,无能柔顺的草民的另一大特征是,所思所想都局限在一己私利上,他们易感,亦易失其所感,究其原因,就是所感者小。何谓大?何谓小?"利贞"者为大,利己者为小。

因此,用拇所透露出来的"小",才是初六这一爻的核心内涵——因为所感者"小",所以注定不知何为正,所以才易感,易失,易变,易动,所以才永远"志在外",而身不动。

由于,这种不知何为正的无能柔顺的草民(个体)的行为,对天下无所损益,所以也无所谓吉凶。同时,这种草民之感,确实又是人之天性,无所谓对错,因此也无需置以可否。但又必须明确阐释,因为这对于治理天下的圣人们来说,既是需要面对的问题，又是可以利用的工具。所以，爻辞仅有"咸其拇"三字。

**六二，咸其腓，凶，居吉。**

【译文】感应到了小腿，有凶祸，居守不动则吉。

**象曰：虽凶居吉，顺不害也。**

【译文】虽然有凶祸，但居守不动则吉，是因为顺从则不会受伤害。

【解读】腓，就是腿肚子（小腿的背面）。现代医学中的"膝跳反射"实验告诉我们，在大腿（股）不动的情况下，小腿仍旧可以迅速踢出，当然实际上仍是在大腿肌肉的拉动下，小腿才能动作。但当时的古人恐怕没有如此高深的人体解剖知识，但却一定会看到相似的最终现象。这种大腿（及其以上的躯干）不动，小腿单独运动的结果，一定是十分危险的——摔倒。所以爻辞中对此所下的断语是："凶，居吉。"既动则凶，不动则吉。

动则凶，已然显而易见，但按常理不动应当不凶而已，又怎么会吉呢？对此象辞的解释是，"顺不害也"。显然这已经超出了解剖学，开始转而言人伦了。

首先看"顺"从何来，六二位于二、三、四爻组成的互卦巽中，巽之德为顺，而且是随顺的顺。因此从卦象上看，六二通过互卦巽，随顺于其正应九五。同时六二的感，也正是来自于九五。九五在上是居中得正之君，六二在下是居中得正之民，二者之间的感，是建立在中与正的基础上的，所以六二在这种感的作用下，随顺于九五是无害的。而这种君民关系，对天下来说，当然是吉——断语吉，不应当仅仅局限于六二，而是以天下的公利得失，为考量标准的。

至于，六二为什么动则会凶，原因在于，六二柔居柔位，虽然居中得正，但终究是有德无才之象，这种人进则难免遭受磨难，居则会德高望重。

**九三，咸其股，执其随，往吝。**

【译文】感应到了大腿，执意追随于人，前往则有吝难。

**象曰：咸其股，亦不处也。志在随人，所执下也。**

【译文】感应到了大腿，说明也不会安静。心志在于追随别人，所执着的内容也属卑下。

【解读】股是大腿，是完成行走动作的发力者，因此当"咸其股"，即大腿受到感应的时候，运动就难以避免了，而且这种运动至少在表面上看起来，是正常的，合理的。所以，虽然《易经》的作者显然并不赞成九三的动，但也没有直言其吉凶，而只是给予了劝诫，认为应当"执其随"，原因是"往吝"——往则会有吝难。

九三刚居刚位，有君子锐意进取之象，为什么要劝它不要"执其随"，以阻其往呢？原因就在于，其所随的对象有问题。

九三的感来自于其正应上六，所以虽然表面上看，九三与六二相同，都位于互卦巽中，应当是随顺于九五，而其心志实际上却已随上六而去，对此孔子在象辞中一语道破——"志在随人"，不言其身，而言其志，因为咸卦讲的是"感"，是一种心理活动，因此心之所属，远比身之所在更为重要。而心志相随，必是相互感应的结果，所以九三所随的不是九五，更不是九四，而是与之正应的上六。

九三不能随上六的原因有二：

首先，上六是以阴柔居上位，按坤卦所示是"龙战于野"的"道穷"之象，在本卦中又是呈口舌之快之象。虽然"道穷"未必不正，但是一旦加上了口舌之快，即便是以贞正为基础，也不过是愤青的鼓噪，对天下实在没有太大的益处。如果其道不正，而又在穷极之时，寄希望于口舌，则更不堪言矣。九三以刚居刚位的身份，随上六的鼓噪而欲动，就难怪孔子要说其"所执下也"了。

其次，如前所述卦象的核心是"止而悦"，上六是上卦兑之主，也就是悦之主，九三是下卦艮之主，是止之主。所以如果，九三因为受上六之感，随之而往，则违背了本卦的主旨——贞正之感，则是不正之感，因此虽然彼此相与，也终将令有所悔吝。

**九四，贞吉悔亡，憧憧往来，朋从尔思。**

【译文】（如果能够因为）坚守贞正而得吉，则悔吝也就是没有了。不能保持内心的正固，而摇摆不定，别人也会和你有同样的想法。

**象曰: 贞吉悔亡, 未感害也。憧憧往来, 未光大也。**

【译文】"贞吉悔亡", 是因为没有感到伤害。"憧憧往来"说明内心不够广大。

【解读】按照六爻的取象规律, 九四应当取象于心, 但是爻辞中并没有说"咸其心", 这是因为感是心的主要功能, 即由此而发, 也首先由此而受。因此, 心是实现感的物质器官, 九四也是咸卦的核心, 是决定其他五爻如何感, 感到了什么的关键所在。

所以, 先圣在此一爻中讲述了两个关于感的客观规律。

首先是"贞吉悔亡", 这是一个针对个人的, 在某一特定时刻, 内心的排他性的规律。即如果能够因为坚守贞正而得吉, 则悔吝也就是没有了。亡, 是没有的意思。看似高深, 实则简单, 因为虽然人的心思复杂多变, 但是在任何一个特定的时刻, 要么闪现的是正, 要么闪现的是邪, 二者不能并存; 由心中所感引发而出的行为, 也由此分为贞正与淫邪两种, 而且同样在某一特定时刻不能并存; 由行为导致的结果——贞正则吉, 淫邪则悔、吝、凶, 也是不能并存的。所以, 作者是在以结果吉凶 (悔) 不同在, 劝诫人们应当懂得内心的正邪不两立。文中不言邪, 只言贞, 则明确表明了先圣的价值取向, 用今天的话说, 就是强化正向的心理暗示。

其次是"憧憧往来, 朋从尔思", 这是针对前一规律的反向延伸。憧憧，在字典中的解释是：心不定貌。而"贞"，不仅有正的意思，还有固的内涵。所以说"憧憧"，实际上就是在说：一旦不能保持内心的正固，而摇摆不定，则会……前一句中已经说明，只有"贞吉"，才能"悔亡"，如今"憧憧"不贞，则自然会有"悔"。"朋从尔思"就是来解释"悔"从何来的。"朋"是众，是同类的意思，在此可以概括地理解为与"尔"有关联的人，或者直接推广为"别人"，因此"朋从尔思"可以解读为，别人也会和你有同样的想法。

这里所揭示的规律是，"感"是一个互动而又循环往复的过程——有感必有应，有应则必会有新的感，如此相互作用、影响、发展下去。因此当你心神摇摆不定的时候，与你相感的对方，也必定会感知到这种摇摆，也必然会作出相应的回应，由此就逐渐进入了相互犹疑猜忌的循环之中，最终的结果焉能不悔？究其原因，则在于自己在相感之初，就首先心神不正不固，憧憧往来，因此孔子对此的评价是"未光大也"。

最后，再从卦象上看，为什么九四会"憧憧往来"。细观九四所处的位置，十分耐人寻味：从下往上看，九四位于上卦兑，和互卦巽的交汇点上；从上往下看，则在上卦兑的反卦巽，和互卦巽的反卦兑的交汇点上。兑为悦，巽为顺、为利，也就是说，无论从哪个角度上看，九四都位于悦与利的交汇点上。所以，难免会有"憧憧往来"，摇摆不定的可能。

事实上，人的心潮起伏，又何尝不是因为受到利益得失，和喜怒哀乐的牵动！人心又何尝不是时刻都站在公利与私欲，贞正与淫邪的十字路口上！

**九五，咸其脢，无悔。**

【译文】感应到了背部，没有忧悔。

**象曰：咸其脢，志末也。**

【译文】感应到了背部，说明其心志系于微末。

【解读】脢，是指背后的里脊肉。九五"咸其脢"，说明其感来自于背后，或者说它感知到的是它背后的事物。因此要充分地理解这一爻，就必须先弄清楚，在九五的前、后具体所指为何。

直观地看，九五的前面是九四，后面则是上六，但按照咸卦中其他各爻相感的规律，九五的感又应当来自于六二，而不是上六。因此，其中必有其深意存在。如卦象所示（参考象辞用图）：

■ 在九五的前面，是互卦巽，而从九五的角度看过去，则是一个兑卦，将二者综合起来看，则是利与悦，即九五的一己私利和一己私欲。

■ 九五是没有参与卦变的一爻，在卦变的前后，都处于君王之位，担君王之责。在九五后面的上六，来自于否卦的下坤之中，坤为下，为众，因此有将民意带入宗庙，达于君王之象。

因此，九五的"咸其脢"包含了，应当充分地体察民众的感受，而不为自己的私欲、私利所动——"止而悦"，两重含义。

之所以要说"脢"，除了上述卦象所示之外，在现实中也确实有其象征意义——百姓既是君主肩负的重担，也是帮助君主支撑起天下的背膀。同时对君王来说，又如同身上的胸肉一样，知道其有，却无法见其真形。

象辞说"志末也"，除了强调九五之感与上六有关，不能简单地类同于其他各爻，直接指向六二之外，还另有一层深意，这个深意就隐藏在上六的爻辞中。

**上六，咸其辅颊舌。**

【译文】感应到了下巴面颊舌头。

**象曰：咸其辅颊舌，滕口说也。**

【译文】感应到了下巴面颊舌头，说明是在逞口舌之快。

【解读】辅，是指上颌骨。"辅颊舌"古人将其总结为"语之具"——说话的工具，十分生动。上六柔居上位，又为兑卦之主，又有乘刚之实，因此完全是一幅不中不正，仅凭个人好恶鼓噪口舌之象。因此象辞说："滕（téng）口说也"，滕就是水向上沸腾，张口说话之意。卦中二至上是大坎，有水向上涨之象。

爻辞中，不说口舌，而连续用了辅、颊、舌三字，明显带有一定的反感情绪。诚然，在中国古代的传统观念中，与上六所表现出来的德行相对应的征象，不是女人就是小人，显然是不受欢迎的。但是，先圣虽然表达了这种情绪，但却没有给予是非、吉凶的评断。这是因为上六的由来特殊。

孔子在象辞中，解读卦象的时候，第一句就是"柔上而刚下,二气感应以相与",说明了咸卦的由来。现在的上六,就是从否卦中的六三升迁而来的,也就说上六是来自于坤,来自于民间的。再进一步地说,正是由于原来的六三,将民间的声音带到了庙堂之上,成为了上六,才促成了阴阳二气之间,上下君臣之间的"感应以相与",打破了"否"所带来的困顿。因此,它虽然为小人鼓噪之象,但却意义重大,所以可以鄙视,却不能否定。

事实上,上六的征象,就是今日所说的舆论——在许多情况下舆论就像一个鼓噪的女人或小人,是没有道义可言的,是世俗的、低俗的,但是任何人也不可否认,任何事物都不能替代,舆论在人伦、政治中的作用。由此看来,先圣们,至少到孔子为止,还是颇有一些民主意识的。

# 恒——顺动恒久

**巽下震上 雷风恒**

乾坤是上经之始，咸恒是下经之始，乾坤阐释蕴涵于天地万物之间的自然规律，咸恒揭示藏于男女尊卑背后的人伦法则。在这中国一脉传承的观念中，强调的是道法自然，也就是所谓的天人合一。因此，侧重人伦的咸恒，一定与侧重自然的乾坤，具有某种对应关系。

通过孔子的解读——乾卦、坤卦的象辞，以及《系辞传》中关于乾坤的论述，不难看出，乾坤既是两种不同性质（阳刚与阴柔）的代表，同时又是两个相互连贯的过程，是促成万物生化的两个相互配合的力量——乾，万物资之而始；坤，万物资之而生。乾知大始，坤做成物。形象地说，乾决定是否播种下去种子，以及播种的是什么种子；坤决定的是种子是否能够生长发芽，以及最终能否发育成才。

咸恒之间的关系，也与此相似，既是两个连贯的过程，又各自具有几乎完全不同的特性。与乾坤不同的是，咸恒生化的不是客观存在的"万物"，而是客观存在的人际关系。为了便于人们的理解,先圣有意识地将人们的视线引向了情感婚姻方面,以作为人伦之始的情感婚姻为例,来揭示普遍存在于人类社会及个人关系之中的感与恒的问题。

在人之初,任何两个婴孩之间,都没有任何的关联,即使这两个婴孩被并排放在一起。因为他们彼此之间,没有"感"——无法感知到对方的存在(对自己的影响)。这种状态,在成年之后也是仍然,即如下图所示:

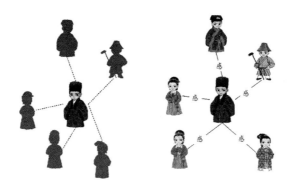

在摩肩接踵的人群中,彼此的接触是客观而真实的,但彼此毫无关联的事实,也同样客观而真实。因为人类之间的关系,是一个建立在"感"的基础上的主观过程,只有感知到了对方的存在,才有可能形成关联,否则就只能是"对面不相识"。

黑格尔在其《美学》一书中写道:"为什么爱的正是这个个别的男子或女子呢?唯一的根由在于主体方面的特殊癖性和偶然的心血来潮。"所谓"偶然的心血来潮",就是"感"——产生了感觉。所以,"感"是构建婚姻,乃至一切人际关系的前提条件。

"恒"是对"感"的结果的一种期许, 正如《序卦传》中所说: "夫妇之道不可以不久也, 故受之以恒。恒者, 久也。"结为夫妇, 就是"感"的结果, 当然这种"感"是特指如咸卦所示, "止而悦"的正确的感。"不可以不"是否定之否定, 是在强调, 而强调的原因, 往往是因为有(甚至是大量的)不符合要求的行为出现, 就婚姻关系而言, 即是有许多婚姻是不长久的。既然不长久是存在的, 甚至是大量存在的, 那么长久——"恒"就只能是一种期许。

言尽于此, 虽然亦可以转向解读卦辞、爻辞, 但是尚不足以解释恒卦中特有的含混其意的特点, 这也是前人解恒而不透的根源。因此, 有必要以婚姻为通路, 继续深入地剖析"恒", 以近先圣之初衷。

与《易经》形成和完善的时代相对应的, 是人类从母系氏族社会向父系氏族社会过渡的时代, 而周王朝就可以视为是父系社会关系的坚定推动者, 和母系社会关系的最后终结者——武王伐纣的一个重要理由就是, 商王朝"牝鸡司晨", 即女人掌管朝政。因此可以断言《周易》中的吉凶, 都是针对父系社会关系而言的, 即其所思所想, 都是如何能使这种新兴的社会关系能占, 如何能使之不凶, "恒"也不例外, 它要讨论的根本问题, 就是如何能够使, 构建在父系氏族社会中的人际关系能够恒久。换言之, 以婚姻为代表的人际关系的恒久性, 是对男性有利的, 是先圣所提倡的。

这仿佛是与现代的普遍观念有所偏差, 因为通常人们会认为, 婚姻的稳定是对男性的限制, 对女性的保护。实际上, 这是一种以现有的人类社会为背景的观念,如果将其背景转变为自然生存关系,则完全是一句谎言。

因为,在自然界中,人类中的男人和女人,与其他物种中的雄性和雌性一样,其生命的价值就体现在基因的延续上——如何能够,而且更好地延续自己的基因。由于生理特征,以及在生命延续过程中,所起的作用的不同,促使雄性和雌性去选择对各自最有利的,但并不相同的行为方式:雄性追求基因传播的广泛性,即尽可能多地与雌性交配,以生下更多带有自己基因的后代;雌性则追求基因传播的有效性——质量和成活率,因此会尽可能地寻找最优秀(强壮)的雄性进行交配。可见,在自然界中"婚姻"关系基本上是不稳定、不恒久的,而造成这种不恒久的主动权,实际上是掌握在雌性手中的。所以,人类最早的社会关系,是母系的而不是父系的。

由此,透过婚姻这一斑,便可知"恒"的全豹——"恒"根本就不是一种自然规律,或者说是不符合自然规律的!只是一种为了适应人类社会变革,而进行的伦理关系的调整。

当时的人类社会出现了什么重大变革?

概而言之,那是一个金属取代石器,成为人类主要工具的时代——青铜器大量地被用于军事,生铁也逐步地被用于农耕。这种生产力的进步,最终改变了男女两性的相对关系,推动了父系社会的形成。也推动了男女在婚姻关系中角色的转变——女性从选择者,变成了被选择者;男性则从被选择者,变成了选择者。

然而,这种违背自然规律的转变,是容易造成混乱的。因为如果不加以限制，依照男性的本能，会尽其可能地争夺和控制更多的女性，这不仅激化了两性之间的矛盾，而且最终会伤害到绝大多数男性的利益——会有许多男性，失去传播自己的基因的机会。

所以，在论述人伦政治之前，先圣要通过作为下经之始的咸、恒两卦，来搭建符合并能稳定新兴的父系社会的基石——通过协调社会中两性关系，来协调由母系转向父系的所有社会关系。因此：

咸卦中强调止而悦，强调男求而止、女悦而顺的婚配关系。实际上是，通过维护女性在择偶上的选择权，一方面协调两性，以及两种社会关系之间矛盾，另一方面则是在限制男性天性的施展。

恒卦强调婚姻关系的恒久，实际上就是在剥夺了女性的（再次）选择权的同时，在全体男性之间签署的一项妥协协议，以最大限度地保证，每个人都有延续自己基因的机会。

但由于"恒"是违背自然规律的，是人为创造的一种，以维持恒久关系为目的的平衡，所以不仅本身充满了矛盾，而且在其操作过程中，也需要极高的技巧性。这就是为什么恒卦的爻辞，往往让人有云里雾里之感的原因。

**恒　亨，无咎。利贞，利有攸往。**

【译文】亨通，没有咎害。有利于正固，有利于有所行动。

【解读】恒与咸的爻辞结构十分地相似，即前半段是对满足卦象所示的行为，直接批下断语，随后又紧跟着辅以相关的条件。所不同的是，恒的爻辞显得更加"矛盾"——断语中，不仅亨通，而且"无咎"，依稀有百无禁忌之感。但在条件中，却又是不仅要"利贞"，而且还要"利有攸往"。显然条件更多了。由此即可直观地看出，求恒与通感之间，在难易程度、复杂程度的不同。

**彖曰：恒，久也。刚上而柔下，雷风相与，巽而动，刚柔皆应，恒。恒亨，无咎。利贞，久于其道也。天地之道，恒久而不已也。利有攸往，终而有始也。日月得天而能久照，四时变化而能久成，圣人久于其道而天下化成。观其所恒，而天地之情可见矣。**

【译文】恒是久的意思。阳刚上行（在上），阴柔下行（在下），雷与风相辅相成，随顺而动，阳刚与阴柔都相互应与，形成恒久的局面。恒卦说"亨，无咎。利贞"，意思是能够久于其道。天地之道，恒久而不停息。"利有攸往"，是终而复始的意思。日月因为有天的存在，而能够长久地照耀，四季因为变化，才能够长久地（反复）出现。圣人久于其道才能够成就对天下的教化。通过观察其恒久坚持的内容，天地的情致就可以了解了。

【解读】彖辞中，至"无咎"以前，是在解读卦象，也就是解释为什么可以"亨"且"无咎"。其中"刚上而柔下"是问题的核心。

刚上、柔下是自然的基本规律，无论是天地、山川的自然环境，还是生活于其间的万物生灵，都是具备阳刚特性的，占据上位，占据主动；而具有阴柔特性的则处于下位，处于从属地位。在创易之时，人类处于刚刚开始摆脱自然的束缚，初步具备改造自然、征服自然的能力，但又对自然充满了敬畏。所以，一方面仍旧将自己视为自然的一个组成部分；另一方面又开始认识到，人类社会——人类特有的生存环境，与自然环境间的差异。因此，以此为背景发展起来的政治文化观念，强调天人合一，强调道法自然既是顺理成章的，而且也是唯一的选择。

因为自然界是人类当时，唯一的知识和经验的来源，也是唯一的可借鉴对象。所以在创造《易经》的先圣们眼中，符合自然规律的是最正确、最完美的。因此，当他们面对急剧变化的社会关系，并被这种变化，迅速地拖离他们曾经熟悉的自然生存状态时，就会感觉到有必要，在人类社会和自然环境，社会伦理和自然法则之间，建立起一种类比关系，以保证人类的恒久生存，社会的恒久稳定。

因为"刚上而柔下"是自然法则，所以在人类社会中，也只有"刚上而柔下"的行为，才是合乎道的，才是能够与自然法则形成类比关系的行为。也就是说，"刚上而柔下"是维系人类社会与自然环境的纽带，是校正其因为发展而产生的谬误，使之能够如大自然一样恒久而和谐存在的关键所在。又因为，人伦关系是建立在违背自然规律的，"柔上而刚下"的感的基础上的，因此必须要在相感之后，迅速恢复到正常的轨道上来，才能形成长久的稳定。

"刚上而柔下"是一组动作的组合，可以出现在任何一个地方，恒卦仅仅是其特例而已。"刚上而柔下"在恒卦中，如下图所示：

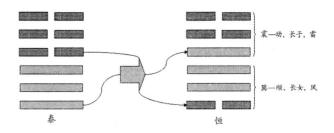

震——动，长子，雷

巽——顺，长女，风

泰　　　　　　　　恒

说明了恒是由地天泰，经过初九上，六四下的运动，演变而来的。结合咸卦的卦变过程，我们就可以看到作者的深意所在：

否——经由反自然的"柔上而刚下"——咸——打破了困顿形成了亨通，实现了某种程度的"泰"——经由符合自然的"刚上而柔下"——恒——在维持了亨通的同时，实现了更进一步的"无咎"。

即，先圣是要通过咸与恒两个连续的过程，来突破"否"的困顿，延续"泰"的亨通。

何谓否？先圣没有明示，因为这个"否"就是他（们）所遇到的问题，就是人类社会关系的急剧转化，是客观存在的，是无法阻止的，用现代的话说就是：生产力的进步是无法阻止的，伦理关系只能通过不断调整，来适应新的生产力背景下的社会关系。

但是如果站在自然的角度来看，人类的生产力进步是反自然的，因此人类社会的恒久也是反自然的——时值现代，恐怕没有人会否定，如果没有人，地球会变得更美好——所以需要一个反自然的"咸"，才能将其变为正，之后则需要通过人为构建的，类比于自然规律的"恒"，才能进一步地维系变化而来的正。

需要补充说明的时候，此时维系的"正"，在自然界中已然是个"不正"了，而维系它的根本目的是恒，是人类的长期存在。对于任何一个物种来说，维系物种的延续，是压倒一切的正，为此狼可以毫不犹豫地吃掉羊，人也可以毫不犹豫地把不正说成正。正如前面所说，在生殖关系中，"恒"所表达的含义，显然是违背自然规律的不正，但是却有利于人类的生存，因此对于人类来说，就是正。

"巽而动"是"刚上而柔下"的结果。根据自然与人伦的类比关系，"巽而动"是针对人伦而言的，是实现"亨"且"无咎"的原因和条件。即能够顺而动，则能亨通，而且无咎；反之，要想亨通，而且无咎，则必须要顺而动。

这里面必须要指出一点，卦象中的"巽而动"，是长子震在上，长女巽在下，仿佛透露出赤裸裸的男尊女卑的观念。事实上，这只不过是后世庸人的附会曲解而已，因为刚与柔的本质是两种不同的特性，对应于两种不同的地位，即占主导地位的，则是刚；占从属地位的，就是柔。而"刚上而柔下""巽而动"则是绝对的自然规律，与性别毫无关系。只不过，在父系氏族社会中，其基本规则是围绕着有利于男性的原则建立起来的，是一种不正之正，一种全新的正。在此之前，居于刚位的是女性，所以在《周易》之前的商朝的《归藏易》，又叫《坤乾》，因为象征女性的坤在前，象征男性的乾在后。但在社会已经完全进入父系时代的时候，再继续坚持以女性为主导，显然是不现实的，所以"巽而动"，表现为长子震在上，长女巽在下，是时代发展的要求和必然结果。

而且，虽然表面上看是下巽随上震而动，但实际上在"巽而动"的过程中，起决定性作用的是"巽"——顺而不是动。这一点可以通过孔子在象辞中用词差别来体味：

孔子在咸卦直接使用卦德——"止而悦"来解说卦象。而在恒卦中却是用了卦名结合卦德的方式——"巽而动"来解说卦象。说明"止"和"顺"虽然都在表达某种结果，但二者之间存在本质性的区别，"止"是可以通过强制手段实现的，侧重的是其现实的结果，所以可以毫不隐晦地直言"止"；"顺"则必须是以主观自愿为基础的，侧重的是其持续性——恒。所以不能直言顺，而要用巽，以此来强调只有出于自觉自愿的"顺"才能带来恒。

因此，不能因为先圣借用婚姻来说咸、恒，就将思路局限于此，进而甚至走上曲解其初衷的道路。事实上，"巽而动"是先圣对当时社会变迁的感悟，又是提出来用以协调社会变迁的手段。简言之，"巽而动"是道，是正，是永恒不变的；而具体是男顺女动，还是女顺男动，则是手段，是方法，是可以变换的。

为了让后人更加充分地了解"恒"是具有双重含义的，不是一劳永逸、一成不变的。进而能够更加正确地看待时代的变迁，将关于恒的思考引向更加宽泛的范畴，卦辞中补充说："利贞，利有攸往"。

对此，后世学者提出，恒有"不易之恒"，和"不已之恒"

的区别，确实堪称精辟。所谓不已之恒，就是运动变化本身是永不停息的；不易之恒则是指，运动与变化的基本规律是永恒不变的。对应于卦辞内容，不易之恒就是"贞"，不已之恒就是"往"，就是"往"的必然性。

相较之下，不难发现，不已之恒即"往"具有更强的客观性，因为时间的进程是永恒的，无论事物本身是静止还是运动，放在时间之中，它都是运动的。这就是赫拉克利特所说的，"人不可能两次踏入同一条河"的道理。至于，这个人怀着一种什么样的意图，是否用同一种方式来踏入河中，则是一个非常主观的问题。这也符合《易经》重视贞、强调贞的基本用意——如果是客观必然，又何须强调。

所以，"贞"与"往"是互为条件的——不贞则无所谓往，因为往则对天下不利；不往则贞不可保。

对此，孔子在彖辞中说："利贞，久于其道也。天地之道，恒久而不已也。利有攸往，终而有始也。"其中，"利贞，久于其道也"，显然是在解释不易之恒，强调运动的方向性。而"久于其道也"则明显地带有人为因素的影子，说明不易之恒——贞，是需要人来坚守的。

"天地之道，恒久而不已"，则具有一语双关的作用，即是对"贞"的客观性作了进一步的说明，又点明了不已之恒的客观性。所谓"贞"的客观性，大概可以借用"人之初，性本善"来理解，也就是说，即便人类社会在形式上，出现了与"贞"的背离，但终结还会归于正道，原因就在于，"贞"所代表的就是天地之道，就是自然规律，虽然人类离开了山林，建立了村镇，放下了木制的棍棒，拿起了金属的刀枪，但是村镇仍然是建立在自然之中的，金属也仍旧来自于自然之中，所以人终究无法摆脱自然规律的约束，终究要设法与自然和谐共处。

"利有攸往，终而有始"描写的是不已之恒的周期性，将其与"贞"的不变性结合起来，就是今天耳熟能详的：螺旋式上升运动。

"日月得天而能久照，四时变化而能久成，圣人久于其道而天下化成。"前两句说的是恒在自然界中的表现——日月更替是规律，是贞，久照是恒，是结果；四季变化是规律，是贞，久成是恒，是结果。"圣人久于其道而天下化成"，虽然大大压缩了"恒"的时间范畴，甚至可以说是脱离了"恒"，因为这仅仅是强调了某一个养成阶段，而不存在周而复始的过程，但更加明确地突出了"贞"的主观性，也因此更有现实意义，因为时间是永恒的，道是永恒的，人的生命却是短暂的。

最后一句："观其所恒，而天地之情可见矣"，则完全把"恒"的概念拓展至无限。正如前面所说的，恒是人们的一种期许，大而言之，期望国运永久；小而言之，期望友谊长存。凡是对自己有利的，人们都希望能够恒久，都要符合"恒"——"刚上柔下，巽而动"的规则。

**象曰：雷风恒，君子以不易方。**

【译文】恒卦有雷和风结伴而来，相互助益之象，君子观此象，应当懂得不轻易改变自己的本性。

【解读】"雷风恒"说的是自然现象——雷和风总是结伴而来，相互助益的。"君子以不易方"，则如果象辞"圣人久于其道而天下化成"，圣人治国要久于其道。君子修身齐家，也应当不易其方。一言以蔽之，就是：坚守恒的不易性，利用恒的不已性，来实现"贞"的恒久。

**初六，浚恒，贞凶，无攸利。**

【译文】过分不变的恒，正固则有凶祸，没有任何利益。

**象曰：浚恒之凶，始求深也。**

【译文】过分不变的恒造成凶祸，是因为在开始的时候就苛求太深。

【解读】通常一卦的六爻是由下而上逐次递进，形成同一个大背景下的六个不同的发展阶段。但是恒卦的六爻与此不同。恒卦的六爻，如下图所示：

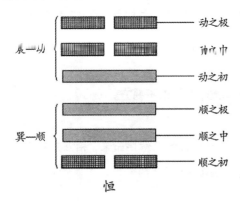

恒

是按照上下卦分成两个部分,分别阐释构成"恒"的两个条件——顺和动。在每一个部分中,又由下而上以此对应于顺/动的之初、之中和之极的三个阶段,也即不足、中道和过盛三种状态。

初六,所反映的就是顺之初,此处的初是初级水平的意思,顺之初就是对顺之道掌握尚且不足的状态。"浚"是动词,深挖的意思。初六就是象辞"刚上柔下"中的那个下来之柔,从泰卦的四位直接深入到初爻的位置,因此称之为"浚"。

但是,在恒卦中,"顺"的终极目的仍旧是"动",即顺的对象是符合客观规律的变化。初六位于顺之初,显然只看到了顺的表面,而没有领会到顺的真谛。所以一入"恒"世,即深入到最细枝末节的初位。只看到了恒的不易性,没有看到恒的不已性。因此称之为"浚恒",即过分的,不变的恒。

但是如前所述,不贞则无所谓往,不往则贞不可保。所以初六这种初级的、机械的、静态的"浚恒",看似在维护"贞",实际上却在损害"贞"的恒久性,因此在下了"贞凶"的断语之后,作者仍旧意犹未尽,又补充道:"无攸利"——没有任何好处!

如果我们要在现实社会中,为初六找到相应的征象,可谓俯拾皆是——因循守旧,不敢越雷池半步的庸人,是也;终日规规焉无所逃于天地间的小儒,是也;高谈阔论动辄祖宗家法的志士仁人,更是也。然而,"浚恒"于祖宗之法,让大宋王朝被外虏戏辱于股掌之间;"浚恒"于洪武家法,让大明王朝失中华于鞑虏;"浚恒"于故纸遗规,让满清终日惶惶于列强眼前。

呜呼!先圣所示何其明也?!后世所浚何其深也?!恒之初

六，真中华之泪也！

### 九二，悔亡。

**【译文】**忧悔消失。

### 象曰：九二悔亡，能久中也。

**【译文】**九二忧悔消失，是因为能久于中道。

**【解读】**九二位于下卦巽之中爻，显然是得顺中道之象，即所谓中庸之顺，恰到好处之顺。但爻辞却是"悔亡"，这是因为，九二确实有悔。

恒卦是泰卦，经过刚上柔下的变化而来的，按照这一规律，九二应当即初九之后，继续升进至九五——君临天下之位，但如今却只能留在下卦中，随上卦而动，而位于五位——君位的正应，却是一个"无能"的六五柔爻。身怀阳刚之才，却只能屈居下位，终日面对一无能之君，就个人言，岂能没有一丝忧悔在心头？

但是如果就天下而言，二位乃乡土领袖之位，九二以阳刚掌之，正可保障巽之顺，顺之"贞"，是决定"恒"的关键所在。君子应当先天下之忧而忧，后天下之乐而乐，即有忧悔也应当亡去。因此，"悔亡"是为自己而悔，为天下而亡（无）。

当然《易经》也不是无视个人利益的，所有的吉凶悔吝都是既针对天下而言，又针对当事者个人而言，只不过所强调的是以天下为先,以及个人与群体(天下)的利益统一性。

以初汉三杰为例,韩信心中之悔,始终未亡,最终惨死于吕后之手;萧何心中之悔,形虽亡意犹在,所以最终要散尽家财,才能换刘邦一个安心;只有张良,是真正的以天下为先,名为刘邦之臣,实则是以刘邦为破暴秦,败蛮楚,还天下以安宁的工具,因此才能功成身退,飘然似仙。

所以,九二颇似张子房,一经悔亡便入仙!

### 九三,不恒其德,或承之羞,贞吝。

【译文】不能恒久保持其德性,有可能因此而蒙羞,正固则有吝难。

### 象曰:不恒其德,无所容也。

【译文】不能恒久保持其德性,将无所容于天地间。

【解读】九三位于巽之极,是随顺过度之象。所谓随顺过度,就是毫无原则的顺,也就是爻辞所说的"不恒其德","或承之羞,贞吝"则是这种毫无原则的顺的必然结果。孔子在象辞中更是直截了当地说,此种人/行为是"无所容"于天地间的。

从象上看,九三一方面是下卦巽之极,另一方面又是由三、四、五爻组成的互卦兑之处,所以其位置实际上是正反巽和正反兑的交汇点,因此上也顺,下也顺;上也悦,下也悦的兑上兑下都柔顺谄媚之象,岂能不羞,天地之间又岂能有容他之所?

元朝著名的文人赵孟頫，其书画才学堪称世之罕见，但就其品行而言，则堪称恒之九三。赵孟頫是宋太祖赵匡胤的第十一世孙，是著名的八王千岁赵德芳的后代，就是这样一位拥有宋室皇家血统，自小就浸润在圣贤之书中，又亲身经历了国破家亡之恨的文人，竟然应忽必烈之招，到蒙古人的朝廷中做了一个从五品的兵部郎中。虽然经过了数十年的战战兢兢，终于以位极人臣的从一品高官，得以告老还乡回到江南。但始终扮演的都是，扣在蒙古人手中，用以牵制宋室遗民的人质；粉墨一番之后，推到前台，宣示蒙汉亲善的道具而已。而其本质，无论如何粉饰，都是一个不恒其德的"宋奸"，因此也无论其有多高的艺术天分，也无法被正人君子所容，不仅是自己蒙羞，也是其祖宗随其蒙尘。

将九三与九二对比，则不难看出，恒卦中的顺，是注重原则的，有节制的顺，而不是"不恒其德"的随风而顺。

**九四，田无禽。**

【译文】田猎没有收获。

**象曰：久非其位，安得禽也。**

【译文】长久而言并非其当处之位，怎么能有收获。

【解读】九四至上六三爻，讲述的是动之道，即如何动的问题。此处所言之动，是以"恒"为目标的动，而不是无目的的，随意的动。在"巽而动"中，巽之顺的作用是实现并维持恒，动则是给顺提供方向性的引导。形象地说，"动"如乾资始，"顺"似坤资生。所以，"动"必须强调结果，强调有效性。执此来分析上卦三爻，则一切疑惑均可豁然开朗。

"田无禽"，田即田猎，禽泛指一切飞禽走兽，因此"田无禽"就是外出打猎而一无所获的意思。田猎是"动"，禽是结果、效果，"田无禽"就是动而无果之意。

九四，为什么会动而无果，因为它身处动之初，对动之道尚不熟谙，就仿佛一个初出茅庐的猎手，虽然也驰骋往来，却始终一无所获。

象辞中"久非其位"揭示出九四田无禽背后，更深层的现实意义。

从卦象上看，九四来自于泰卦的初九——从初九一动而至九四，因此其本质是泰之初九，位于乾卦之初，具有潜龙之象，应当是有才无能之人——"才"是人的素质，"能"是做事的技巧。同时，初位在周易中，对应的是草民之位，四位则是诸侯之位，是高官显贵之位。所以九四的从初到四的跃进，体现的就是小民升迁，执柄治国之象。

孔子，为什么会看到这样的象呢？因为孔了生活的春秋时代，正是一个礼崩乐坏，传统的贵族势力逐渐瓦解，平民的影响逐渐渗透到国家政治中的过程。从上往下，周王的权力，逐渐转移到诸侯手中，诸侯的权力又逐渐转移到卿大夫手中，最终大夫的权力又逐渐转移到了其家臣的手中；自下而上，随着知识的逐渐普及，一些没落贵族——士，甚至一些经过训练的平民，逐渐通过家臣的角色，开始进入政坛（孔子的许多学生，充当的就是这种角色），甚至一跃成为能够左右一国时局的重臣，比如后来的苏秦、张仪、商鞅等等。

这些由小民的跃进而来的九四们，虽然在其升迁之初，往往会给国务、家政注入新的活力，但是与那些出身贵族的子弟相比，不仅在政治上缺乏，由家族熏陶而来的政治经验，和由家族积累而来的政治人脉，两项重要的资源。而且还缺少另一样东西——对家族的责任的感。最后一条可以通过个人的情操培养，在一定程度上实现，因此姑且不论，至少前两条是真实而客观的。

政治这种工作的一大特点，就是需要极高的技巧性，而其技巧往往来自日积月累的经验，而且将这些经验转换成所谓的技巧，或者说要产生出较好的效果，又往往需要一定的人脉基础——这是在人类懂得政治以来，就一直通行的准则。所以这些未得"动"之要诀的九四们，往往都仅仅是风光一瞬，然后就是身死政亡，一切归零——"田无禽"。战国时以苏秦为代表的，活跃于关东六国的谋士们的命运，无一例外皆如此。即便是在最终并吞天下的秦国，这样的九四也无一得到善终：商鞅变法，身遭车裂；张仪合纵，弃魏而终，范雎、司马稽苴，陷谗得终；吕不韦、李斯，当权族灭。

然而，小民治国是大势所趋，因此后世之中国，创制科举诠选官员，以期延续所谓不易之恒。但是，这些官员仍旧无法摆脱，九四田无禽的宿命，即政治经验不足，行政手段义气有余，而技巧不足。其中又以注重儒学经典，以策问为考试形式的宋、明两代，最能发人深省。在这两代之中，知识在中国社会中得到了前所未有的深入普及，越来越多的，来自普通百姓家庭的子弟，通过科举进入了朝堂。而宋、明两代政治的共同特点则是：党争不断，议论误国。最终，导致国运不"恒"。

延及今日，"Change"——改变已然成为风靡世界，最容易赢取选票的口号，实则不过是不谙动之道，只见动之形的恒之九四，其结局也终将是"田无禽"。

**六五，恒其德贞，妇人吉，夫子凶。**

【译文】恒久地保持其德性的贞正，像妇人一样则能够得吉，像男性一样则会有凶祸。

**象曰：妇人贞吉，从一而终也。夫子制义，从妇凶也。**

【译文】像妇人一样正固则能够得吉，是指从一而终。男性担负着裁决事宜的责任，像妇人一样则会有凶。

【解读】六五是处上震之中，体现的是动之中道。依卦辞所言，恒卦中的"动"，即卦辞中的"往"，其目的是为了"贞"的延续，"贞"的恒久。所以爻辞起手就说：恒其德贞。其中的"恒"应当视为动词，"其德贞"为"恒"的宾语。即是在动的过程中，要保持其贞正的特性。可见六五已经谙熟于动之道，能够实现恒的初衷，应当得到吉的结果。但爻辞却说"妇人吉，夫子凶"，显然是吉凶不定的意思，而吉凶的差异就在夫子、妇人之别中。

由于咸、恒两卦都以婚姻为例，因此后世许多人认为此处的夫子、妇人，便是指现实中的男女。实际上，此处的夫子、妇人前面，应当再加上一个"如"字；在吉凶的前面，应当再加上一个"则"字。即如妇人则吉，如夫子则凶。则可一目了然了。此处的"夫子""妇人"，代表的是两种不动的行为方式，夫子象征刚猛躁进，妇人象征温柔和缓；妇人象征柔顺虚空，夫子象征刚愎自用……

结合体现顺之中道的九二，就不难发现：在恒卦中，先圣以中位象征动与顺的适中得体，因此二与五的爻位的刚柔，在恒卦中被淡化——上下卦分看，二与五的概念已然不存在了。但是爻本身的属性依然存在，体现顺之中道的是阳刚的九二，体现动之中道的是阴柔的六五。由此即可窥得先圣心中，动与顺的真谛——顺之中道在刚，动之中道在柔。

只有这样，才能够兼顾恒的不易性和不已性。才能实现凭贞而往，以往续贞，周而复始恒久发展的目的。

天下最大的动，莫过于改朝换代，能够带来最广泛的顺的动，莫过于君王制动。因此这妇人、夫子之别，可用刘邦、项羽、朱元璋二人的得失加以深省。

西楚霸王项羽，无疑是伟丈夫、大英雄，其象何止夫子？朱元璋虽然出身寒微，但驱除鞑虏恢复中华，武能运筹帷幄，文能明察秋毫，虽然残忍有余，但终究也可算是治世干才。唯有刘邦与历代之君不同，上马不能战，下马不能治，无事则以地痞自居，有事便问一句"为之奈何？"，真可谓小人也，妇人也。

但事实是，项羽刚愎自用，结果非但不能得天下，而且还落了个身首异处的下场。朱元璋虽然个人精力过盛，在有生之年集相权君权于一身，虽然行政严苛，却也能将大明推向鼎盛，但终究刚猛躁进，结果后世子孙无一可以沿袭其行政风格，倒是因为国家无丞相，百官无首领，给宦官阉党提供了可乘之机。使千年来灿然文治，陷入前所未有的黑暗之中，终致自鞑虏手中恢复的中华，重又落入鞑虏之手。

只有，如妇人一般的刘邦，开创了前无古人后无来者的大汉王朝，原因就在于其"动"是如妇人的柔顺虚空之动。是以臣下之动，为己之动；以臣下之德，为己之德；以臣下之"贞"，来维护其动之"贞"的动。是符合动之中道的动。因此，虽然就其本人来说，他可能不过是个地痞，但就其"动"来说，却是能"恒其德贞"的动。汉朝前后延续四百年，是周朝以后，中国国祚最长的一个朝代，以至于我们的民族，都以之为名。


**上六，振恒，凶。**


【译文】摇震不已，有凶祸。


**象曰：振恒在上，大无功也。**


【译文】在上位却摇震不已，完全没有成就。

【解读】上六所示的是动之过。"振"是抖动、摇动之意，是动的一种特殊形式，是既无方向又无结果的动，是无"贞"之

"往"。如此之动已然与"恒"之道大相径庭，又续之以"恒"，形成不已（停）的震动，可谓有百害而无一利，其结果当然只能是一个极为明确的"凶"。象辞中"振恒在上"，实际上是通过强调上六的特殊位置，来突出其在政治上的内涵，即有朝令夕改，以动邀功，人造政绩之象，这种行为当然只能是"大无功"了。

# 遯——退身存道

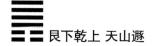 艮下乾上 天山遯

遯，即为遁，是隐遁逃遁之意。遯卦是十二消息卦之一，对应的是阴爻由复生发展到进一步上升，开始对阳爻形成逼迫之势的状态。

但是创易的先圣，并没有纠缠于阴柔的升进，而是置以一个"遯"字，将阴柔的挺进设为一个看得见，却藏于后的时代的背景，给出了阳刚在此背景下的应对之道。与我们后世的"主流"观点不同，先圣教导人们（君子），在面对阴柔之辈——小人的挺进的时候，并不是与之针锋相对，而是采取"遯"的态度与方法。

在中国历史上，小人当道，君子受制，君子与小人展开不屈不挠的斗争事例有很多。其中最为著名的，应当算是明朝末年，大太监魏忠贤和东林党人之间的斗争。太监在传统中国的观念中，是阴人中的阴人、小人中的小人的代名词，魏忠贤更是非但不忠不贤，而且集阴险歹毒于一身，他把持朝政的那几年，也被后世认定为，是中国两千年帝制史上最黑暗的时期。与之同时

代的东林党人，则被认为是一个君子集团，他们面对魏忠贤掀起的政治黑浪，可谓勇往直前，不屈不挠，直言敢谏惨死杖下的有之，承受迫害冤死狱中的有之，流于民间结社讲学贬斥时政的亦有之。然而，在魏忠贤被崇祯皇帝"轻易"地铲除之后，明朝的命运因为这些志士仁人的"胜利"而中兴了吗？当然没有。

这是因为，这些所谓的君子们，在践行他们的正义使命的同时，所使用的手段，却与那些他们直面相向，坚决反对的所谓小人，并没有什么不同。明朝对官员有严格的考核制度，这每六年一度的官员审核，最终成了君子小人之争的主战场——阉党，或反对东林党的"小人"党，执掌审核的主导权的时候，东林党人遭到无端的清洗；东林党人当权的时候，一些非东林党的官员，也会遭到同样无端的清洗。而且双方所高举的都是"正义"的旗帜。

结果是，"君子"们在运用"小人"的手段来维护正义的同时，摧毁的恰恰是正义本身，是判断是与非、对与错的标准！造成这一悲剧的原因，就在于后世的"君子"坚贞，与其说是为正义故，是为天下故，不如说是为自己的名声故。而先圣所倡导的"遯"，就是要求君子，放弃对自己名声的追求，来最大限度地保护正义的标准。这才是合个人之荣辱，存世间之公理的大义！相形之下，后世君子们的慷慨激昂，难免有沽名钓誉的造作之嫌。

由此，我们也可以再次感受到《易》所传达和倡导的治世观念，那就是为天下计，就是以天下为先，就是天下观。

**遯 亨, 小利贞。**

【译文】亨通, 在小处的细节上, 应当坚守贞正。

【解读】遯, 为逃遁, 但卦辞却起手一个亨字, 逃遁何以能亨? 谁得到了亨的结果? 都是发人深省的问题。所以作者, 补以一句 "小利贞" 加以解释, 但对这一句, 也是自古颇多异议, 核心就是对 "小" 字的理解, 是小处的细节, 还是阴险的小人? 笔者认为, 对此的理解, 应当回到卦象中探索。因为,《易》之根本是以象达意的, 而卦辞不过是后人为了便于理解卦象的内涵, 而附加的解读而已。

遯是逃遁之意, 但卦象所反映的主旨, 应当是阴柔的升进。从逻辑关系上说, 如果没有阴柔的升进, 就无从谈及阳刚的遁藏。所以阴柔的升进是因, 阳刚的遁藏是果。即便是将 "遯" 视为一种解决方案, 也是针对阴柔升进而来的。但卦辞中, 却不言因, 只说果。说明, 对果的表述中, 已经包含了因, 因被隐藏了, 省略了。循着这个思路, 将因补充进卦辞中, 按照时间的顺序, 和因果的关系, 显然它应当被放置在 "遯" 字之前。如此, 就可以得到如下的解读:

在阴柔的升进的时代里, 阳刚应当采取遯的策略, 这样才能实现日后的亨通, 原因或具体的方法就是 "小利贞"。

根据这一解读, "亨" 通的主语, 应当既是指君子本人, 又是指天下道义。但按照《易》以天下为重的主导思想, 可以推知应当更偏重于天下, 而非君子本人——君子也是天下的一份子, 天下亨通, 君子自然也会亨通。同理可知, 作为 "亨" 的补充说明的"小利贞"中,作为主语的"小",既可以指向以天下为背景的"小处的细节",也可以指向与君子相对的"阴险的小人",但应当更偏重于"小处的细节"。

按照上述的逻辑推理,可以得出一个阶段性的结论——"小利贞"既是遯的结果,又是"亨"的原因。

接下来的问题,就是为什么"小利贞",既是"遯"的结果,又是"亨"的原因?因为,一切制度与道义的毁坏,都是由上而下的;反之,对其进行恢复,则必须是自下而上的。

先来解释前半部分:一切制度与道德的毁坏,都是由上而下的。

老子其所著的《道德经》中,有一段堪称影响后世政治思想的精辟论述:

不尚贤,使民不争;不贵难得之货,使民不为盗;不见可欲,使民心不乱。是以圣人之治,虚其心,实其腹,弱其志,强其骨。常使民无知无欲,使夫智者不敢为也。为无为,则无不治。

虽然老子的"理想国"在现实中是不存在的,但是这段论述却道出了一个不争的事实,那就是:导致民争、民盗、民乱的根源在"上",不在下。这便是楚王好细腰,宫中多饿死的道理。试想,在君土具有几乎是绝对的权威的时代,如果没有君王的明倡暗导,又有谁能够改变现有的制度与道德标准呢?

再来解释后半段:恢复,则必须是自下而上的。

在任何一个国家里,都存在一对最基本的利益体,即统治集团和被统治集团。君王是统治集团的代表,所谓的君子则是被统治集团的代表。君王如同常人一样,无论其言辞是何等的冠冕堂皇,但其打破原有的规则,破坏固有的道德的目的,一定是为了扩大自己的利益,其结果则必定是,以君子为代表的被统治集团,利益受到损害。由于,君王是规则破坏的既得利益者,因此通常是不会主动放弃的,是希望至少能够维持现状的,因此恢复的动力一定来自于"下",来自于所谓的君子。

因此,一旦没有君子了,或者君子也被同化成了追随"变节"的君王的小人了,制度与道德也就失去了恢复的希望,天下也就失去了重回亨通的希望。而遯,不仅可以保住君子本人,同时还可以通过让君子保持与小人的"零"接触,保证君子所秉持和传承的价值观念不受损伤,为日后的亨通创造条件。

所以"小利贞",既是遯的结果,又是亨的原因。

"小利贞"的具体所指就是,在小处的细节上,应当坚守贞正。因为这里蕴藏着道德的标准,同时又因为其细小,而容易被人忽略,往往在不经意间,即被摧毁殆尽。

如果,将"小"字理解为"小人"。"小利贞"一句可以作两种解读,一是君子在小处的细节上,坚守贞正,既可以有效地遏制阴柔的增进,又可以兼顾自身的安危。二是将其解读为,先圣对那些正在升进过程中的小人们的戒语:告诫他们应当坚守贞正,因为此时天下之局降入小人之手的趋势已定,因此(得势的)小人们如果能坚守贞正,亦是天下之福。此说虽然颇有书生气,但也确有其现实意义,下面将结合彖辞和象辞来进一步阐述。

**彖曰:遯亨,遯而亨也。刚当位而应,与时行也。小利贞,浸而长也。遯之时义大矣哉。**

【译文】遁卦的亨通，是因为隐遁而亨通。阳刚正当其位而（与阴柔）相感应，是与时谐行的表现。细节应当正固，应当循序渐进。遁卦多反映的意义，太重大了。

【解读】彖辞在点明了"遁"与"亨"的关系——"遁"是"亨"的保障条件，只有先遁才有后亨——之后，随即转入了技术层面的阐释。

如下图所示：

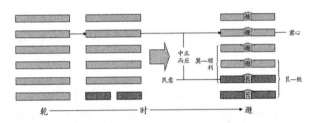

"刚当位而应，与时行也。"中的"刚"是指位于五位的刚爻，即九五，九五刚居阳位，居中得正，可谓正当其位。九五通常是君王之象，即便不是专指君王，也必定是符合传统观念的当权者，比如执掌朝政的大臣要员之类。

从卦象上看，九五与六二一阳一阴形成一对正应关系，其中九五居上，上乘六二；六二居下，上承九五。按照中国人习惯的主从关系，应当是六二求应九五，但是在彖辞中却是九五当位而应——应位于下位的阴柔之爻六二！显然与常理相驳。对此，孔子给出的解释是：与时行也。"时"，就是时局，时势。也就是说，九五为了顺应时局、时势的发展，而来屈尊应承六二。

进一步明晰这种不正常的表述，关键在于对"行"字，和六二爻位内涵的理解。

象辞中所说的"行",是针对既成的卦象而言的,即阴柔已经升进到了六二的位置,且仍旧保持旺盛的活力,呈现出继续升进的态势。强调此时,位居上位的九五,应当顺应时局的发展,顺应于六二。但"行"与"时"都是连续的过程,当前的时局、行为,都是此前的时局和行为所造成的结果。也就是说,在卦象形成之前,在阴柔升进到六二之前,仍旧有行,有时,这个过程就是前文所说的那个,自上而下的制度与道德的败坏过程。这个过程的始作俑者,就是九五的前世,甚至是九五本身。所以,九五是"自行"到了卦象所显示的时局之中,结果则是阴柔升进到了六二的位置。

二位是一个在《周易》中至关重要的位置,通常人们认为它对应于士这个阶层,这种观点固然正确,但却只见其形,未见其神。二爻通常所代表的是民意,是民间的思想潮流,是民间的舆论导向。在遯卦中,二爻这个象征民意的位置,已经被富有活力的柔爻占据,说明九五的先前之行,已经转化成了民间的价值取向,是民风已坏、病在肌肤之象——如在膏肓,则无药可救,应当顺应天命改朝换代了。

因此,阴柔升进至六二,反映的是民风已坏,民俗已成的现状。象辞中所说的"行",就是在此基础上的九五之行。此时的九五之行无外乎两个方向:

一是继续沿袭其错误的道路发展下去。身处自己一手创制的时局之中,"与时行"自不必说,他还会到中流击水,因为他本人就是真正的弄潮儿、领路者,当然等待他的只能是被天命所抛弃。创易的先圣也好,为《易》作传的孔子也罢,都不会把目光锁定在这些人身上。

二是九五设法纠正已经出现的错误，争取恢复往日的王道政治。此时他仍旧要，而且也只能是"当位而应，与时行"。这是因为，君王管理国家、臣民的主要手段和工具，就是法令，而中国传统的立法精神是"因其俗而治之"，即在充分尊重现有习俗的基础上，通过法令来逐渐引导习俗的转变，维护社会的稳定。而此时六二已至，民俗已成，因此只能"与时行"去顺应它。

顺应是否就是沿袭现状，就此沉沦呢？当然不是，所以孔子又说了一句："小利贞，浸而长也。"

对这一句，绝大多人的理解是，认为这是针对卦中的柔爻而言的，即"小"是指小人，是指柔爻；"浸而长"是指小人势力的增长，阴柔之爻的升进。但这样会使象辞的三句话之间，出现时间上的错乱：

■ "遯亨，遯而亨也。"显然是在说"遯"之后，才能"亨"；

■ "刚当位而应，与时行也。"也是在描述"遯"之后，九五的行为方式；

■ 阴柔的升进，则是发生在"遯"之前的事情，是导致遯的原因。

这岂不是前后颠倒，因果倒置，显然不应当是孔子的行文水平。况且上一句"刚当位而应，与时行也"，并没有给出完整的解决方案，毕竟君王是民众的管理者、引导者，而不是民众的追随者，仅仅是一应一行，何以牧民？所以，必须要有更具体的办法，这个办法就是"小利贞"。因此，象辞的这一句，不是针对阴柔而言的，不是针对导致"遁"的原因而言的，而是继续就九五的行动而言的，是针对如何扭转"遁"的时局，恢复王道而言的——这才符合先圣，以天下为先，以行动为要的现实主义精神。

在前文中，我们已经解释了"小利贞"，但是局限在"君子"的范畴内，此处再补充说明九五——君王如何"小利贞"，而后"浸而长"则可不言自明。

对于一个希望结束"遁"的时局的君王来说，应当如何行动? 他可以发布法令，鼓动宣传，甚至推动各种运动，是为之大; 他也可以谨言慎行，洁身自好，任贤用能，是为之小。表面看来，"大"固然轰轰烈烈，但至少在孔子看来，"大"并不会起到什么作用，原因就在于前文所说的"行"与"时"都是连续的过程，而促成这一过程不断演进的，则是极为复杂的多重的原因，因此要想凭借一纸政令，一场运动，来移风易俗，结果往往是伤风败俗。因为以人类，尤其是九五一人的智力，是无法驾驭社会，这个如此庞大而复杂的系统的，所以只能"与时行"，而不能妄想"驭"时而行。

反之，从小处着眼的一系列行为，则是可控的，而且会像当初促成六二升进的过程一样，受到逐步引导，回归贞正的效果。而在这个过程中，最重要的则是任贤用能，因为它将向社会发出明确的导向信号。这里隐含着一个观点——小人永远是"与时行"的，是逐利而行的，只要九五能够发出一些讯号，建立足够强烈的利益导向，则小人们自动就会"与时行"——顺应时代的要求，做出对他们最有利的选择。进而，也就是实现了移风易俗、重归王道的目的。

由此，也可以看出"遯"的现实意义，就是保证那些，在将来重塑正确的导向时，可以作为引导标识的"君子"们，尤其是他们所代表的精神内涵的延续与纯正。否则，当九五开始从小处着眼，准备重塑贞正的时候，所能任用的只剩一些伪君子，一些衣冠小人的话，天下的亨通之路，就又要艰难坎坷许多了。

至此"浸而长"的含义已经十分清晰了，就是说通过"小利贞"，来恢复王道的过程，是一个渐进的，"浸而长"的过程——"浸而长"的不是阴柔，而是重新恢复的阳刚。

**象曰：天下有山，遯。君子以远小人，不恶而严。**

【译文】遯卦有天下有（可供隐遁之）山之象，君子观此象，应当懂得疏远小人，既不去得罪他，又与之保持严格的界限。

【解读】第一句"天下有山，遯。"则完全是观卦象的心得，因为在创制《易经》，乃至孔子的时代，深山密林应当是隐遁的唯一去处，所以当看到天下有山的卦象，以及遯这个卦名，自然会让人想起隐遁山野的情形。

后一句"君子以远小人，不恶而严。"意义较为深刻，首先一个"以"字，阐明了遯的根本目的，是要"远小人"。这不仅是保全君子们的"有用之身"的必要行为，更是保持君子精神的纯正的必要手段——因为无论是君子还是小人，都是会相互影响的，如果紧密地联系在一起，君子在影响小人的同时，也难免被小人所同化。而"远小人"的目的和方法，则是"不恶而严"——

既不去得罪、触怒他，又对其保持严正的态度和严格的界限。即所谓的外顺而内正，待彼以礼，自守以坚之意。这显然是在遁世中的君子们最佳的处世之道。

**初六，遁尾厉，勿用有攸往。**

【译文】遁在最后的尾巴，有危厉，不要有所行动。

**象曰：遁尾之厉，不往何灾也。**

【译文】遁在最后的尾巴的危厉，不有行动有什么灾祸。

【解读】遁卦各爻，被按照上下卦分为两个部分，下卦为艮，具有止的意思，因此三爻都以止为主旨，只是止的对象和目的各不相同。

在初爻中，止的是"遁尾"，所谓"遁尾"顾名思义就是遁在最后的尾巴。什么是遁在最后的尾巴？遁是针对君子而言的，是君子在阴柔渐长的时局里，以身之退换取道之存的策略。因此，这个尾巴也应当是针对君子而言的，应当是君子群体的一个组成部分。一个群体的尾巴，应当就是指这个群体当中处于从属地位的部分——那些散落于民间的，没有得势的君子们。

君子与小人的区分，在今天看来是个道德问题，但在《易经》创制时期的古人看来，则更接近于一个能力问题，只不过这个能力是指，对道与德的理解与把握能力。君子能够理解，并通过学习来掌握道与德，小人则不具备这种能力。

无论是什么能力，都具有一个共同的特点，那就是对绝大多数拥有它的人来说，去尝试运用它，是一种难以克制的冲动。君子也不例外，他们有去实践其能够掌握道与德的能力的冲动，这种能力实际就是一种政治能力，这种冲动也就是从政的冲动。

然而，卦象所呈现的时局，却是一个小人渐盛、君子当遯而护道的时代，对于这些没有政治经验的君子们，参政显然是有危险的，是有"厉"的。但遗憾的是，由于这种冲动是与能力共生的，因此也应当属于天赋或本能的范畴。所以，爻辞在"遯尾"和"厉"之间，没有任何设置任何条件，即是说只要是"遯尾"，在遯世之中，就难免会有"厉"，因为这是本性使然。

但《易经》毕竟是讲求为君子谋，为天下计的，所以即便在此时，仍旧对未得势，但却有着强烈的从政愿望的君子们，给予了诚挚的劝告"勿用有攸往"。其中的"勿"字带有明显的劝诫的意味。

在象辞中，孔子用一个反问句——"不往何灾"，进一步明确了"遯尾"遭遇厉难的原因，以及规避的方法。在《周易》中，由内向外，由下至上为往；由外向内，由上至下为来。爻辞、象辞都说"往"，非常明确地指明了初爻的运动方向，是向外、向上的，是君子求仕之象。而"不往何灾"，说明灾是因为"往"造成的，而不往则没有灾。事实上，初六本身就人轻位卑，无人知晓，"不往"就是遯了。而不辨时局，强行上跃的，则要么合污于小人，失节毁义；要么如鱼跃刀俎之上，忧及性命。

**六二，执之用黄牛之革，莫之胜说。**

【译文】用黄牛皮制成的绳子捆绑，不要让它逃脱。

**象曰：执用黄牛，固志也。**

【译文】用黄牛皮制成的绳子捆绑，是坚固其心志的意思。

【解读】六二是遯卦中最为独特的，因为它是遯卦六爻中，唯一一个不言"遯"的一爻。也应当是最为重要的一爻，因为正是它的升进，造成了遯的时局，迫使阳爻——君子必须遯去。对此爻的理解，关键在于"莫"字——是将其解读成"不能"，还是"不要"？

通常对此爻的解读是，"执之用黄牛之革"来突出九五与六二之间的紧密联系，再用"莫之胜说"来进一步补充强调。显然是将"莫"字解读成"不能"。强调二者的关系，是牢不可破的。

但如前所述，遯卦中存在着一隐一显，两个与九五有关的运动过程，一是，在遯之前，九五的行为，造成了六二的升进，二者之间是密不可分的因果关系；二是，在六二升进，卦象形成之后，六二与九五的关系，原则上是对立关系。即便是屈尊来"应"六二，也是为了遏阻其影响的发展。因此，此处的"莫"应当作"不要"解。

所以，对这一爻的完整解读应当是：

六二的升进最终形成了遯世，同时它还会"与时行"地继续保持升进的态势, 其运动方式是进, 而不是遯, 所以爻辞中不言遯。同时, 六二的这些状况, 也已经成为既成事实, 而不在爻辞的讨论范围之内, 爻辞要讨论的是如何破解遯世恢复王道。这个破解之法, 就是将六二执以"黄牛之革", 不要让它完全脱离控制(说是脱的通假字)。前来执六二的, 也未必是九五, 而应当是泛指天下的君子, 是君子们"遯"的目的所在。

总之, 六二既是遯世的成因, 又是救世的通道, 因为它所代表的民意, 正是社会这个大系统的枢机所在。

象辞说"固志", 就是要固六二的心志, 使之不能"胜说"。因为一旦"胜说", 则意味着传统的价值观念, 被新的价值观念完全取代, 非但君子要以身退, 其所坚守的道, 将成陈腐的代名词, 就连君子本身, 也将成为供人嘲弄的小丑——遯的意义尽失, 王道的复兴无望。

### 九三, 系遯, 有疾厉, 畜臣妾吉。

【译文】系住造成遯世的根源, 有疾患危厉, 能够畜止臣妾小人, 则会吉祥。

### 象曰: 系遯之厉, 有疾惫也。畜臣妾吉, 不可大事也。

【译文】系住造成遯世的根源带来的危厉, 是说有因为疲惫造成的疾患。畜止臣妾小人, 是说不可以大张旗鼓地行事。

【解读】对"系遯"是指某人想遯, 而受到了羁绊, 还是指某人想去系住"遯"的判断，是理解九三的关键。对此不妨从两个方面来分析：首先从卦象入手，其次再参考六爻的爻辞。

从卦象上看，一方面，九三位于下卦艮的最上，是艮卦之主。艮为止，下卦三爻的爻辞，也都不同程度地含有止的意思，所以九三的主旨仍然是止；另一方面，九三又是阳爻中最下的一爻，是直接面对阴柔升进的一爻，如果仅仅因为九三与六二阴阳相亲，就认为二者应当是亲比关系，显然忽略了卦象的大势，而有失偏颇。因为此时的大局是，阴柔挺进前来逼迫阳刚，阳刚只能无奈地采取以退为进的策略——遯。哪里还有亲比的诚意可言？因此，卦象中的九三，是阳刚的最后一道防线，所肩负的是阻止阴柔继续升进的责任。

再看六二的爻辞：执之用黄牛之革，莫之胜说。也是在说要阻止，要捆缚，所谓"执之用黄牛之革"，就是用"黄牛之革"来捆绑，就是"系"，所以九三，是六二的延续。此时再来进一步分析九三所处的位置，就会有更惊人的发现：九三为下卦艮之上，又是互卦巽之中，艮为皮为肤，巽为绳为索，而爻辞又说"系"，说"黄牛之革"，因此可以断定，九三就是六二中所说的那个"黄牛之革"！它的作用就是用来"系"住"遯"，但这个"遯"不是指逃遁，而是指造成遯世的根源——升进而来的六二。

只是，在六二之中，一句近似谶语的"执之用黄牛之革"，无法给世人以具体的操作指导，因此在真正要发挥"系"的作用的九三中，继续加以补充说明，给出"系"的方案。这个方案就是"畜臣妾"。

在说为什么要"畜臣妾"之前，首先明确一个概念，就是爻辞最后的断语"吉"，是针对谁说的。既然九三肩负的责任是为天下系住六二，那么由此而带来的吉，首先也应当是针对天下而言的，其次才是其个人。

至于为什么要"畜臣妾"，或者说"畜臣妾"的意义何在？不妨先看一个真实的历史典故。辅佐齐桓公成就春秋霸业的功臣中，最著名也是最重要的应属管仲和鲍叔牙两位，但二者在如何应对逝世的问题上，思路不同，手段不同，结果也完全不同。

在《战国策·东周策》中记录了这样的一则故事——"齐桓公宫中七市，女间七百，国人非之。管仲故为三归之家，以掩桓公，非自伤于民也？"——说的是：齐桓公因为好色，而在宫中建立街市，让美女居住其间（供其淫乐），国人因此而产生非议。此时身居相位，被齐桓公尊称为仲父，在齐国具有绝对权威的管仲，并没有站出来义正言辞地指责、规劝桓公，而是自己"为三归之家"——接二连三的娶妻纳妾，以此来自伤于民，掩饰桓公的过错。为了申明管仲并非仅仅是想，借桓公之势填一己之欲，需要再将这个典故延展一下：当时的齐国有许多男性无法结婚——跟桓公四处搜罗美女不无关系，以至于有七十岁尚未成家的现象，造成民怨极大。因此，管仲在自己接二连三地娶妻纳妾，将民众怨气引向自身之余，还说服桓公，将女间从宫中迁至宫外，让那些没有婚配的男性，可以……不仅化解了社会矛盾，还为国家增加了收入。这便是，中国首个国家妓院。我们姑且不论这个妓院，开得是好是坏。但就其政治效果而言，管仲的"畜臣妾"显然是非常成功的。

首先，有效地维护了君王的威信和国家的稳定。其次，是维持和巩固了他与君王之间的信任关系，也就维持和巩固了自己（君子的代表），对君王和国家政治的影响力，也就遏阻了小人们的进一步升进。

如前所述，小人——六二的升进，一定是由九五的不当行为造成的，在当时的齐国也正是如此，有了齐桓公这样一位好大喜功、六欲旺盛的君王，奸佞小人必然是如影随形的，其中最为著名的有：

■ 为了让齐桓公品尝到婴儿肉的味道，不惜将自己的儿子蒸了的"烹饪之祖"易牙；

■ 自宫净身，进宫昼夜伺候齐桓公的竖刁；

■ 舍弃千乘之国太子的地位，跟从齐桓公的卫公子开方。

一个奸臣就足以搅乱朝纲，更何况有三个？但是由于管仲始终是齐桓公最信任和依仗的大臣，所以这些宵小虽然也混迹于朝堂，但始终如同被"黄牛之革"所系，不得"胜脱"，齐国的政局也因此在管仲有生之年，始终保持鼎盛。

但管仲一死"黄牛之革"断，这三个奸臣纷纷得势，开始祸乱朝政。面对小人渐浸的时局，鲍叔牙挺身而山直言进谏，结果当然是忠言逆耳，不为上听。终于自己忧愤而死，齐国陷入混乱之中……

管仲的"畜臣妾"，与爻辞中的"畜臣妾"，当然是一种巧合，如果就此认为爻辞所指，就是具体的"畜臣妾"，那就未免太狭隘了。但是二者所蕴含的道是相同的，那就是通过"畜臣妾", 来维持和巩固君子的政治地位, 进而来系缚小人的升进。

同时, 还可以进一步引申, 认为"畜臣妾"中的"臣妾", 就是指那些正在升进的, 已经得势的小人。孔子有言:"惟女子与小人为难养, 近之则不逊, 远之则怨。"而"畜"所体现的正是不近不远的一种策略。

总之, "畜臣妾"就是先圣, 对"执之用黄牛之革"作出的进一步的解释, 是传递给后世官员们的为臣行政之道。因为九三对应的征象, 就是公卿大臣, 他们是国家政治的实际推动者。从卦象上看, 九三坚守阳刚, 则可以阻止阴柔的进一步升进, 就可以保证三、四、五三爻构成的朝堂, 继续保持乾卦的刚健之德; 若否, 九三由阳变阴, 不仅卦象入否, 而且三、四、五三爻构成的互卦, 也由刚健之乾, 变而为见利而顺的巽。正是天地阻塞, 唯利是从之象。

象辞对爻辞作了进一步的解释, "系遯之厉, 有疾惫也", 是说在遯世中, 作为系遯之人的危厉, 并不是电光火石之间的生命之忧, 而是坚持不懈背后的心力交瘁。"畜臣妾吉, 不可大事也", 则是进一步解释"畜臣妾"的象征意义, 即"不可大事", "大"与"小"相对, "不可大事"就是"小利贞"的否定式表述。

鲍叔牙的直言进谏, 固然是刚, 是大。与之相比, 管仲的"畜臣妾"固然是小, 是柔, 甚至还有点"污"。但就九三的地位——刚居刚位, 权柄在握的臣子而言, 他首先应当考虑的是效果, 为效果计, 就是为君王计, 就是为天下计。而不计效果, 甚至是不计后果地直言劝谏, 则难免有为自己声誉计之嫌。因此古人说: 大臣得誉, 非国家之美也。

最后，处遁卦之中，爻辞中又有遁，则必有遁意。"系遁"之遁为何？"系遁"之遁，就是"黄牛之革"的韧性。虽然是身处遁世，但是作为当朝秉政的大臣不能真的遁，否则就是弃天下而去。但又不能不遁，因为遁是由大的时局所决定的，所以只能在位而遁，对六二等小人，要系，要"执之用黄牛之革"，而不能触之以水牛之角。

**九四，好遁，君子吉，小人否。**

【译文】便于隐遁，君子吉祥，小人则否。

**象曰：君子好遁，小人否也。**

【译文】君子便于隐遁，小人则否。

【解读】从这一爻的开始，爻辞仿佛进入了一个递进的过程，好遁——嘉遁——肥遁，一见之下，分明就是一个比一个更好。而且从卦象上看，也是如此——一个比一个离着升进的六二更远，对于受逼迫的阳爻来说，当然是离着威胁越远越好。好像是顺理成章，但是存在两个疑点：

首先，忽略了九三的存在。九三虽然位于下卦之中，但是从类别的区分上看，应当与上面的四、五、六爻同为一类，而且爻辞也具有极大的相似性——都是以"＊遁"起始，应当也存在一定的联系。其次，上述推论是将"好遁"的好理解为好坏的好，但是既然已经明确了好，又何必再分"君子吉，小人否"呢？

所以，笔者认为，此处的"好"应当理解为便于，可以等。即是"好用来作**"的好。这样就可以顺利地解决上述两个疑点。

首先，由于九三坚韧而系，阻止了六二的上升，所以九四才可以遁——这样九四与九三在意义上，就有了连贯性；其次，可以遁没有好坏的必然性，因此遁的结果，则要由遁的本人决定——这样后来的"君子吉，小人否"就有了合理的解释。

九三引用了管仲的例子，而齐桓公的命运，则正应了九四的爻辞。

拥有管仲这样的贤相，齐桓公本来是可以遁的，事实上他也在遁的道路上迈出了一步——接受了管仲的建议，在管仲死后任用隰（xí）朋为相，同时贬斥了易牙等小人。但是不久随着隰朋的病逝，齐桓公也将管仲的忠告抛到了脑后，重新重用易牙等一班宵小，结果两年之后，齐桓公病重，易牙等人见齐桓公将不久于人世，就开始堵塞宫门，假传君命，不许任何人进去。结果堂堂春秋五霸之首的齐桓公，竟然被饿死在宫中。而且随即展开的君位之争，让人们完全忘记了他的存在，直到七十天后，尸体腐烂蛆虫爬出殿外，才得以被收敛，可谓凄惨之至。

造成这一结局的，不是别的原因，正是齐桓公本人的品行——实为小人而非君子，所以他无法远离那些小人，所以在可以遁的前提下，得不到"吉"的结果。

在《周易》中，初二两爻对应于民，三四两爻对应于官，五爻为君，上爻为庙堂，为什么三四两爻同为官，九三需要挺身系遁，九四却可以自身逃遁呢？原因在于，在创易之时，国家的官僚体系与后世不同，那是一个由奴隶制向封建制，由部落联盟向封建国家转变的时代，所以存在一个叫作"诸侯"的群体，他们对上——天子为臣，对下——臣民又为君，所以兼具着君臣两种属性。九四所对应的就是诸侯，对于九三来说他是君，对于九五来说他是臣。

由绝对臣子的九三的"系遯"，到亦臣亦君的九四的"好遯"，似乎反映了君与臣在遯世中的不同责任，和应对遯世的不同方式。

**九五，嘉遯，贞吉。**

【译文】以隐遁为嘉，正固则吉祥。

**象曰：嘉遯贞吉，以正志也。**

【译文】以隐遁为嘉，正固则吉祥，是端正心志的意思。

【解读】九三是绝对之臣，因此要在位而遯——系遯；九四是亦臣亦君，因此可以遯——好遯；沿着这样的思路，作为绝对之君的九五的"嘉遯"，就应当被解释为应当遯，以遯为嘉。

在阐释卦辞和六二的时候，我们曾经反复说讨，造成遯世的表面原因是六二的升进，而诱发六二升进的根源则在于九五。这就是说，要从根本上防止遯世的出现，就应当杜绝九五出现错误的，至少是不良的引导，这实际上是在要求九五这位君王是一位圣人——在先秦的早期著作中，也确实经常以"圣人"来代指君王。

《易经》的作者显然明白，圣人是极为罕见的，而完美无缺的圣人更只能是一种理想，真正的现实只能是如同《周易》的基本原理一样，有一阴必有一阳，有一阳也必有一阴。也就是说，任何一个君王，只要他做了任何一件事情，即便在当时看来是正确的、合理的，也都会产生相应的不良影响。比如，汉崇孝则虚行盛，宋重理则议论起。因此，要想不产生负面影响的唯一办法，就是君王不表现出自己的好恶，以"遯"——超脱于具体的政务之外为"嘉"。

如果止于此，则可以解读为"无为而治"，但无论是后世的历史事实，还是累积而成易经的前世政治经验，都能证明"无为而治"也不过是一种美好的政治空想。所以，作者加上了"贞吉"，表明对九五的具体要求。即要保持和倡导贞正。

事实上，数千年前创制周易的先圣（们），借此一爻向我们揭示了一个理想状态的，君主立宪政体——君主不参与具体的政务（嘉遯），而是作为国家的道德象征存在（贞），由此来实现国家和人民的富强（吉）。

18世纪法国启蒙时代的著名思想家孟德斯鸠说："在一个人民的国家中，需要一种动力，那就是道德。"这种力量能来自于哪里？来自于人们的内心吗？来自于上帝吗？还是来自于"嘉遯"而"贞"的君主？

象辞说：嘉遯贞吉，以正志也。进一步申明了"嘉遯贞吉"的原因是，能够"正志"，正谁之志？近而言之，是正九五自身的君志；远而言之，是正六二代表的民志；广而言之，是正天下之志。

**上九，肥遁无不利。**

【译文】宽裕的隐遁，没有任何不利。

**象曰：肥遁无不利，无所疑也。**

【译文】宽裕的隐遁，没有任何不利，是因为没有任何迟疑。

【解读】肥，在《说文解字》中的解释是"多肉也"，后来引申为肥大、宽裕等意思。所以，"肥"既是指遁的程度，又是指遁的结果。

上位本身就有超脱于世俗之外的征象，上九又以阳刚居上位，更是有亢龙之象。在通常的状态下，会"亢龙有悔"，但身处遁卦则不同。此时，遁是大势所趋，也是救世之法，能遁则无悔，不遁才会有悔。所以，此时的上九亢龙，以至刚的地位，选择了至柔的行为——不仅遁而且"肥遁"，当然会"无不利"——得到一个肥美的结果。

象辞，用"无所疑"解释了上九的这种"亢龙"精神，其中包含了两重含义，一是自身对遁毫无犹疑；二是不让他人对自己之遁有任何怀疑。一句话，遁得干干净净。

历史上的宋高宗赵构，就配得上这"肥遁"二字。

赵构是宋徽宗的第九子，通常情况下，是与皇位继承无关的，甚至还因为既尊贵又不重要的身份，而在宋金谈判时，被送到金营做人质，并因此饱受侮辱和惊吓。可能也正是这个原因，在靖康之难之后，当时还是康王的赵构，据说是南逃的皇族中，唯一一个还懂得需要隐秘行踪的一位。但是，皇权、乱世以及秦桧这个奸臣，对于赵构这个和他的父亲一样，精于书画的皇帝来说，实在是无法承受之重。于是在完成了夹杂着昏庸与屈辱的36年的统治之后，将皇位传给了宋孝宗，自己则退居德寿宫，过起了寄情花鸟书画的生活。

如果仅仅是退位隐居，则充其量只能叫作"遯"，而谈不到"肥"。宋高宗的"肥遯"，就"肥"在继位的宋孝宗的身世上。宋孝宗赵眘（shèn），是宋太祖赵匡胤的第七世孙，自从赵匡胤在"烛影斧声"中，不明不白地死在了弟弟赵光义的怀里以后，大宋的皇权就一直在赵光义这一支血脉中传递，而赵匡胤一支则始终处于或明或暗的打压迫害之下。

如今赵构将皇权重新"交还"给了赵匡胤一支，不仅是自己放弃了皇权，而且也意味着自己的这一支，都从此放弃了皇权，岂能不说是遯得绝决，遯得干干净净。反之，对于宋孝宗来说，则自然是感激涕零，对宋高宗也自然是孝敬有加。清朝的王夫之，在其《宋论》中曾这样评论宋孝宗对高宗的奉养："三代（指夏、商、周）以下，帝王事其亲者之所未有，为人后者为之子，道无以尚失。"宋高宗丁01岁志终正寝，对于一个著名的昏庸之主来说，其遯真可谓"多肉"矣！

综上所述，遯卦六爻之间的关系，可汇为下图：

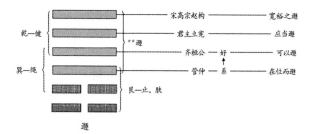

遯

# 大壮——群情鼎沸

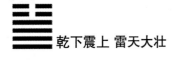

乾下震上 雷天大壮

  大壮是十二消息卦之一,其卦象所示的是在阳进阴退的过程中,阳刚已然过半的状态。由于在《周易》中通常是以阳为大,以阴为小,以刚为大,以柔为小的,因此先儒对大壮卦象的基本解读是:阳刚壮盛,进迫阴柔。为了协调爻辞中屡屡出现的,阳爻应当坚守不进的语义,又借助阴阳相协的观点,认为卦中阳刚有过盛之象,所以应当有所节制。进而更有将"壮"解读为"止"的。

  事实上,见卦中四阳爻自下而上排山而来,即认为是阳刚过盛之时,是典型的小民眼界,也是创易的先哲想借助本卦,向世人提出的警醒。大壮与前面的遁卦互为覆卦,如果将两者进行比较就会发现,虽然同为四阳二阴,但是遁卦的四阳在上,大壮的四阳却在下。比之于人事,遁卦的阳爻,乃是既得位又得道的阳爻,而大壮的四个阳爻,则是既未得位又未得道的阳爻。因此虽然在动态上,遁卦是阳退阴进,大壮是阳进阴退,但是遁卦强调的却是,以(阳爻的)身之退,换道之存。而大壮则是处处警诚,不可冒进,要坚守贞正。

比之于历史,遯卦如玄宗摘得玉环之后的盛唐,大壮则如慈禧归西之后的晚清。遯卦是,治久生靡,但其道尚在,其君尚明的盛世之末;大壮则是,久衰生乱,道已失,君且昏,民欲强,官思治的群情亢奋之时。

所以,大壮并非是阳刚壮盛之时,更不存在阳刚过盛的问题,之所以爻辞中屡有所"止",正是因为其尚不当位,尚未得道,所要止的正是因为不当位,未得道,而可能造成的冒进、妄动,而并不是阳刚本身的升进。

先儒之所以无法参透这一层,原因倒也十分简单,那是因为,一方面,就实际能力而言,皇帝中昏庸无能者,应当属于多数,因此对于生活在帝制时代的人们而言,持有上述观点,不仅大逆不道,而且十分危险;另一方面,他们又生活在以科举为基础的"民主"时代,因此皇帝的能力,对于维系国家的正常运转,至少是日常的行政事务来说,非但影响不大,甚至无能的皇帝,对那些经历了科举的精英来说,还是一件好事。因此他们乐得,与皇帝之间达成,一种默契的平衡。

当然,最重要也是最根本的原因是,创易时代与后世中国相比,在社会组织制度、价值观念上都不相同,当时的王权与后世的皇权性质也不同,因此提出的治国、治世的理论和方法,也必然不尽相同。所以,要了解《易》的本来面目,就必须先回到创易的时代背景中去。

## 大壮 利贞。

【译文】适宜正固。

【解读】大壮是卦名，同时也可以视为是对卦象的整体描述，其中"大"即指阳爻，"壮"是指其情、其势——如果只见其势，不重其情，就会走入歧途。

"利贞"具有两重含义：

首先是就全卦的整体态势，作出的评断。大壮呈阳进阴退之势，表面看来是因为阳爻急于升进。但阳清而上，阴浊而下，因此阳爻的升进是客观规律使然，并不完全是其主观意愿使然，相反造成阴阳相推的现状的原因，恰恰是本来应当下行的阴爻，反而位于了阳爻之上，导致自己不能顺利下行，只能在阳爻的推动下，逐渐退去。

比之于人事，六五、上六均占据着上位，是国家的统治者，思想的主导者，但是他们都是缺乏才智的阴爻，因此阳爻的升进，民声鼎沸的现状，完全是由其自身无能失道造成的。因此阳爻的升进，就是要迫使阴爻退去，这是天下重新恢复贞正的必由之路。因此"利贞"。

其次是就阳爻自身而言的。虽然阳爻升进的最终目的，是恢复天下的贞正，但是就卦象而言，阳爻尚没有进至君位——五位，按照乾卦中的界定，就是都没有成为真正的，能够飞腾于天际的"龙"，也就是还没有成为，能够"圣人作而万物睹"的圣人。在《周易》中，圣人与普通人的区别就在于，对道的理解，和对德的修养，归纳起来就是一个"正"字。因此大壮中的阳爻，在物尚没有成龙，在人则尚未成圣，也就是尚不够"正"。这个"正"既是指内心的修养，又是指外在的行为，所以阳爻尚不够

"正"的结果就是,其在行为上有可能的不正。

比之于人事,当国势衰微、群情鼎沸之时,人人都以自己为济世救国之正人君子,然而又有几人能够做到头脑冷静,处中行正,既为当下破旧出新想,又为日后长治久安想?大多不过是西楚霸王,以心中之火,点人间之火,熊熊之下,玉石俱焚一片瓦砾。故而先圣要对那些自诩为"大"的阳爻们,诫以"利贞"——应当时刻保持内心的贞与正!

一言以蔽之,卦辞仅以"利贞"二字,对大壮之象,实际上是在告诫世人一个至关重要的道理——大者未必正。

**彖曰:大壮,大者壮也。刚以动,故壮。大壮利贞,大者正也。正大而天地之情可见矣。**

【译文】大壮,就是大者壮盛。刚健而发动因此壮盛。大壮说"利贞",是要保证大者端正。通过端正大的方式,可以看清天地的倾向性。

【解读】"大壮,大者壮也"既是对卦名的解释,同时又是对现实卦象的直接描述——阳刚为大,"大"自下而上至四位,占据全卦的2/3,呈现出壮盛之态。因此叫大壮。

"刚以动,故壮"是通过上下卦的卦德,来解释"壮"在此处的意义。下卦乾为刚健,上卦震为动,因此下乾上震,就构成了全卦"刚以动"的特性。显然"刚"与"动"连用,无论是指内在的心态,还是指外在的行为,都意味着,"动"并非是建立在理性的基础之上的动,更多的,或者说难以避免的,要受到主观因素的影响, 也就是凭血气而动, 乘刚顺势而动。

因此 "刚以动, 故壮", 就是说 "大壮" 之 "壮", 并非是完全理性的客观的壮大, 而是带有相当主观性的非理性的刚猛之壮, 是不正之壮。在象辞中, 是承上启下的依据。

"大壮利贞, 大者正也。" 就是在解释, 大壮卦为什么, 要以 "利贞" 为卦辞。即要保证 "大者正"。这就说明, 在创易的先哲看来, 大者未必正, 尤其是如卦中所示的这种 "大", 更加缺乏对 "正" 的保障。因此虽然其行为, 在整体上有利于贞正, 同时也需要确保自身的贞正。但是单就本句而言, 还是容易让读者认为, "正" 是 "大" 的基本特性、自然属性, 即将此句仅仅理解为: "大壮利贞" 的原因是, 大者是 "正" 的。而看不到它隐含的内容, 所以孔子又补充了后面的一句。

"正大而天地之情可见矣", 这是中国古人非常习惯使用的一种论证句式, 即将某一观点与天地自然联系起来, 使之成为无可辩驳的真理。此处被拿来与天地并举的概念是 "正大", 先儒们通常将此二字解读为, 天和地的两个并列的基本特征, 即既正又大。这种解读方法, 存在两个缺陷:

一是在语法上不通。如果将正、大理解为两个并列的动词, 那么 "正大而天地之情可见矣" 中的 "而" 字, 用得就毫无道理。因此只能将 "正大", 看作是 "天地之情可见" 的前提条件。换言之 "正大" 与 "天地之情可见", 是被 "而" 字连接起来的两个并列的句子。

二是不符合客观规律。因为深究之下就会发现, "正" 是相对的, "大" 是绝对的。即天地之大是客观的, 绝对的, 也是尽人可见的，一如四阳升进的卦象。但"正"却有可能，随环境、背景的不同而异。比如，对一个身陷于狂怒的风暴中的人来说，天地之大就是邪恶的、可怕的大。因此，所谓天地的"正"，应当视为一种必然的趋势和结果，是最终实现稳定的状态，即天地在整体上，是"正"的，即使是出现了不"正"，也终将要恢复到"正"的状态。

因此，"正"在这里更应当被理解为动词，或者是副词，来限定"大"，或者"修饰"大。无论"正"的词性为何，"正大"的意思都是，以正而大，或者匡正大的发展方式与方向的意思。这样就既与天地的客观规律相吻合，又理顺了整句的语法，又深化了对前一句内涵的理解。

**象曰：雷在天上，大壮。君子以非礼弗履。**

【译文】大壮卦有惊雷在天上滚动之象，君子观此象，应当懂得不能追随不合礼制的行为。

【解读】上卦震之象为雷，下卦乾之象是天，因此本卦有"雷在天上"之象。天空中雷声滚滚，声势自然壮大，因此叫"大壮"。这是孔子对"大壮"卦名的形象化解读。

通常，大象中的后半句，都是根据前半句对卦象的直接解读，引申出来的为人处世之道，但是本卦中的"君子以非礼弗履"，则与"雷在天上"之象关系不大，反而与卦辞、爻辞的联系较为紧密。

所谓"礼"即是被社会公认的行为准则，"非礼弗履"就是非礼勿动，就是"克己复礼"的意思。"克己复礼"，对于君子来说，本来应当是理所当然、自然而然的行为方式，如今却是在"雷在天上"的警醒之下，作出的选择。可见此种"君子"，未必是真君子，至少未必是德行修为已然成熟的真君子，这恰恰与卦辞"利贞"的警诫相吻合。

在现实中，自古以来，身居下位鼓噪而动的人，无一不以君子自居，无一不以匡扶正道自称，然而其间真君子，"熟"君子又有几何？慷慨激昂之下，视眼前之一切为糟粕，争先恐后，只图除之而后快。激昂慷慨过后，却只见维系社会稳定的基本准则——"礼"，是最大的受害者，除此一如其旧，甚至尚不如前。

孔子所处的时代，是各种新思想、新事物、新人物不断涌现的时代，作为一个思想家，他一定会感知到"礼"的重要性，以及无视"礼"的延续性，将会给社会带来的巨大隐患与危害。因此，以"雷在天上"，告诫那些尚且青涩未熟的君子们。

**初九，壮于趾，征凶，有孚。**

【译文】壮大于脚趾，征进则凶，有诚信。

**象曰：壮于趾，其孚穷也。**

【译文】壮大于脚趾，说明其诚信并不充分。

【解读】初九，"壮于趾"的"趾"除了表明爻序的作用之外，还有更深层的含义。"趾"作为足的一个组成部分，其最主要的功能就是完成行走、运动的动作。因此"壮于趾",包含了两个层级的含义:首先,"壮于趾"就是说脚趾处于"壮"的状态,就是在强调初九的急切欲动的状态。其次,"壮于趾"还透露出行动的非理性/缺乏理性的特点,因为"趾"是行动器官,而不是思维器官,未经思维器官,而直接壮于行动器官,导致要直接采取行动。这种行动当然是非理性,或缺乏理性的。

综上可知,初九之动,实属躁动。这是符合卦象所示,和事理所见的:大壮之卦,四爻汹汹于下,正是群情激昂之时。每此时处于最下的初九——居于底层的小民,往往会因为既缺乏理性思考的能力,又缺乏理性思考的习惯,而无法自制地亢奋起来,躁动起来,呼号上下,流窜街头。

而事实上,他们既与当权的,即便是无能的统治者六五,没有任何关系,又不为新兴的领袖九四所理会——初九与九四相敌不应。所以"征凶"。

"有孚"在《周易》中,通常是阴阳亲比的结果,但在这里,置于"征凶"之后,是用来强调"征凶"的必然性的。"征凶,有孚"就是,征凶是必然的,的意思。

象辞"其孚穷也",对初九躁动的动机,和心理特征,做了更加深刻的揭露。此处的"孚"就是诚信、信实的意思,是强调一个人的行为与心灵的统一性。因此"其孚穷也"就是说,其诚信、信实是不充分的,这种补充的原因,不是居心叵测,就只能是缺乏理性。而小民的无理性躁动,究其根本不过是为利益所诱惑,所驱使而已,仍旧是与其"大壮"的口号不符,仍旧是"其孚穷也"。

**九二, 贞吉。**

**【译文】**正固吉祥。

**象曰: 九二贞吉, 以中也。**

**【译文】**九二正固吉祥, 因为行为适中。

**【解读】**九二在乾卦中体现出来的基本属性是, "见龙于田, 利见大人", 是现而不动, 对周围的影响是"德博而化"——用自身德行的感召力, 而非实际行动, 来教化万民。在本卦之中, 九二阳居阴位, 既有阳刚之才, 又有阴柔之性。在阳刚迫进阴柔的大背景下, 却与位于下卦中位, 与首当阳刚之冲的六五, 互为正应, 为其提供应援帮助。

可见九二与初九有本质性的区别, 初九上无应而躁动, 九二上有应而不动, 是在乱世中能够保持贞正的人, 是乱世中"礼"的载体和维护者。

"贞吉"的"吉", 一方面是就九二自身而言, 另一方面也是就天下而言。

象辞说"九二贞吉, 以中也", 是说九二能够得贞而吉, 因贞而吉的原因, 是"中"。"中"在象中就是九二所处的爻位, 在义理中则是适中得当。"贞"是正固之意, 九二的正固就是坚守"中"道, 坚持现而不动, 坚持"德博而化"的行为方式。

**九三, 小人用壮, 君子用罔, 贞厉。羝羊触藩, 羸其角。**

【译文】小人往往恃壮凌弱，君子则不会，正固则有危厉。公羊撞到了藩篱上，缠住了自己的角。

**象曰: 小人用壮, 君子罔也。**

【译文】小人往往恃壮凌弱，君子则不会。

【解读】大壮的爻辞，自九三起呈现出一个鲜明的特征，那就是始终以羊为象。这是因为三四五三爻构成互卦兑，兑为羊。此外自汉京房以来，就有一种叫作大卦，或兼画卦的取象方法，即将相邻的几个相同的爻视为一爻，进而将多画卦，视为一个三画卦。按照这个方法，大壮又可以被看作一个大兑卦———只大羊。因此大壮爻辞中多羊，也就在所难免了。

九三刚居刚位，原本就是"终日乾乾"因时而惕之象，当"大壮"之势，更是去惕而刚，冒进不止。爻辞说"小人用壮，君子用罔"至关重要，因为它明确地说明了，对应于九三的阳刚性质的，既可能是小人，也可能是君子，也就明确了前述"大者未必正"的道理。

因为在大壮之时，小人往往会借大壮之势，以大壮之名，恃壮凌弱。这种卑劣的行为当然为君子所不取，所以说"君子用罔"，其中"罔"就是无的意思。

"贞厉"的"贞"在此处不能简单地理解为正，而应当理解动词正固、坚守等，这又是大壮之时的一个显著特征，即"大者"都认为自己是"正"的，而实际上不同背景的"大者"，所认定的、坚守的"正"又各有不同，这些"正"对其自身，和社会造成的影响，带来的结果，也各有不同。九三坚守它的"正"——贞，带来的结果就是"厉"。

因为，与因贞而得吉的九二相比，九三显然过刚不中。为了能够让读者深刻地理解，九三的行为特征，和最终结果。先圣运用了"羝羊触藩，羸其角"这一比喻的手法。

"羝羊"就是长有硕大的角的公羊，其性情暴烈，犹如以刚居刚的九三，其行为特征就是遇到任何阻碍，都会用头猛撞。关于"藩"的取象有多种说法，有说是指九四，因为九三与九四相敌，因此有九三欲进被九四所阻之象。也有说是取象于上震，因为震有藩篱之象。

笔者认为，取其自身位于一卦之终，无论如何刚猛，终究无法逾越上下界限之象，更显合理。因为此后尚有上六，仍旧有"羝羊触藩"之辞。"羸其角"就是缠绕困住了它的角，说明九三刚猛用壮的结果，反而是使自己陷入进退两难的地步。

象辞用"君子罔也"说明了君子与小人的区别所在，也说明了"罔"不是另外一种行为，因此"用罔"就是对"用壮"的否定。

九四，贞吉悔亡，藩决不羸，壮于大舆之輹。

【译文】只要保持贞正，就能得吉，一切忧悔也都会消失。藩篱破裂不再缠绕，壮大于大车的车輹。

象曰：藩决不羸，尚往也。

**【译文】**藩篱破裂不再缠绕,说明(此时)提倡有所行动。

**【解读】**大壮的爻辞自九三至六五,以羊为象,描绘了一个完整的动作过程。九三是小人用壮,羝羊触藩,结果是角被缠在了藩篱之上。但这仅仅是一触之下的中间结果,并不是最终的结果。因为在现实之中,公羊撞在藩篱之上,导致角被缠住之后,它是绝不会就此罢休的,要么继续向前,要么奋力向后,终究是要设法摆脱的,直到最终筋疲力尽方才罢休。但是这些后续的动作,九三都没有予以描述。这是因为,九四就是其后续的动作,九三触藩的结果,将在九四中体现出来。如下图所示:

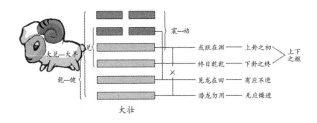

九四与九三虽然同为阳爻,但是存在着本质的区别:

■ 九三位于下卦,以刚健为德;九四位于上卦,以动为德。这就是说,九三虽然刚猛性躁,但其所处的发展阶段,具备的身份,决定了其并不具备动的条件,也没有动的时机。九四则不同,九四出下入上,具备了动的条件和时机。

■ 在乾卦中,九三的基本特性是终日乾乾,因时而惕,说明其动仍旧主要是源于外在的影响,在本卦中则是,仍旧没有完全摆脱“其孚穷也”的境界,因此爻辞将其归于“小人”之列。九四则是或跃在渊,是龙摆脱了土地的束缚,进入自身当居之所,初步具备了飞腾的条件。

■ 九四阳居阴位，既有阳刚之才，又有阴柔之性，因此不存在躁动冒进的问题，其动是由于时局——位于上震之初，震卦之主的位置决定的。因此"其孚不穷"。

同时，九四又位于四阳之首，肩负着阳刚升进的责任，其进退与否，关系得不仅仅是自身的问题，而是阴阳关于五位的争夺。如果九四就此不进，则五位仍旧由阴爻占据，代表贞正的阳爻，仍旧无法占据绝对的主导地位，也就无法实现卦辞"利贞"的目的。

因此，九四于位于辞，于公于私，都应当继续升进。这也是九三触藩的必然结果——九三虽然冒进触藩，陷自身于两难境地，但是其行为本身，仍旧是"利贞"的，所以最终的结果，也必然是冲破藩篱的阻碍，继续前进。

比之于人事，也是同一道理：

古往今来任何一次革命，真正的推动者，往往都是那些躁动的小民，即便他们并不是真正的主导者、发起者，也会是最终冲倒皇城的巨浪中的一份子。如果一切皆如君子柔而不进，昏君何以能除？天下何以能安？由此看来，九三的终日乾乾，因时而惕的"时"，应当就是指社会的进步、文明的进步、生产力的进步。

爻辞说"贞吉悔亡"，事实上是一句劝进之辞，是对九四的鼓励，是告诉九四只要保持贞正，就能得吉，一切忧悔也都会消失。九四为什么会有悔？因为九四位于诸侯之位，原则上说已是既得利益者，继续挑战六五，如果不成功则是有可能遭受损失。反之，九四的诸侯之位，也正是它与其他阳爻的不同之处，是其继续升进的基础。在当时的社会背景下，不会由一个平民，来做天下的君王的，只能是由某一诸侯——联盟中某一部落的领袖，来完成革旧创新的使命。

为了进一步明确，九四应当继续升进，去完成"利贞"的使命，达成"利贞"的结果，创意者连续用了"藩决不羸"，和"壮于大舆之輹"两个比喻。

前一个是继九三而来，九三角被藩篱缠住，本是进退为难之象，但是九四不仅明确地说"藩决"——藩篱破裂了，还特意补充了"不羸"——不再缠绕了，来说明阳刚继续升进的阻力已经破除了。"輹"是车厢下的横梁，是决定大车坚固与否的关键，"壮于大舆之輹"说明大车非常坚固，也是劝进之意。必须指出的是，无论是"藩决不羸"，还是"壮于大舆之輹"，都是九四继续升进的条件，而并不是升进的动作，这是与乾卦九四"或跃在渊"中"或"字，犹疑不定，可进而未必进的含义是一致的。

比之于人事，即诸侯固然可能拥有挑战君王的能力，君王也可能是昏庸的，但是并不是，也不能一旦具备此种条件，诸侯就要起而伐之，否则岂不天下永无宁日。又何以为"贞"？因此只有在确定自己的行为是"利贞"的，诸侯——九四才能进一步升进，是否"利贞"的标准，并不是九四一己之念，而是要有九三的"羝羊触藩，羸其角"的行为为证——九三"羝羊触藩"说明：

- 民不聊生，到了不惜铤而走险的地步；
- 如果不设法施为，天下将为小人躁动所乱。

象辞"尚往也"进一步明确了，对九四行为方式的态度，但只是说明九四应当"往"，但并没有为九四做最终的决定。

**六五,丧羊于易,无悔。**

【译文】在边界上丢失了羊,没有忧悔。

**象曰: 丧羊于易,位不当也。**

【译文】在边界上丢失了羊,是因为所处的位置不当。

【解读】关于六五"丧羊于易"的"易",先儒的解读可分为两类: 一是和易的易,由此则是说六五和易地面对丧羊的事实,因此无悔。而其之所以能够和易,则是因为其"位不当";二是将易视为"场"的通假字,是边界的意思,由此则是六五在边界、田畔丧羊。这样的解读虽然在卦象上,似乎更有依据,但是却更加无法解释,为什么丧了羊,还能"无悔"。

因此,笔者认为,上述两种解读都是错误的,但相对来说,后一种说法经过引申后,尚可取用。造成错误的原因,则是先儒们没有,或者也不愿意读懂九四中的劝进之意,进而也就是无法明确,大壮中阳爻升进的必然性、正当性与合理性。

"丧羊于易"的"易"就是变易的易,六五"丧羊于易",就是说六五合在变革中"丧羊"。(变易的过程,必然存在临界状态,因此作为一种形象的,可视的描述,说六五在边界、田畔丧羊,也有可取之处。)

六五位于互兑之首,是羊的一个组成部分,如果六五不发生变化,六五不会丧其羊,全卦也不会出现丧羊之象,因此六五"丧羊于易",在卦象上必然对应于其自身的变易。六五如何变易？卦中之爻非阴即阳，因此六五的变易结果，只能是阳爻九五——阳居阳位，居中得正，从而呈现出飞龙在天，天下贞正的祥瑞景象。即如下图所示：

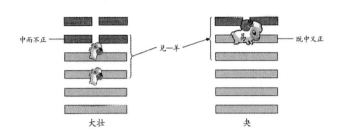

六五一旦变为九五，则互兑之象消失，但随即上卦也由震变兑，又成一羊。连同九三、九四动态地看，则宛如一个羝羊冲破藩篱而逃的动画——九三"触藩，羸其角"，九四"藩决不羸"，六五"丧羊于易"。（这就是不取六五在边界、田畔丧羊的说法的原因——不是跑了一只羊，而是升华成了另一只羊。）

六五之所以无悔，是其爻与位的属性共同作用的结果。首先，六五为阴爻，其自身的阴柔、昏庸的本性，是造成"大壮"民生鼎沸、九四进逼而来的局面的根源；同时，五为中位，说明六五虽然是少能之主，但毕竟不是邪恶之君，仍旧能够理性地面对现实。因此六五的不足在力，而不在心，所以面对九四的迫近，在变易中还天下以贞正，是顺应天命之举，当然"无悔"。

后世的儒者，无法准确地理解大壮的六五，最根本的原因就是时代背景的变化。创易时代，国家基本上没有摆脱联盟状态，一方面有来自内部的纷争，另一方面还要面对外部其他联盟的挑战。因此君王的能力，直接关系着国家——联盟的命运，因此社会上崇贤任能的观念尚重；秦以后，国家统一，威胁主要来自于外部，此时国内的稳定，比君王的能力，更直接地关系着国家的命运。

简而言之，在创易时代，六五所丧之"羊"，是其自家之羊，因此如果丧之能换来天下之贞，那么就应当"无悔"地去丧。后世，六五所丧之"羊"，是天下之羊，是全体既得利益者——主要就是那些得位的儒者之羊。

象辞说"丧羊于易，位不当也"，也只说明了一半，即六五为什么会"丧羊"，但却没有说明"无悔"的原因。想来，要么是孔子认为这是显而易见之事，要么就是当时的儒者，就已经不愿丧其与君王共有之羊了。客观地说，此时的羊，除了明白的利益之外，也确实在一定程度上与秩序有关，因此"丧羊"带来的影响，较之创易时代，要大得多，复杂得多。

**上六，羝羊触藩，不能退，不能遂，无攸利，艰则吉。**

【译文】公羊撞到了藩篱上，既不能退，又不能进，没有任何利益，艰难则吉祥。

**象曰：不能退，不能遂，不详也。艰则吉，咎不长也。**

【译文】既不能退，又不能进，是对时局缺乏认识的表现。艰难则吉祥，说明咎害不会长久。

【解读】理解了六五"丧羊于易"的"易"，上六的取象问题就迎刃而解了，上六的"羊"就是由六五变易之后，新生而来的。

"羝羊触藩"应当就是"羝羊触藩，羸其角"的简写，但是与九三不同，上六对"羸其角"之后的结果，做了明确的描述，即"不能退，不能遂"。说明上六最终的结局是，筋疲力尽，一切努力都无济于事，即"无攸利"。

这是因为，上六是阴爻，无论是在当下的大壮中，还是六五变易后的夬卦中，都要面对和顺应阳爻的升进，因此是退无可退的。同时又是阴居上位，位于一卦之终，阴爻的基本属性是顺随，没有自主完成某项意愿的能力，因此也"不能遂"。

造成上六如此尴尬而无奈的原因，就是其对性格——爻与位的双重属性中，缺乏阳刚的一面，不能当机立断，不能像六五那样，丧羊而无悔，即不能主动地放弃，因此爻辞说"艰则吉"。本来艰险、艰难，是让人痛苦的，但是对于六五来说，却是一种"吉"，对六五自身来说是一种解脱，对天下来说更是大吉大利——上六与九三正应，从某种意义上说，九三的躁动，是受到了上六的诱惑。

象辞"不能退，不能遂，不详也"，说明上六"不能退，不能遂"的尴尬，完全是来自于，自身不能审详时局，也就是不识时务的意思。"艰则吉，咎不长也"则说明，如果上六能够遭逢艰险，促其理解继续固守残局的艰难，则其遭逢的、制造的咎患也就不长了。

# 晋——反躬而明

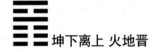
**坤下离上 火地晋**

晋卦是六十卦中较为特殊的一卦，因为在《周易》中始终贯穿着一个原则，那就是崇阳抑阴，但是在晋卦中却明显地表现出，对阴柔升进的推崇，和对阳爻的贬斥。

这主要是因为，晋卦是观卦经由九五与六四的换位，演变而来的。在观卦中，虽然阳刚仍处于九五之位，能够行使"圣人作而万物睹"的职责，但只要稍微转换一个角度，就会发现另外一个客观事实，那就是阴柔已经升进过半，阳刚已经危在旦夕。事实上，二阳高高在上，下临四阴逐次而上的观卦，本身就体现出，虽然宫殿巍峨，宗庙庄严，但却根基已蚀，摇摇欲坠的征象。

由于在阴阳之间的关系上，阳刚始终处于主导地位，而阴爻则是从属的，因此观卦出现的这种金玉其外败絮其中的"盛世败相"，归根到底还是处于上位的阳刚造成的，也就是九五为主，上九为辅，共同造成的。

即如，晚清的迅速衰败，其根源并不是嘉庆、道光等皇帝无能，而是在所谓的康乾盛世中，就已经埋下了祸根。换言之，正是康熙、乾隆等所谓的盛世之君的目光短浅，安于享乐。对外沉醉于尼布楚条约的险胜，而使边防虚设；对内陶醉于园林声色，而使国力虚耗。瞑目背对世界百年，坐待列强竞起，一战而土崩瓦解，惶惶如丧家之犬。

所以，此时将九五与六四换位，就成了拯救危局的唯一出路。由此，可以看出，《易》的核心思想，并不是崇阳抑阴，而是变易。即在绝大多数情况下，是以崇阳抑阴为原则的，但是当阳刚不得崇，不可救时，则转而崇阴，由于阴柔本身是缺乏主动性、方向感的，因此必然会沿着"崇"的方向前行，所以"崇阴"就是"抑阴"，是在阳刚失去了主导能力时，对抑制阴柔过盛的最佳手段。这就像，对儿童的教育过程中，批评固然可以指出错误和不足，但是鼓励同样也可以抑制错误的发生。

可见，《易》以变易为核心，而变易的目的，则是维护天地之间的正道。比之于人事，就是所谓的天下观——《易》既不倾向于阴，也不倾向于阳，而是倾向于正，倾向于天下整体利益的最大化。

**晋 康侯用锡马蕃庶，昼日三接。**

【译文】奖励能够安定邦国的诸侯，可以用众多的马匹，和一天之内接见三次的方式进行。

【解读】对晋卦的卦辞自古颇多异议，原因就在于其卦名、卦辞中的关键词汇，都可以作多种解读。其中起着枢纽作用的就是"康侯"二字。

概括起来，在传统的解读中，"康侯"有两种解释：一是指历史上的卫康叔，二是指能够安定邦国的诸侯。

虽然卦辞和爻辞的内容，相对与卫国的命运而言，几如谶（chèn）语——三监之乱后，周公旦册封自己的弟弟，文王的第八子姬康于卫，自此卫国建立，史称姬康为卫康叔、康侯。在战国后期，卫国以自降为"君"，自愿充当秦国的附庸为代价，得以在秦统一中国后仍旧存在，直到秦二世将最后一任卫君废为庶人，才宣告灭亡，是最后一个灭亡的周室册封诸侯。而这最后一任卫君，就是卫君角。晋卦卦辞以"康侯"起始，最后一爻上九，爻辞以"晋其角"起始——但是综合全卦的卦辞、爻辞分析，只能视上述内容为巧合，而不能将此处的康侯，认定为就是卫康叔。

至于将"康侯"解读为能够安定邦国的诸侯，基本上是可以接受的，但是仍旧存有遗留问题，即在此基础上，"用锡马蕃庶"可以有两种解释：一是将"用"视为无实际意义的助词，进而将"用锡马蕃庶"解释为赏赐很多马匹；二是将"蕃庶"理解为繁殖，进而将"用锡马蕃庶"解释为用赏赐的马，繁殖出很多马匹。

在当时的历史背景下，这两种解释都是可以接受的。因为当时马匹是重要的战略资源，因此对有功之臣赏赐马匹，是合理的。因为能够繁殖众多的马匹，而得到封赏，也是合理的。比如，秦国就是因为其祖先善于养马，而得到封地的。

所以无论上述哪种解释，都不会与后面的"昼日三接"——

受到君王一天之内接见三次的殊荣，相矛盾。反之，就可以看出，将"康侯"解读为能够安定邦国的诸侯的解读方法，仍旧是不完善的。

笔者认为，应当将"康侯"的"康"视为动词，即奖励、赏赐的意思，这样卦辞就只有唯一的一种解读了：奖励诸侯，可以用众多的马匹，和一天之内多次接见的方式进行。马匹是物质奖励，连续接见是精神荣誉。这原本就是君王御下的两种基本手段。

至于，诸侯被奖励的条件，即是否能够安定邦国的问题，则隐藏在卦名"晋"中，象辞说"晋，进也，明出地上……"，说明"晋"虽然是"进"的意思，但却是有条件的，特定意义的"进"，即要是如同"明出地上"一样的"进"。这就是卦辞中，进行赏赐的先决条件——必须是具备"明出地上"这样特征的诸侯，才能得到赐马、接见的赏赐。这样的诸侯，实际上就是能够安定邦国的诸侯。

此外，"晋"还可能含有"觐见"的意思，这是因为按照《周礼》，诸侯觐见天子，以季节区分共有四种："春见曰朝，夏见曰宗，秋见曰觐，冬见曰遇。"，不同季节的觐见，其目的和内容又各不相同："春朝是图谋天下事，秋觐是比邦国之功，夏宗是陈天下之谟，冬遇是协诸侯之虑。"所以，"晋"很可能是由"秋觐"引申而来的。

总之，卦辞所要表达的内容，就是对那些有显著功绩的诸侯，要给予丰厚的物质赏赐和精神荣誉。

象曰：晋，进也。明出地上，顺而丽乎大明，柔进而上行。是以康侯用锡马蕃庶，昼日三接。

【译文】晋，就是（使之）升进的意思。光明出于地上，顺从而附丽于光明，阴柔升进而上行。所以奖励有成就的诸侯，要用众多的马匹，和一天之内接见三次的荣誉。

【解读】如果简单地将卦辞理解为，是对有成就的诸侯，加以物质和精神上的奖励，则未免有一叶障目不见泰山之嫌。即仅仅看到了"晋"对过去的作用，而没有看到其对未来的影响。所以，孔子在象辞，着重将这种影响，阐释了出来。

"晋，进也。"是在解释卦名，传统的解读即至于此处，笔者认为有必要进一步明确一点，此处的"进"与爻辞中的"晋"略有不同，不是指阴柔主动的进，而是（至少兼有）使动用法，指阳爻有意识地使阴爻升进。这样才能更全面地展现卦变的过程。如下图所示：

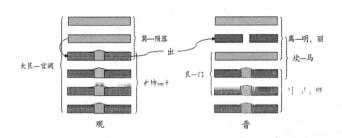

由于最后一句是用"是以"连接的"康侯用锡马蕃庶，昼日三接"（卦辞），所以中间的"明出地上，顺而丽乎大明，柔进而上行"一句，就是在阐释卦辞的目的和效果。

其中"明出地上"同样应当理解为是使"明出地上",因为是因为观卦的九五,在卦变中与六四交换,才使六四得以进至六五,才使上卦成离,有了光明之象。六四原来在互坤、大坤之中,坤为地,进而至五,形成上离下坤的晋卦,因此有"明出地上"之象。

可见,"明出地上"得以呈现,并非是阴柔六五的一己之功,如果没有观卦中阳刚九五的下行,是不可能实现的。所以是阳刚使"明出地上"。

"顺而丽乎大明,柔进而上行"则是使"明出地上"之后,产生的效果。由于"顺而丽乎大明"没有主语,因此这两句可以作两种解读:一是以"天下"作为其缺省的主语,即天下"顺而丽乎大明,柔进而上行",此处的"柔"就成了副词;二是将其视为倒装语句,即以"柔"为主语,正常的语序为"柔进而上行,顺而丽乎大明"。因为整句是取自于上下卦的卦德——上离为明、为丽,下坤为顺,所以无论怎样理解,"进而上行"的,和"顺而丽"的,都是指下卦中的柔爻。因此将其视为倒装语句,可以更顺畅一些。

总之,象辞所要阐释的就是,通过"锡马蕃庶,昼日三接"等奖励手段,使有功绩的诸侯得以"晋"之后的效果,就如同使太阳从地上升起,从此天下的人就可以,重新追随于光明了。

用现代的话说,就是要树立并发挥榜样的作用,进而转变阴柔的升进形式——从要取阳而代之,变成"顺而丽乎大明,柔进而上行"。

**象曰: 明出地上, 晋。君子以自昭明德。**

【译文】晋卦有光明出于地上之象, 君子观此象, 应当懂得自己来昭著显明德行。

【解读】"君子以自昭明德"是对象辞中的"明出地上"的进一步延伸, 因为象辞是在阐释卦辞, 而卦辞要以卦象和卦变为基础。而大象则是, 孔子在观象之后的体会, 因此可以超越卦象的束缚。

"自昭明德"同样具有"使"的意思, 只是将使动者的范畴, 从外部延伸到了内部, 从外人扩展到了自己, 即自己来昭示自己的"明德", 体现出儒家思想中, 主动出世的特征。

**初六, 晋如摧如, 贞吉。罔孚, 裕, 无咎。**

【译文】推挤着要升进, 正固则吉祥。缺乏信任, 不必在意, 没有咎害。

**象曰: 晋如摧如, 独行正也。裕无咎, 未受命也。**

【译文】推挤着要升进, 是想独行正道。不必在意, 没有咎害, 是因为还没有接受天命。

【解读】"如"是形容词词尾, 做\*\*的样子解。"晋如"就是升进的样子, 这一点没有疑问。但是对于"摧如", 自古以来至少有三种迥然不同的解释, 其中最为广泛的是将"摧"解为抑退,原因是初六上临互艮,且为二、三两个阴爻,接连阻断,难以升进;另一种是将"摧"解读推挤;最后一种是明朝来知德的解读,将"摧"看作是"嶉"的通假字,当巍峨讲,取初六前临互艮,艮为山,有高耸之象,而初六临高山而前行,则合于象辞"独行正"。

笔者认为,应当取第二种,也就是推挤的意思。这是因为:

象辞已经明示,晋卦使六五升至天位的效果,或者说目的,就是让阴爻能够顺于大明,而上行。因此如果将"摧"解作抑退,虽然窥到了初六不得升进的现实,却违背了晋卦的初衷,所以是不可取的。

事实上,"晋如"一词已经明确了初六有升进的行为,至少也是欲望,而"摧如"则是更进一步描述其升进的方式与细节。之所以,初六会边升进,边推挤,是因为它一方面受到了二、三的阻隔,另一方面又因为与九四正应,而被感召,因此有更强烈地升进(附丽于大明)欲望。同时前临互艮,并不等于位于互艮之中,因此艮止对其的影响,并不明显。所以,才有"摧如"——推挤之象。

"贞吉"则显示出,初六升进不得的尴尬,因此应当视为劝诫之语,即守住贞正,就能得吉。

"罔孚,裕,无咎"是对"贞吉"戒语的进一步延展。即解释了为什么,一方面推挤着要升进,另一方面却劝诫说要正固不动,才能得吉。问题就出在"罔孚"——没有/缺乏信任上,具体地说,就是不被九四所信任。体现在卦象上,则如下图所示:

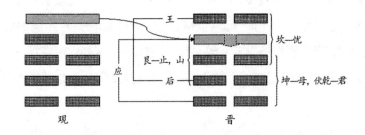

初六应于九四的初衷，是想附丽而上，但是九四是从观卦的九五演变而来，其运动方向是向下，因此二者之间虽然表面上有相应之实，但内地里却心志不合，因此"罔孚"。

由于柔爻的升进是晋卦的主旋律，所以初六能够"晋如"，而其"摧如"的动力，则是来自于九四的正应，以及九四所代表的"大明"的感召，所以一旦九四对其缺乏信任，初六也就失去了"摧如"的基础，所以只能恪守贞正了。

"裕，无咎"则是指初六面对"罔孚"时，应有的态度。"裕"是宽的意思，即不必在意、安心自处的意思。"无咎"是一语双关，一方面是说"裕"的结果，不会有什么咎害；另一方面则是暗指，导致"罔孚"的责任不在初六，而在九四。

由此可见，象辞中的"独行正也"，是针对初六与九四之间的关系而言的，即初六接受"大明"的感性，作出"晋如摧如"的反应，是正确的。但是却没有得到九四应有的正确的回应，所以初六只能是"独行正"。

"未受命也"表面上是在强调，初六尚处初位，没有接受天命，实际上却是在说，初六不应当对出现的问题承担责任。

比之于人事，初六位于最下，无论其是普通民众，还是地位卑微的诸侯，总之在任何一个群体之中，无能而在下者，都是最容易被感召，最积极于上进的群体，所以才会有"摧如"之象。

### 六二，晋如愁如，贞吉。受兹介福，于其王母。

【译文】忧愁地升进，正固则吉祥。在王母之位上，安享其大福。

### 象曰：受兹介福，以中正也。

【译文】安享其大福，因为位处中正。

【解读】参见上图，六二入艮，上无应援下受其阻，前临互坎为忧，但又有升进之愿——"晋如"，因此有忧愁之象"愁如"，事实上，也是欲进不能之象。所以说"贞吉"。

"受兹介福，于其王母"直译过来就是：在其王母那里，受到这样的大福。与前文的内容，有风马牛不相及之感。尤其是其中的"王母"一词，更是让人不知所云。因此，古来学者大都错误地将其视为，取自六五阴居王位之象，只有民国的尚秉和先生，通过伏卦的思想，将其断为是六二自身之象——下坤的伏卦是乾，乾为君，坤为母，六二是下坤之主，因此有王母之象。

笔者认为，尚先生的判断是正确的，但是取象方法有欠商榷。因为初六、六二两句，句式极为相似，其中必然有着深刻的相似性。既然初六的爻辞，主要取自初六与九四的正应关系，那么六二也应如此。

六五升进至王位，因此为王，六二为其在下的应爻，因此有王母之象。因此"受兹介福，于其王母"一句，实际是在说："受兹介福，于其王母"之位上——在王母之位上，安享其大福。

所谓在王母之位，应当具有两重含义，一是甘居王者之下，二是追随于王者之后。总之是要安于本分，勿要躁进。所以象辞才会说"以中正也"，一方面点明六二得福的外在原因，就是其所在的位置；另方面，则是其得福的内在原因，就是"中正"的处世态度。

至此，六五有不欲六二升进之意，在遮遮掩掩之下，已经跃然纸上，可见其虽升至天位，终究难言阴柔之人骨子里的市井之气。就如同西汉初年一样，刘邦夫妇虽然贵有天下，仍旧抖落不掉一身的地痞村姑习气，终究要到三代以后的汉武帝，才能显出真正的贵族气象。

**六三，众允，悔亡。**

【译文】（得到）众人的信赖与依从，没有忧悔。

**象口．众允之志，上行也．**

【译文】众人的信赖与依从的志愿，是升进。

【解读】"允"本意是信，做动词时可引申为信赖、依从等意思。六三虽在互艮之中，但是远有上九正应，近有九四亲比，所以不受互艮之阻，能够继续升进。由于柔爻的升进是晋卦的主旋律,而初、二两爻又都因为种种原因而受阻,只能恪守贞正。所以六三的状态,代表了阴爻的共同愿望,因此说"众允"。所以象辞说,"众允之志,上行也"。

"悔亡"的"亡"是无的意思,即没有忧悔。这是针对六三进入互卦坎而言的,坎为陷,为忧悔,因此原本应当有悔。但是晋卦中阴爻的升进,是以附丽于"大明"为目的的,所以没有悔。

如下图所示:

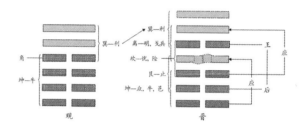

至此可见,通过使观卦的六四进至五位,形成"明出地上"之象所产生的效果:天下——位于下卦的三个阴爻,分别代表的不同状态的臣民/诸侯,都表现出积极向上的态势,原本建立在阳刚基础上,却行将消散的凝聚力,重新出现在卦象之中。

**九四,晋如鼫鼠,贞厉。**

【译文】像鼫鼠一样升进,正固则有危厉。

**象曰:鼫鼠贞厉,位不当也。**

**【译文】**像鼫鼠一样正固而导致危厉，是因为所处的位置不当。

**【解读】**鼫（shí）鼠是一种传说中的动物，蔡邕（yōng）《劝学篇》中说：“鼫鼠五能，不成一伎。”——“能飞不能过屋，能缘不能穷木，能游不能度谷，能穴不能掩身，能走不能先人。”

九四在此处扮演的就是这样的一个，看似全能，实则全不能，又不安于本分的角色。因为，九四是在卦变中下来的一爻，其本分要么是安守四位，要么继续下行，但爻辞却说“晋如”——反而要随着阴爻一并升进，因此有反复不定，不识时务之象。

所以其“贞”非但不吉，而且有“厉”。

比之于人事，则是在君位时，为有国而不能保的无能之君；转而为臣，又是有君不能忠的乱臣。其典型者，远而言之有前燕的慕容家族，近而言之有满清的一干遗老遗少，国破不忍同死，为臣不甘寂寞，为复辟一虚名伪号，全然置忠信道义，祖宗名节于不顾。

如此行为，与这“五能，不成一技”，又上窜下跳不止的鼫鼠又有何异？就其对国家、民族的危害而言，后儒将“鼫鼠”解作偷食硕栗的“硕鼠”，也是大有其道理的。

象辞说“位不当”有偏于静态，未及动态之嫌。

**六五，悔亡，失得勿恤，往吉无不利。**

**【译文】**没有忧悔，得失不用担忧，行动则吉祥，没有任何不利因素。

**象曰: 失得勿恤, 往有庆也。**

【译文】得失不用担忧, 是因为行动将有实际的利益。

【解读】六五阴居阳位, 且有乘刚之嫌, 因此原本应当有悔, 但是在晋卦中, 其升进是促成"明出地上"的前提, 同时根据卦辞可知, 六五正是那个应当奖赏的诸侯, 因此其自身也具备"明"的资质, 因此从外在的角度来看, 不应有忧悔。

"失得勿恤"是过渡性语句, 一方面是在进步, 从内在的角度来说明, 应当没有忧悔, 参见上图:

在原来的观卦中, 六四位于互巽之中, 有得利之象。进入晋卦之后, 巽象消失, 仿佛有失利之象, 但是实际上, 因为上九之上, 尚有隐伏的阳爻, 因此六五仍在巽中, 所以说"勿恤"——不用忧虑。

既得尊位, 又不失利益, 同时又能促成"明出地上"之象, 当然是"往吉无不利"。

所谓"往有庆", 就是对上述诸多益处的概括。

**上九, 晋其角。维用伐邑, 厉, 吉, 无咎。贞吝。**

【译文】(面对)其角的升进, 只有将其用来征伐食邑, 才能转危厉为吉祥, 没有咎害。正固则有吝难。

**象曰: 维用伐邑, 道未光也。**

【译文】只有将其用来征伐食邑, 说明其道尚未广大。

【解读】上九爻辞, 分为"晋其角""维用伐邑, 厉, 吉, 无咎"和"贞吝"三个部分。其中"晋其角"是上九面对的问题, "维用伐邑, 厉, 吉, 无咎"是解决方案, "贞吝"是不按方案执行的结果。

关于"晋其角"的取象, 先儒大多认为就是取自上九的爻位, 上九位于一之首, 因此有角之象。进而认为, "晋其角"就是升进到了角的程度, 意味着进无可进了, 云云。

笔者认为, 这种解读是与卦义不符的:

首先观卦通过卦变, 变为晋卦, 其根本目的就是, 转变阴柔逼迫阳刚退却的态势, 即保持阳刚的存在, 使天下能够"顺而丽乎大明"。如果上九再进, 则会从卦象上消失, 明——离象也就随即消失, 天下何以附丽呢?

其次, 爻辞中存在两种动的方式, 一是"伐邑", 是向下而动; 二是"贞", 是保持不动。说明没有向上动的可能性。

事实上, 这一爻的取象, 是取自阴爻, 六五原在互坤/大坤之中, 坤为牛, 如今六五进至上卦, 而下卦仍为坤, 因此有牛进其角之象。

对上九而言, 原本是不与阴爻发生直接关系的, 正是因为六五的"破例"升进, 才使得上九需要直接面对阴爻, 但却既不是阴爻的全体, 也不是阴爻的主体, 而是跃进而来的六五一爻——坤牛之角, 所以上九面对的问题是, "晋其角"。

"维用伐邑，厉，吉，无咎"是说，只有将其用来"伐邑"，才能转危厉为吉祥，才能无咎。坤为邑，因此伐邑从象上说，就是去征伐下卦的阴爻。而这正与阳刚使六五升进的初衷所在——阻止阴柔的进逼。

从义理上说，由于"邑"是指自己驻守的城市，所以"伐邑"又有反躬自省的意味，即如前面所述，观卦中大厦将倾的危局，从行政上，应当由九五承担责任，因此九五下而使明升；从思想上，则应当由位于宗庙之位的上九，来承担责任。因此，上九才有必要面对阴柔之"角"，才有必要反躬自省，只有这样才能转危为安。

"贞吝"则是说，上九如果不利用六五升进的机会"伐邑"，而是坚守故常不变，则会有吝难。用现代的话说，不能与时俱进，则必被时代抛弃。

象辞说"道未光也"，不是对其"伐邑"的评价，而是在阐释其"伐邑"的原因和必要性。

# 明夷——自晦而明

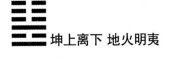

**坤上离下 地火明夷**

明夷与晋卦在许多方面，都具有一定的相似性，首先是卦象内涵鲜明，直观可见；其次是都具有与《周易》常例不同的特殊性。相比之下，明夷的特殊性则更为突出。

《周易》中的各卦，绝大部分都与政治有关，因此卦中通常都可以找到明显的君臣、君民关系，但是在明夷卦中，完全没有上述这些关系，而仅仅是讲述"明夷"这种思想，或者说方法的价值与运用。

《周易》中的各卦，虽然各有所指，但又都可以做较为广泛的延展，因此其卦辞、爻辞的取象，往往抽象而不具体。明夷不同，明夷的取象虽然与其他各卦相似，但实际上却有具体所指。即是以商周交替之际的政治活动为背景，以具体的政治人物为代表，来诠释"明夷"的不同表现形式。

但上述内容尚不是解读明夷的真正障碍，真正的障碍是对"明夷"本身的理解，即"明"是主动的自"夷"，还是被动的被"夷"。对此，虽然历来少于人直言，但是通过阅读就不难发现，先儒们基本上是将"明夷",视为一种被动的过程,即是君子们应对黑暗统治的生存之道。这就导致了两个结果:一是明夷仿佛与遁卦具有极强的相似性;二是降低了阳爻在成卦过程中的作用。更严重的是,由于认定并强化了"黑暗统治",在成卦过程中的主导性,就必须要在卦象中找出与之对应的对象,而自初至五,都明显地不具备"黑暗统治"的特征,所以就只能将这顶帽子,硬扣在上六头上,直接导致了对上六解读的大错,也破坏了成卦背景的完整性——商末有比干、箕子和微子三仁,按照传统的解读,卦象中却只有箕子和微子,独少比干。

所以,笔者认为"明夷"虽然是君子们应对黑暗统治的生存之道,但其行为方式本身,更多的仍是出于君子们的自主选择,即是主动的。换言之,君子们也可以不做这样的选择,即如比干一般以身殉职,所对应的卦象就是上六(详见后)。只有这样解读,才能体现出卦辞和爻辞的完整性。


**明夷 利艰贞。**


【译文】应当艰守正固。

【解读】明夷的卦辞,是其有一个突出的特殊之处。"利艰贞"一句,曾经出现在噬嗑的九四、大畜的九三等爻辞中,但是出现在一卦的卦辞之中,却仅有明夷一卦。

"利艰贞"在此处可以从三个方向来解读:一是应对"黑暗统治"的手段,即象辞所说的"大难";二是身处黑暗之中时的应对方式,即象辞所说的"内难";三是阳刚准备驱逐阴柔时的，一种更为稳妥的思维和行动。

前两种基本上是静态的卦象，所展现的内容，在彖辞中，有更进一步地阐述，因此将在彖辞中，一并进行解读。第三种，是从卦变的角度，来动态地理解"利艰贞"的含义。

关于，明夷的卦变，自古也是众说纷纭，有学者认为是从小过变来，另有学者认为，是从临卦变来，虽然小过说，在某些爻辞的取象上，可能更显明晰，但是却无法阐释更深刻的内涵。临卦说虽然在取象上，略有疑难，但更能体现"明夷"过程中的主动性特征，而且也与卦变的体例相符，因此笔者认为，应当接受临卦说。即如下图：

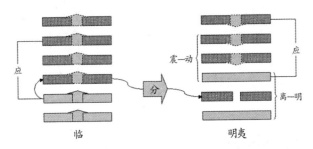

明夷是临卦经由九二和六三的换位，演变而来的。临卦原本是阳长阴消之卦，而且是阳刚已至九二，已经具备了相当的基础，且与六五正应，即对在右位者有所影响。当此之时，本来是可以高歌猛进，直取上位的。但是，这样做的必然后果，或者说必须要面对的问题，就是要与阴柔过早的，直接交锋。

卦变之后，虽然表面看来，阳刚升进的势头受阻，但实际上却是：

- 分化了阴柔的阵营。将原本属于阴柔一体的六三，纳入两阳的包夹之中；

■ 扩大了阳刚的影响范围。在临卦中，与阳刚直接产生关联的，只有六三一爻，即使考虑到正应的关系，阳刚的影响范围，也不过六五；卦变之后，与阳刚直接关联的阴爻，变成了六二、六四两爻，如果考虑正应的关系，则阳刚的影响范围直达上六，涵盖全卦。

所以，由临至明夷的变化，对阳刚来说的，实际上是一个在未提升绝对实力的前提下——仍旧只有两个阳爻，最大限度地扩大影响范围的过程。唯一需要投入的，就是"艰贞"的精神与态度。

比之于商周故事，这个过程就如同文王的韬光养晦，就如同武王在孟津初会诸侯，而不伐而归。文王的韬光养晦，使周边的小部落主动依附于西周，在蚕食殷商的同时，壮大自身力量；武王的会盟，则是更直接地，从殷商的联盟中，分化出更多的组成力量。

但就军事而言，文王之末，武王之初，都未必不可与殷商一战，只是其战必要承担绝大的风险。所以，文王一生隐忍不发，武王虽然已有众多方国追随，仍打马而回。对于一个有一匡天下之志的诸侯来说，其内心之焦灼，其精神之"艰贞"，可想而知。所以卦辞说"利艰贞"，即提醒当临之时，应当更加具有艰贞的精神，主动转而为明夷，隐忍待机。

之所以说，"明夷"具有明显的主动性，是因为在卦变前后，阳刚的运动方向并没有改变，都是向上的。而且趋势也没有受到本质性的影响，九三仍在互震之中，保持着动而向上的态势, 六二虽然分二阳而成离, 但是离为附丽之象, 因此仍旧会附丽于阳刚而动。

而且, 在阴阳关系中, 阳刚又始终处于主导地位, 所以随着阳刚进迫的缓和, 阴柔的运动方式也随之而变, 回复到其自上而下的本性上, 因此卦变过程又展现出, 阳刚以缓进, 换来阴柔的归附(于光明)之象。

**象曰: 明入地中, 明夷。内文明而外柔顺, 以蒙大难, 文王以之。利艰贞, 晦其明也。内难而能正其志, 箕子以之。**

【译文】光明进入地中, 就是明夷的意思。内里充满光明外在表现柔顺, 以此来遭逢大难, 文王曾经如此。有利于在艰难中守持正固, 隐晦其光明, 内部有难却能端正其心志, 箕子曾经如此。

【解读】"明入地中, 明夷"一句, 是直接通过卦象来解释卦名, 卦中上坤为地, 下离为明, 因此有"明入地中"之象。仔细玩味, 则可以体会到其中主动性的一面, 即"明"是入于地中——至少是可以主动地进入, 而不是陷地中——完全被动。卦象中, 二至四成互坎, 坎为陷, 如果要突出其被动性, 则完全可以另寻一词。

"内文明而外柔顺, 以蒙大难, 文王以之"是通过上下卦的卦德, 来阐释明夷的卦义, 也可以视为是"利艰贞"的, 最前表层的含义。下卦——内卦为离, 为文明; 上卦——外卦为坤, 为柔顺。因此有"内文明而外柔顺"之象, 即内心充满了光明, 而外表却表现得柔顺。这是一种处世的态度, 或者说是一种人生的修养，它与所谓的"黑暗统治"的关系是：并非由"黑暗统治"压迫而产生，但却是应对其压迫的最佳手段。所以说"以蒙大难，文王以之"，"以"就是用、凭借的意思，"以蒙大难"就是可以用来应对大难的意思。"文王以之"就是文王遭难被困羑里时，就曾经用过这个办法。

这其中又包含有两个层面的含义，一是"外柔顺"，二是"内文明"。世人多将注意力放在"外柔顺"上，认为正是因为表现出种种的，甚至超越常人的柔顺，才使文王得以脱困，最终成就了灭商大业。诚然，"外柔顺"是重要的，但"外柔顺"的作用仅仅是自保其身而已。如果没有"内文明"作为基础，"外"依然可以"柔顺"，但此"柔顺"已非彼"柔顺"，则为奴颜婢膝矣。

一言而蔽之，"外柔顺"保全文王之身，"内文明"保全文王之神。身存而神散，其还是文王乎？

此一句虽未言"艰贞"，而"内文明"实为"艰贞"之基也。即人之艰贞，并非依托于肌体的健硕，而在于内心的坚强，内心的坚强则来自于"文明"——对道与义的明晰与坚守，即现代所说的信仰。人只有内心充实而光明，才能履道行义，否则安乐时必淫于财货酒色，危难时必望风而逃，逃而不脱时，轻则逆来顺受，重则奴颜婢膝。宋明两代，外虏铁骑蹂躏中原之际，文士多慷慨死国，武将却纷纷倒戈摇尾，便是实证。

"利艰贞，晦其明也。内难而能正其志，箕子以之"一句，是对卦辞"利艰贞"的正式解读。"晦其明"就是晦藏其明的意思，可谓直接明了地说明了，"明夷"过程中的主动性。"内难而能正其志，箕子以之"又是殷商故事，箕子是纣王的"诸父"，即父辈中的一员,是商纣时期,重要的宗室官员。其所遭逢的劫难——"黑暗统治",属于其家族内部问题,因此,叫作"内难"。

"内难"的另一层含义,则是它与"大难"的区别,"大难"由于是外来的,因此可以去破除,去摆脱。"内难"由于是来自于内部的,对箕子来说,是源于血缘关系的,因此不可以去破除,去摆脱,而只能自"正其志"。这正是箕子的选择——装疯为奴,即不像比干那样直谏而死,又不像微子那样,叛逃敌营。虽然不能助纣为虐,也不背叛自己的家族。对于孔子,这样一个远离商周之争,又推崇礼教的人来说,箕子的行为,显然是最具"艰贞"性的。

**象曰: 明入地中, 明夷。君子以莅众用晦而明。**

【译文】明夷卦有光明入于地中之象, 君子观此象, 应当懂得在管理众人时, 隐晦其自己的方式, 来实现光明的结果。

【解读】"明入地中, 明夷"与象辞同辞, 前已有释。

"莅"的本意是视, 但这个视有居高临下而视的意味, 因此也又有管理、治理的意思。因此, "莅介用晦而明"就是说: 要用"晦"的办法, 来治理民众, 才能达到"明"的效果。也就是说, 作为管理者, 应当学会自晦其明, 应当具有自晦其明这种修养, 才能够使天下实现光明。

用现代的话说, 就是水至清则无鱼, 就是管理者应当给被管理者留有空间, 使其能发挥其潜能, 尽可能地调动其主动性和积极性，这样才能使自己所管理的组织充满了光明的氛围。否则，管理者一明独照，其他人则垂首闭目以避其光，虽明又与暗何异？

**初九，明夷于飞，垂其翼。君子于行，三日不食。有攸往，主人有言。**

【译文】明夷这种行为方式表现在飞行上，就是垂下翅膀。君子在出行之前，三天不吃饭。有所行动，会招致主人的诘责。

**象曰：君子于行，义不食也。**

【译文】君子在出行之前，理应不吃饭。

【解读】明夷以商周故事为背景成卦，因此可以断言，下卦离明，是言西周行径无疑。三爻爻辞中都以"明夷"起始，但意义略有差异。初九和九三两个阳爻，是"明夷"这一行为的主动发起者，因此其爻辞重在解说，如何实现"明夷"这种行为，其中的"明夷"一词，应当解读为明夷这种方式/行为。

"明夷于飞，垂其翼"一句的意思是·明夷这种方式/行为表现在飞行上，就是垂下翅膀。先儒对"垂其翼"有诸多解释，但一言蔽之，飞是以鼓动翅膀为基础的，因此"垂其翼"就是不飞，其用法等同于民间的俗语"是龙要盘着，是虎要卧着"。

从象上看，如下图所示：

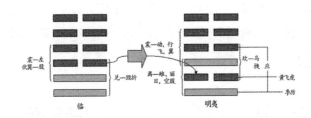

离为雉为鸟，初九正应为六四，六四位于互震之中，震为飞、为翼。因此有雉鸡欲飞之象。而初九却附丽于六四之下，因此有欲飞而"垂其翼"之象。

"君子于行，三日不食"与"明夷于飞，垂其翼"同意，出行之前本应饱餐静养，以储备体能，"三日不食"的结果必然是难以出行，所以是不能出行。

从象上看，互震为动、为行，初九正应于六四，因此有欲动之象。但是初九与六四之间隔着下离，离为大腹，离又中虚，因此是空腹。初至四差三位，因此有三日不食之象。有解易者，将"君子于行，三日不食"解释为，君子既然要离开，于是应当提前三天不食君禄，以示决绝。君子当断则断，当行则行，何须如此虚伪?!

"于飞"说明其目的是"飞"，"垂其翼"是不飞;"于行"说明其目的是"行"，"三日不食"的结果是不能行。其间举目即见的明显矛盾，正是《孙子兵法》中"能而使之不能，用而示之不用，近而示之远，远而示之近。"所要传达的谋略。其中，"于飞""于行"的"于"字，是为了突出初位所代表的初始阶段。

"有攸往，主人有言"阐述的是，与前两句不同的行为方式，以及产生的结果。即"有攸往"——不顾一切地出行了，会招致主人的诘责。

同样仍是以初九的正应六四所在的互震取象，震为主、为言，但是震所代表的言，与兑所代表的言有所不同，震为雷象，因此其言有责难之意。也就是说，如果贸然出行，即使没有大的危害，也至少会受到主人的责难。

以商周故事论，商为主，周为臣，初九为德业未成的潜龙，因此如果此时贸然行动，必会遭到商主的责难。虽说是责难，后果却可能十分严重。

文王的父亲季历，就是因为没有处理好与殷商的关系，而因为权重震主，而被商纣的父亲，文丁杀掉的。因此这一爻，是这位周王，用生命换回来的经验教训。

象辞说"义不食也"是理应不食的意思，其中的"义"字容易让人产生歧义，又或者孔子原本就是认为，君子在离开主人之前，应当提前三天不食君禄，以示决绝，也未可知。


**六二，明夷，夷于左股，用拯马壮，吉。**


【译文】明夷，夷伤了左腿，用来拯救的马十分强壮，吉祥。


**象曰：六二之吉，顺以则也。**


【译文】六二得到的吉祥，是因为顺从于规则。

【解读】参见上图，六二自临卦六三而来，在临卦中，六三位于下兑，互震中，震为左，同时又是巽的伏卦，巽为股，而兑为毁折，因此六三下至六二的过程，有"夷于左股"之象。

"用拯马壮"从象上看，坎为美脊马、为拽拉，离又有附丽之意。因此有被强壮的马匹所拽来拯救的意思。

所以，"夷于左股，用拯马壮"连在一起，就是：虽然伤到左腿，但是却得到了强壮的马匹代步的意思。伤到左腿相对来说是轻伤，轻伤却得到好马，可见利大于弊，因此断语为"吉"。

爻辞单列"明夷"，是在向读者暗示，六二就是那个所"夷"之明，这一点与晋卦的六五，是完全一样的，由此就可以判定，明夷必定是由临卦演变而来的。比之于人事，临卦的六三就是所谓"团结一切可以团结的人"中的，被团结的对象。其之所以可以被团结，就是因为它具有光明的本质，能够从乘刚的位置上下来，转而顺承九三。所以，象辞将"六二之吉"，一针见血地指为"顺以则"——即顺从了天则，也就是弃暗投明的意思。

比之于商周故事，大概就是指那些诸如黄飞虎之流，先后归附了西周，甚至转而倒戈参战的殷商诸侯、高官吧。

**九三，明夷于南狩，得其大首，不可疾贞。**

【译文】明夷这种行为方式在征伐中的表现为，（可以）俘获其元凶，不可伤及贞正。

**象曰：南狩之志，乃大得也。**

【译文】"南狩"的志向，是最大范围的获得。

【**解读**】"冬终火田为狩",在冬天快结束的时候,纵火焚烧田地,同时进行狩猎的行为,叫作狩。其目的就是,推陈出新,以利于第二年的耕种。因此这一爻,对应的应当是武王时代。

"南狩"应当就是象征着周对商的讨伐。这种"谦虚"的用词方式,在中国历史延续了很长时间,曹操在给孙权的信中,还在说他要到江东狩猎云云。

"明夷于南狩"的意思,就是在明夷这种方式/行为,在"南狩"中的表现为……从象上看,九三位于互震、互坎、下离中,震为动,坎为冬、为弓,离为火、为箭矢,前临上坤,坤为地、为田,因此有在冬季出动,焚烧田地进行狩猎的"南狩"之象。

"得其大首,不可疾贞"是强调征伐应当有所节制,"大首"就是元凶的意思,武王牧野一战,击溃商君,迫使纣王自焚于鹿台之后,又杀了恶来等几个首恶之徒,可谓得其"大首"。

对于"不可疾贞"传统的解读方法是,不可操之过急地推广贞正,而应当遵循一个渐进的过程。笔者认为,如此解读虽然可通,但不如将"疾"解为伤害,将"不可疾贞"解读为,不可伤及贞正,与全卦所用的历史背景,来得更加贴切。因为,周初确实出于传统,对殷商遗贵,给予了礼遇,尤其是对卦中提到的箕子,更是礼敬有加。同时周灭商,实质上是一次并不十分光彩的偷袭,所以虽胜尤危,因此需要有一个,类似于后世的"安民告示"一样的,对社会的安全承诺,才能够尽快将局面稳定下来。

"南狩之志,乃大得也"中的"大得",对此作了更加深刻的诠释,即周灭商,所求犹如"南狩"一般,是为生而杀。所谓天地之大德曰生,因此周灭商的志向,是要大得天下。这就解释了为什么"得其大首"即可,而"不可疾贞"。用现代的语言来说,就是要通过政治上的和解,换取民族间的团结。

**六四,入于左腹,获明夷之心,于出门庭。**

【译文】进入左腹,获得了明夷这种行为方式的精髓,在门庭之外。

**象曰: 入于左腹,获心意也。**

【译文】进入左腹,是获得心意的意思。

【解读】明夷上卦三爻,是在阐述如何在"内难"之时明夷。分别对应于微子、箕子、比干,三位商末重臣。

如下图所示:

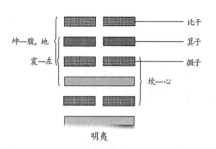

坤为腹,震为左,六四位于互震,入于上坤,因此说"入于左腹"。同时六四又在互坎之中,坎为心,且互坎的主体在下离之中,所以说"获明夷之心"。所谓"明夷之心",就是明夷之理,就是明夷的精髓。之所以说"入于左腹,获明夷之心",是因为在上古的医经中认为，心在左腹。

"于出门庭"就是在离开门庭的地方/时候的意思。总之，六四爻辞是盛赞，其能够了解明夷的真谛精髓，而离开固有的门庭。

六四所指是微子启，据说他是纣王的庶兄，因为屡次劝谏纣王，不被采纳而毅然出走，武王克商之后，又代表殷商肉坦乞降。在三监之乱后，被封在宋，统领殷商遗民。

### 六五，箕子之明夷，利贞。

【译文】箕子的明夷，有利于正固。

### 象曰：箕子之贞，明不可息也。

【译文】箕子的贞正，文明不可熄灭。

【解读】六五明言箕子，是因为六五所体现的爻象，与箕子有相似之处。六五不正而中，顺居天位，箕子装疯为奴，而不弃国，有为国守位之象。

"利贞"是说，应当/有利于贞正。象辞对此作了进一步的解释，"明不可息也"即文明不可以熄灭的意思。

在《史记》中有明确的记载，武王在灭商之后，曾经向箕子请教治国之策，从二人之间的对话内容看，可以得出两个重要的结论：一是西周在文化上，与殷商相比具有显著的差距；二是箕子对殷商文化具有深厚而广泛的了解。而通过武王不向别人请教，而单单向箕子请教，且其中内容很多涉及到祭祀占卜等方面的内容。可以推断，箕子很可能是殷商王族中，具有神职身份和职责的人物。换言之，箕子所掌握的知识，很可能是除他以外，少有人知，因此是商周之间，在文明传承上的关键人物。

箕子后来不愿意在周朝的统治下生活，远走朝鲜，建立了箕子朝鲜，被称为东方君子之国，立国八百多年，直到秦汉之交的时候，才灭亡。

**上六，不明晦，初登于天，后入于地。**

【译文】不懂得自晦其明，最初登上天际，随后堕入地中。

**象曰：初登于天，照四国也。后入于地，失则也。**

【译文】最初登上天际，是光照四方的意思。随后堕入地中，是因为违背了天则。

【解读】上六一爻，通常被理解为黑暗的源泉，是指商纣王本人，理由就是"不明晦"一句，即将其解读为：不明而且晦。已然不明，何晦之有？晦与不晦，又有什么不同？

如果将"不明晦"解为：不明其晦——不懂得自晦其明，则卦辞的意义，就豁然开朗了。此一爻所指的正是，那个拼死劝谏，最后被纣王剖心的比干王叔。

"初登于天，后入于地"两句意味深长。"初登于天"应当是指其名声、名誉，即最初其名望被广为传颂，有"登于天"的意味——上六居于一卦之首的天位。"后入于地"应当是指其自身的命运，即最终身死命绝——上六位于上坤，坤为地。

如果站在西周人的角度，"初登于天，后入于地"两句，一来是客观地评价了比干的人生轨迹，最初直言进谏，堪称朝廷中正义的化身，因此为天下所敬仰——"照四国"；后来却不能像微子、箕子那样自晦其明，既违背了"内难"求正之道，又违背事物的发展规律，也就是与周代商而立的大趋势相背离——"失则"，所以招致了悲惨的结局。二来则带有几乎难以掩饰的戏虐不敬之意。这是因为，比干的忠贞直谏，不惜一死等等，虽然精神可嘉，但是其行为终究是反周护商的，因此周朝人即使对其有所敬重，但也要明敬暗贬一下。

但客观地说，"初登于天，入于地"是对类似于比干这样的，近乎于符号化的忠臣们，所具有的价值和意义的客观评价，即确有精神层面的榜样作用，但是在现实中，缺乏实际意义。因为真正的历史，往往是那些忍辱负重，甚至身背骂名的灰袍人物创造的。即如清末的曾国藩与李鸿章，虽然李鸿章并没能挽救清末的危局，但终究为中国赢得了几十年的适应期、渐变期，如果是曾国藩继续主持朝政，结果一定更加迅速地瓦解，更加惨痛的经历。非文正公（曾国藩谥号）不止无能，实为大势所趋，非个别人物所能阻挡。至于为求一人之名节，而致天下于不顾，则非"不明晦"，而为不知明矣。

# 家人——正家之道

**离下巽上 风火家人**

《易经》的上下经之间，在内容的偏重点上，确是具有较为明显的不同，即前人所说的上经重天道，下经重人事，或者更准确地说，应当是上经重政治，下经重人事。其中"家人"又是下经中，人文伦理色彩最为明显的一卦，本卦从卦名到爻辞，都毫不隐晦地直接阐述如何治理家庭问题。

想来，自殷商到西周，随着生产力的进步，以及国家形态的相对稳定，家庭作为社会的基本组成单位，以及藏于其背后的，更加重要的婚姻关系，也都在发生着重大的转变，而且转变的程度，以及效果又反过来对社会经济、国家政治，发生着深远的影响。

一个著名的例子就是，秦国在商鞅变法之前，一直是一个地处偏僻，文化落后的二流国家，经过商鞅变法之后，国力迅速跃升为群雄之首，其中一个关键的转变，就是对秦人的婚姻关系，家庭结构作出了重大的，强制性的变革。使婚姻关系更加稳定，家庭规模进一步缩小，有效地疏导了因为婚姻与家庭问题，带来的社会矛盾，和对国家的经济与兵力来源的束缚，使秦国的国力得以释放。可见家庭、婚姻关系等，在常人眼中的个人问题，与国家命运的关系，是何等的紧密。

在后世对家人卦的解读中，一个最大的遗憾，就是解易者过分地将注意力集中于夫妻关系之上，即将家人卦简单地理解为，是讲述一对夫妻，应当如何治家的问题。事实上，家人卦所展示的是一个典型的，一家五口，祖孙三代的家庭；其中包含有对各个不同家庭成员，所应当承担的责任的描述。

另一个相对不明显的遗憾是，在对婚姻关系，即男女关系的理解上，过多地沾染有后世礼教的色彩。事实上，在成卦的西周，乃至殷商时代，虽然相关的婚姻之礼已经存在，但可以想见，要远比后世来得简单。同时由于人们刚从原始社会走来，尚没有完全摆脱群婚、对偶婚等，生殖色彩明显的婚姻关系，所以在对男女关系的认识上，与后世，生殖需求显著下降，社会稳定需求显著上升的时代相比，要来得更加质朴和深刻得多。

**家人 利女贞。**

【译文】有利于女性正固。

【解读】任何一个家庭都是由男女双方共同组成的，而且按照后世的观点，甚至包括本卦爻辞中的观点，都是男性在家庭中，占有主导地位的，即所谓夫为妻纲。因此，对于卦辞中单说"利女贞"，后世的解读，尤其是近现代的解易者，大多将其认定为是一种，男尊女卑思想的体现。

其实，大谬。对此北宋的伊川先生程颐的论述最为精道：
"独云'利女贞'者，夫正者，身正也。女正者，家正也。女正则男
正可知矣。"可见，伊川先生已经明确地指出，在婚姻关系，或
家庭中真正的主导者，是女性。

对此，现代的读者似乎较之古人更难以理解，这是因为现
代的婚姻关系的基础，以及目的，较之创易时代，乃至北宋，都
有了根本性的转变。一言以蔽之，时代越久远，生育问题在婚姻
关系中的重要性，就越突出。而在生育问题上，由于生理上的先
天优势，女性必然处于主导性地位，这就决定了，在婚姻以生育
为主要目的和内容的时代，女性必然会在家庭中占有实质性的
主导地位。

如果将这个问题，再向前倒退至猴子时代，就会得到更加
清晰直白的结论。我们以M代表雄猴，以W代表雌猴，如下图所
示：

**W1**

**W2**　　**M1**　　**W4**

**W3**

表象

人们看到的表面现象往往是，一群W围绕着一只M，或者
说一只M，同时占有数只W。但人们却忽视了这一现象的产生过
程：

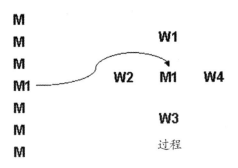

过程

即在M1成为猴王，拥有众多的W之前，曾经发生了一场，为了争夺交配权而进行的M大战，在这场混战的过程中，W群体扮演的是测试者的角色，而M群体扮演的则是被测试者的角色。在被测试者和测试者之间，显然后者拥有更大的主导性——不一定必须是主动权，因为双方共同的目的，都是使自己的基因，能够得到传播。所不同的是在结果上：

结果

对于M一方来说，得到的仅仅是"传播"，但是拥有更多的数量；对于W一方来说，得到的却是阶段性的最好的传播效果。

所以，在这个过程中，雌性占据着实质性的主导权。当然不可回避的是，只要是在父系社会之中，雌性的这种主导权，都只能是实质性的，而不能是表面化的。猴群中如此，进入父系社会的人群中，也是如此。

这就是为什么卦辞中只说"利女贞"的另一层含义：

在父系社会中，无论在行为还是在思想上，男性都必然要比女性，更能够符合社会的规范，因为父系社会的一切规则，原则上都是由男性制定的，也是为了维护男性权益的。相反，女性则需要通过思想和行为上的调整，才能够真正适应父系社会的规则。换言之，"利女贞"的"贞"，是以男性制定的社会规则为参照物的，所以，必须而且只需要强调"利女贞"。否则，按照从猴群那里遗传而来的生育规则，女性就应当有权利，去"挑选"最优秀的M作为其生育伙伴，这将毫无疑问的，会使一个父系社会陷入无休止的混乱。

从这个角度上看，现代文明意义上的婚姻关系，不谛为一份人类为了保证生存权，而签署的生殖契约。

**象曰：家人，女正位乎内，男正位乎外。男女正，天地之大义也。家人有严君焉，父母之谓也。父父子子兄兄弟弟夫夫妇妇，而家道正。正家而天下定矣。**

【译文】家人卦，女性正其位于内，男性正其位于外。男女都正，这是天地的大义。家庭中有严厉的君主，就是指父母。父亲像个父亲样，儿子像个儿子样，兄长像个兄长样，弟弟像个弟弟样，丈夫像个丈夫样，媳妇像个媳妇样，家道就能正了。家道一旦端正了，天下就安定了。

【解读】由于家人卦名，浅显直白无需再解，因此象辞直接以"女正位乎内，男正位乎外"，来阐释卦义。但是对于这一句的解读，却自古以来始终具有很大的局限性，即认为"女正位乎内"是指内卦中的六二，而"男正位乎外"是指外卦中的九五。

虽然，这种解读具有明显的正确性，可以用来阐释家庭稳固的基本条件。即女性也就是妻子应当正其位于内，男性也就是丈夫应当正其位于外，由于夫妻一对"共生"概念，因此可以推知，这两个条件，也是并存的，并没有轻重缓急之分。所谓的"位"，应当是一种分工概念，而"正"则不仅是"贞"，而且还暗含有好的意味，因为卦辞中的"贞"是相对于社会的，而此处的"正"，则是相对与家人、家庭的。

一言以蔽之，"男正位乎外"是必要条件，"女正位乎内"是充分条件，二者共同构成了家庭稳固的充分必要条件。

但是，这种解读也确实存在相当的局限性，如下图所示：

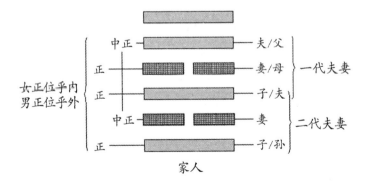

家人

因为六二与九五，都同时具有"中"和"正"两种特性，此处只言"正",而不提"中"岂不是一种"资源浪费"？与此同时，卦中除了上九以外，每一爻都居正，而且每一个阴爻，都处于阳爻的包夹之中，因此自初至五，每一爻都符合"女正位乎内，男正位乎外"的标准。

一旦将"女正位乎内，男正位乎外"的取象，从二五两爻，拓展到自初至五五爻，就会发现，卦象所解释的家庭关系，从夫妻之间，延展到了祖孙三代，五口之家中，不同成员所肩负的不同职责。即初九为孙，六二为妻，九三为夫，六四为母，九五为父。这就与象辞中的"家人有严君焉，父母之谓也"一句，相吻合了。

"男女正，天地之大义也"是《周易》乃至后世中国，惯用的一种论证手段，即将事理与天理相联系，以天理作为事理的，不可辩驳的佐证。

"父父子子兄兄弟弟夫夫妇妇，而家道正"中的叠字，前一个为名词，后一个为动词，"父父"就是父亲像个父亲样的意思，一言以蔽之，就是每个人的行为，都应当符合其所扮演的角色，都应当尽到其职责，也就是要符合相应的规则。

在家庭以外的社会上，有君王、国家、法律来维护规则，来强制人们遵守规则，但是在家庭中，由于亲情的原因，由于女性占有实质性的主导权的原因，所以规则往往更容易被打破，或被忽视。而规则最大的存在价值，就是在矛盾发生时，可以作为一种双方共同认可的标准，来理性地解决矛盾。因此一旦失去了规则，一切矛盾都会因为没有了评判标准，而需要当事双方，通过实力的对决来解决。这是一切矛盾上升为冲突的机理，家庭矛盾也不例外。

所以, 孔子用了一串醒目的叠字, 来强调规则对于家庭的重要性, 即是"家道正"的基础——有规则未必一定能正, 但是没有规则, 必定不正。

"正家而天下定矣"一句是阐释, 家人卦的社会意义, 用现代的话说, 家庭是社会的细胞, 只有每个细胞都正, 天下才能安定。反之, 如果大多数家庭都不稳定, 大多数"家道"都淫邪不正, 那么天下岂能安定?

**象曰: 风自火出, 家人。君子以言有物而行有恒。**

【译文】家人卦有风从火中生出之象, 君子观此象, 应当懂得言之有物, 行为有恒。

【解读】卦中上巽为风, 下离为火, 因此有"风自火出"之象。后世的儒者, 有人不理解此一句的意义, 其实这是一个最基本的物理现象。简言之, 风是气体运动的结果, 而导致气体运动的根本原因, 就是压力的变化。所以不同程度的火, 必然会产生不同程度的风。但是离与巽都有多种的征象, 何以单取风火两象?

原因就在于"君子以言有物而行有恒"一句, 卦辞只言"女"不说男, 象辞则只说男不言女。就是要提醒男性在家庭关系中的主导性, 所谓"风从火处"实际上就是在暗示, 一家之风, 根本上还是由男主人的言行决定的。所以才强调君子应当, "言有物而行有恒"。

**初九,闲有家,悔亡。**

【译文】对家庭(成员)进行约束,没有忧悔。

**象曰: 闲有家, 志未变也。**

【译文】对家庭(成员)进行约束,趁着其心志尚未改变之时。

【解读】"闲"字从字形上看,是在大门上加一根门闩,因此有限制、约束的意思。"有"是没有实际意义的名词词头。"闲有家"就是对家庭(成员)进行约束的意思,由于初九位于一卦之始,因此后人多将此爻解读为,应当在成家之初,就确定下治家的章法。这样就可以保证日后没有忧悔——"悔亡"。

这样理解固然是正确的,但却不够全面,因此初九的卦象中,还包含有更加宽泛的内容。首先如下图所示:

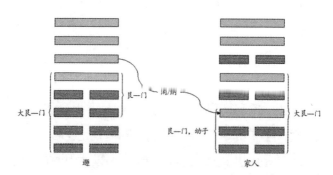

家人是由遁卦经过初六与九四的互换,演变而来的。如上图,卦中有一大一小两组艮象:

以小艮言之，在卦变之前，六二在下艮之中；卦变之后，下艮消失，六二位于，初九与另外两个隐伏的阴爻形成的各卦之上，艮为门，因此初九有纳妇入门之象。

以大艮言之，在卦变之前，六二在下卦连同两个隐伏的阴爻一起组成的大艮之中；卦变之后，初九（遯之九四）进入上述大艮之中，艮为门，因此初九有给门上闩之象。

从这个卦象上说，上述解读是正确的。

但是艮还有幼子之象，初九又处于一卦之初，其有年龄最小、地位最低之象，同时家人卦讲述的家庭中的伦理问题，因此其卦象应当与其所推崇的伦理观念相一致，六二居初九之上，有乘刚之象，而其爻辞中非但只字不提，还以"贞吉"为断。说明，在创易者眼中，六二与初九的关系是正常的。在家庭中，女性可以合理地凌驾于男性之上的关系，只有一种，那就母子关系。既然以六二为一家之主妇，那么初九就应为家中之幼子。

民谚有云：教子婴孩，教妇初来。正与此爻相合。

从象辞"志未变也"一句来看，被"闲"的对象，更应当是未成年的幼童，因为人之初性本善，所以应当趁其天性未泯，及早施教。至于新娶之妇，已经是成年，心志早已成熟，将其迎娶进门，正需要其心志从娘家，转向婆家。


**六二，无攸遂，在中馈，贞吉。**


**【译文】**不能有所专断，专心为尊者提供饮食，正固则能吉祥。

**象曰: 六二之吉, 顺以巽也。**

【译文】六二能够得吉, 是因为柔顺而服从。

【解读】"遂"是专断的意思, "无攸遂"就是凡事不能专断的意思。后人尤其是近现代的学者多认为, 这是无视女性权益的表现。但是换一个角度来看, 也未必没有其一定的道理: 任何矛盾都是由于意见不统一造成的, 而意见的不统一往往又源于独断专行, 在这个问题上, 是不分男女的。但是, 由于女性的思维方式, 先天性的与父系社会的基本规则, 有所冲突。因此一个家庭如果由女性"主事"的话, 那么极容易造成与社会格格不入的后果。况且当时又处于父系社会的发端时期, 父系与母系之间的斗争, 尚处于相当激烈的状态——武王伐纣, 最有力的理由之一, 就是说商纣王让妲己参与朝政。所以要特别强调, 女性不能专断。

"在中馈"是说六二的主要职责, 就是为家人提供饮食, 和为祭祀做好准备。从象上看, 六二在下离互坎中, 离为火, 坎为水, 有生火烧水做饭之象。"中馈"是指为尊者提供饮食的意思, 这里实际上已经暗示了, 卦中尚有父母存在。

"贞吉"就是说, 六二如果能够持守这样的"无攸遂, 在中馈"的贞正, 那么就会得到吉祥。

"顺以巽"的"巽"是卑顺的意思, 因此"顺以巽"就是以卑顺的态度, 来顺的意思。重在强调一种心理状态, 同时也说明了, 六二的地位是"卑微"的。一方面, 这是符合传统中国家庭中, 媳妇的地位的; 另一方面, 也说明六二仅仅是个媳妇, 其上应当还有婆婆,否则其地位不可能如此地"卑微"。

### 九三,家人嗃嗃,悔厉,吉。妇子嘻嘻,终吝。

**【译文】**对家人大声呵斥,(虽)有忧悔和危厉,(但)吉祥。妇人孩子嬉笑散漫,终将有吝难。

### 象曰:家人嗃嗃,未失也。妇子嘻嘻,失家节也。

**【译文】**对家人大声呵斥,未失常理。妇人孩子嬉笑散漫,失去了家庭的操守。

**【解读】**嗃是一个多音字,读"xiào"时是大声号叫的意思,读"hè"时往往用为"嗃嗃",形容严酷的样子。总之,"家人嗃嗃"就是对家人大声呵斥,弄得家人都神情紧张的意思。这种治家之法,"悔厉"是必然的,但断语却是"吉"。象辞对此作出了解释,即"未失也",结合后面一句可知,所谓"未失",就是未"失家节"的意思,"节"是操守的意思,也就是正道的意思。所以,"家人嗃嗃"错误在方法,而非原则。反之,就是用一个有待商榷的方法,坚持了一个重要的原则,所以能得吉。

从象上看,九三位于上下两个离卦之交,又为互坎之主,坎为心忧,离为火,因此有心中焦躁之象,"嗃嗃"正是这种焦躁的外在表现。后人多以九五为丈夫,但笔者认为,与六二相对应的丈夫,不是九五而是九三,原因是:

■ "家人嗃嗃"说明,九三是一个思想端正,但是方法有欠成熟的男性，符合成家未久的丈夫形象；

■ 九三与六二成亲比关系，因此有夫妻之象；

■ 在"家人嗃嗃"之后，紧跟"妇子嘻嘻"一句，如果九三不是丈夫，何来"妇子"之说？

■ 九三夹于六四、六二两个阴爻之间，正有贯穿中国家庭史的"夹板气"之象。

所以，九三就是家人卦中的丈夫。而上下卦则分别代表两代家庭，下卦为夫妻和孩子，组成的下一代，上卦则是父母组成的上一代。

为了找到"妇子嘻嘻，终吝"所对应的象，后世的解易者，可谓颇费周章。其实，这一句根本就没有象，而是对应于前一句的反说。即对"家人嗃嗃"是九三在现有卦象下，正在做的事情。因为有"悔厉"，所以就有可能动摇其决心——因为九三有不成熟、不确定之象，所以创易者点明了反之的结果。

反之就是"妇子嘻嘻"——全家表面上嬉笑散漫，看似其乐融融，其结果却是"终吝"——最终一定会有悔吝。因此，"妇子嘻嘻，终吝"一句，仅仅是一种假设、警戒，因此根本没有实际的象。象辞对"妇子嘻嘻"这种行为，做出最终的评断——"失家节"，即失去了一个家庭的操守。

九三爻辞，概括成一句话，就是"养不教父之过"。


**六四，富家大吉。**


**【译文】**使家庭富足，大吉。

**象曰: 富家大吉, 顺在位也。**

**【译文】**使家庭富足, 大吉, 顺从地担当其位。

**【解读】**六四入巽, 巽为近市三倍利, 所以说"富家"。在后来的中国社会中, 由于儒学的宗教化, 导致许多质朴的概念, 都被贴上了特殊的符号。其中最显著的就是"钱", 大有谈钱非君子之势。

实际上, 财富是每个人都梦寐以求的对象, 对此先圣毫不隐晦, 因此说"富家大吉"。判定六四为婆婆的主要依据在于, 象辞"顺以位"。说明是六四与六二的相似之处是, 都要"顺"; 不同之处是, 六二地位卑微, 而六四则拥有地位, 且控制着家庭的财富。

因此, 六四是婆, 六二为媳无疑。这一爻, 向我们透露了, 商周时期的家庭结构和婆媳基本关系。

**九五, 王假有家, 勿恤, 吉。**

**【译文】**像国王一样, 存在于家中, 不用担忧, 吉祥。

**象曰: 王假有家, 交相爱也。**

**【译文】**像国王一样, 存在于家中, 家人能相互爱护.

**【解读】**"假"是"格"的通假字, 是"到达"的意思。"王"显然是取象于九五的爻位。对这一爻的理解, 需要借助于象辞

"家人有严君焉，父母之谓也"，说明当时的父母，在家庭中的地位，就犹如君王一般。

由此可知，首先"王假有家"就是像国王一样，存在于家中的意思；其次，九五对应的不是丈夫，而是真正的一家之主父亲。家庭原本是讲究亲情的地方，如今却有了一位君王一样的人物，在通常人的思想中，必然是不合理的，所以才要说"勿恤"——不用担忧，因为结果将是吉祥的。

这种解释显然不能让人信服，于是象辞继续补充解释，"王假有家"为什么可以"勿恤"，而且能得吉。孔子给出的理由是"交相爱也"，即家人能相互爱护，这似乎更让人摸不着头脑。

事实上，这一爻反映了一个非常深刻的道理，即家中的长者，在社会价值观念的传承与维护上，起着至关重要的作用。因为长者可以通过权威，以及对财产的控制（六四），抵消媳妇在婚姻中的先天性优势。成为在家庭中，规则的化身，进而是所有的家庭成员，都在规则的制约下，有序地担当着自己的角色，而不发生矛盾冲突。

矛盾被遏制了，剩下的自然就是无法，也无须遏制的亲情，自然也就能够形成"交相爱"的吉祥结局了。

因此，九五与六二的正应关系，所对应的不是相亲相爱的夫妻关系，而是以上治下，以下顺上的公公与媳妇关系，和无法明示于人的金钱与女人的关系。

**上九，有孚威如，终吉。**

【译文】有信诚而威严, 终将吉祥。

**象曰: 威如之吉, 反身之谓也。**

【译文】威严带来的吉祥, 是指要反躬自省。

【解读】"有孚威如, 终吉"与"妇子嘻嘻, 终吝"一句, 句式相近, 用法也完全一样, 即是针对上九卦象的一种反说。

因为上九有"亢龙"之象, 而且发展下去将会"有悔"。而创易者, 总是尽可能地给出正面的解决方案, 于是提出了反向的建议, 即"有孚威如"。

"有孚威如"可以作两个层面的理解, 一是"有孚"才能"威如", 与"君子不重不威"的道理相似, 与象辞中的"男正位乎外"相对应; 二是既要"有孚", 又要"威如", 与九三的"嗃嗃", 九五的"王假"相对应。

总之, 六二"无攸遂"是对主妇作出的要求, 上九则是对九三丈夫, 提出的要求, 由此看来, 创易的先圣, 在男女观念上, 还是颇为平等的。

象辞说"反身之谓也", 就是对九三而言的——要有威严, 而且最终能吉祥, 则必须反躬自省, 是否"有孚", 大象所说的"言有物而行有恒"。

# 睽——转换视角

**兑下离上 火泽睽**

如果说，静态的卦象，展示的是卦的现状。那么，动态的卦变，展示的就是卦的由来。二者相结合，才能更全面地了解卦所要阐释的内容。因此，虽然对卦变的方式，有不同的认识，但是绝大部分学者、解易者，都承认卦变的存在，并将其视为解读卦义，尤其是深层次的阐发卦义的重要工具。

自古以来，对睽（kuí）卦的解读，大多停留在对爻辞取象的把玩上，而对卦义的阐发，则有浅尝则止，未曾深入之感。一个很重要的原因就在于，对其卦变过程缺乏一个准确的判断，至少有四种以上，流传较广的卦变过程，同时存在，即分别认为睽是由中孚、家人、离和大壮卦演变而来。

造成这一现象的原因，有两个方面：一是睽卦本身的卦辞、爻辞相对晦涩，而且由于卦象，存在一定的对称性，又造成取象具有更大的不确定性；二是在通常被后世解易者认作最权威的卦变依据——彖辞中，有"柔进而上行，得中而应乎刚"一句，造成卦变过程，必然包含六五升进而来的内容。相较之下，后者的影响显然更为显著,因此认为"睽"是由中孚或家人卦变来的学者,占据了巨大多数。

这导致的直接后果就是,对卦名"睽"的错误认知,即将"睽"解读为,离散、背离等意。虽然经过象辞、大象的一再阐释,仍旧可以认识到,睽卦真正要表达的内容是,如何解决"睽"的问题,如何化异为同。但终究给对"睽"的理解,尤其是对爻辞的解读,设置了不可逾越的障碍。

笔者认为,睽卦的卦变,并没有突破卦变的体例,是由大壮卦经过上六与九三的互换,演变而来的。其过程如下图所示:

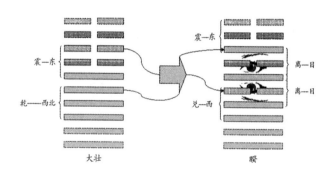

大壮的上六在上震中,九三在下乾中,震为东,乾为西北,因此,上六自上而下,为自东向西运动;九三自下而上,为自西向东运动。二者运动的结果是,各成一离,且上离连震,下离连兑、连乾,兑为西,离为目,因此卦象呈现的是:双目对视之象。睽有张目注视之意。

将睽解读为"双目对视",与所谓离散、背离等意,并不完全冲突。因为怒目相向,必然是有矛盾存在,也就包含有离散、背离等意。不同的是,双目相向在兆示矛盾的同时,也说明了沟通的存在, 也就有解决问题的可能性。如果真的完全离散, 脱离接触, 又岂能有化异为同的可能性?

至于象辞中的"柔进而上行, 得中而应乎刚", 则应当是对卦辞的阐释, 而不应当为一句象辞, 而放弃对卦变过程, 乃至爻辞的客观理解。

**睽 小事吉。**

【译文】轻微的行事, 吉祥。

【解读】"小事"的"小"是修饰动词"事"的副词, 而不是修饰名词"事"的形容词。即"小事"是说: 不可以激愤的心态, 来使事态扩大, 而应当以温和的, 循序渐进的方式, 来逐步化解。这正是在双方怒目相视——出现矛盾的时候, 所应当持有的心态, 和最合理的行为方式。所以说会"吉"。

睽继家人之后, 家人卦讲述的亲和、秩序, 而睽讲述的是, 如何化解矛盾与争执。客观地说, 无论是家人还是路人之间, 矛盾都是不可避免的, 因此如何缓解矛盾, 就是世人必须掌握的一种社会生存技巧。

事实上, 如果进一步深究, 还会看到在"小事吉"三字中, 蕴藏着更为深刻的内涵:

大壮卦所展示的阴阳关系, 本身就是一种矛盾冲突的状态——大壮之时, 阳刚进逼, 阴柔退却, 阴阳是同向而行, 在这种状态下, 最终的结果, 或者说矛盾的消除方式, 只能是一方完胜, 另一方完败, 这是通过灭异而存异, 不是同。

卦变之后，上六主动让出宗庙之位，来至下卦成兑，兑为悦，因此有下二阳随之而悦之象。同时九三上至上九成离，使六五得以一并成为光明的化身，成为下二阳仰慕的对象。从而成功地化解了阳刚升进的危机，使阴阳得以相亲共存，这才是求同存异，化异为同。

但在表面上，阴阳双方，都没有大的动作，只有"小事"——上六下至六三，来悦二阳固然是"小事"；九三上至宗庙之位，与九四升进夺取六五的君主之位相比，又何尝不是"小事"？可见双方都作出了一定的让步，都选择了相对温和的手段行事。

**彖曰：睽，火动而上，泽动而下，二女同居，其志不同行。说而丽乎明，柔进而上行，得中而应乎刚，是以小事吉。天地睽而其事同也。男女睽而其志通也。万物睽而其事类也。睽之时用大矣哉。**

【译文】睽卦中，火发动则上行，泽水发动则下行，两个女性同居一处，但心志却不同。喜悦地附丽于光明，柔和地向上升进，行为始终而与天道相应，所以"小事吉"。天地上下对立，但却有共同的事业，男女相互对立，其心志才能相通，万物之间相对立的，其事业都相类似。睽的意义太重大了。

【解读】在传统的解读方式中，通常是将"睽，火动而上，泽动而下，二女同居，其志不同行"，和"说而丽乎明，柔进而上行，得中而应乎刚，是以小事吉"视为没有或少有联系的两句，来解读。即前一句是专门用来解释卦名"睽"的，后一句是用来解释卦辞"小事吉"的。

但笔者认为，后一句是前一句的转折，因此应当将两句连在一起来解读，加入转折性连词之后，就是：睽，火动而上，泽动而下，二女同居，其志不同行。但是因为，说而丽乎明，柔进而上行，得中而应乎刚，是以小事吉。

意思是说：睽卦表面上看，有火动而向上，泽动而向下，如同二女同居一处，但其心志却是不同行一样。但是因为都愿意附丽于光明，能够温和地处理事务，行为适中而顺应天道，所以才能"小事吉"。

这样解读的最根本原因是，"（离）火动而上，（兑）泽动而下"，与"（兑）说而丽乎明（离）"都是睽卦的卦象所显示的内容，即是睽卦同时具备的两种，存在着较大反差的征象。忽略任何一方，都不能全面地反映睽卦的特征，也就不能阐释睽卦的卦义。

通过将两句连在一起解读，我们就会发现，睽卦所说的离散，是有特定限制的，是一种具有内在联系的，有趋同意向的离散。因此这种离散关系，实际上就是如阴阳一般，既对立又统一，表面对立，实际统一的关系。

"天地睽而其事同也，男女睽而其志通也"就是这种关系的两个具体案例，天地上下对视（立），但却有共同（统一）的事业——生化万物；男女相互对视（立），其心志才能相通（统一）——共同繁育后代。对此，传统的解易者，大多解读为是因异而同，即因为天与地有所不同，才能共同完成生化万物的事业，云云。这种解读看似合理，甚至是富有哲理的，但是却是经不起推敲的。

一言以蔽之，"异"是必要条件，而不是充分条件。男女因为有"异"——是相互离散的，于是就可以心志相通，人与马也有"异"——是相互离散的，难道人与马也能共同繁育后代吗？显然天地之所以能够睽而同，男女之所以能够睽而通，是因为他们之间，原本就有相同和相通之处。反之，缺乏这种内在的相同和相通之处的两个概念，是不可能仅仅因睽而同，而通的。再进一步说，就是"睽"是内在的同为基础的，表现于外在的异。

"万物睽而其事类也"是上述天地、男女两句的拓展，但是必须在前两句的基础上，才能正确理解此一句，否则就会陷入，因为相异而能共同有所成就的错误观念之中。其意思是，万物之间的对立关系，都是建立在其所从事的事业相类似，利益相关联的基础上的。

"睽之时用大矣哉"是象辞中常用的赞语格式，是用来强调睽卦的重要性。


**象曰：上火下泽，睽。君子以同而异。**


【译文】睽卦有火在上泽在下之象，君子观此象，应当懂得在同的范畴里，注意异的存在。

【解读】睽卦上离下兑，离为火，兑为泽，因此有上火下泽之象。

由于先儒多将睽机械地看作离散、差异等，因此在对"同而异"的解读中，也都偏重于"异"，即强调有异才有同，这种看似玄妙深奥的哲理。却不知，此一句直译即可。

"同而异"就是先有同后有异，就是在同的基础上、范畴里异，就是只对有内在的同的联系，有趋同的意向的事物，才注意他们之间的异。这确实是一种"时用大矣哉"的观念和思维方式。举例来说：

人们最常见的歧异现象，就是相互之间的争论，因此任何争论，都应当在某一个共同的评判标准之下，而且是为了某一个共同的目标范畴之内，才是有意义的。否则，不是白马非马的诡辩，就是一时义气的争吵，非但于事无补，而且于礼有害。宋、明两代，皆亡于不谙"睽"之意，不行"同而异"的争吵之中。可见其"时用"确实"大矣哉"。

**初九，悔亡，丧马勿逐自复。见恶人，无咎。**

【译文】没有忧悔，丢失了马不必去追赶，自己会回来。见恶人，没有咎害。

**象曰：见恶人，以辟咎也。**

【译文】见恶人，是为了规避咎害。

【解读】"悔亡"就是"没有忧悔"的意思，将其置于句首，是对全句的概括和定性。后面的内容，则是解释为什么会"悔亡"，以及如何能"悔亡"。

"丧马勿逐自复"意思是说，丢失了马不用着急去追，最终会自己回来。从象上看，如下图所示：

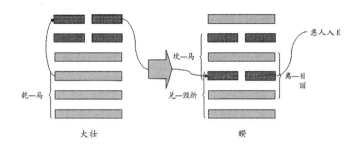

大壮时，初九在下乾之中，乾为马，卦变之后，六三来临，导致乾象消失，因此有"丧马"之象。但同时，三四五成坎，坎为美脊马，且坎的主体三四两爻，又与二组成互离，而附丽于初九，因此有（马将）"自复"之象。

从义理上说，此一句传达的是一种豁达、泰然的处事方法。因为按照常人的行事方法，看到自己的马跑掉了——离为目，离连接初九互坎，说明马虽丧，但仍在目之所及的范围之内，通常是会在后面紧追不舍，这样做固然很可能将马匹追回来，但同时也可能使马匹，因为进一步受惊而狂奔。一旦马匹狂奔，单凭人力是绝无追到的可能的，所以反而激化了矛盾，加速了灾难的来临。

但这尚不足以解释"勿逐"，因为追逐可能导致马受惊奔逃，并不等于说，不追逐就一定自己回来。事实上这其中隐含了一层，未表之意，那就是"睽"的基础——"同"。

马匹之所以能够被主人追回来，并不是因为主人比马跑得更快，而是因为马与人之间，尚有相通之感，因此才能听从主人的召唤而归，否则必然绝尘而去。既然如此，那么即使不追，马也一定会自行回来。

所以"勿逐自复"所要表达的真正意思就是：不用追，（因为）尚有相通之感，（所以）一定会自己回来（否则追也没用）。在象上的体现，就是初九与互坎之间的互离，所具有的附丽、依附的卦德。

对于"见恶人"中的恶人，先儒多将其认定为是六五，笔者认为不然，原因有二：

首先，无论在哪一种卦变过程中，六五都与初九没有直接联系，因此也就不曾直接对初九造成任何损失，何以就成为了"恶人"？

其次，根据"丧马勿逐"的思想，以及初九潜龙勿用的基本性质，此处的"见"，显然是被动地看见，而不是主动去寻见。初六前临互离，离为目，因此初九之"见"，必是源于此"目"，六五在互离之外，因此有向外探寻而得见之象，与被动的概念不符。

真正的"恶人"是指六三。如上图，六三自大壮上六而来，"入目"成离，对初九来说，有被动而见之象。同时，六三的来临，致使初九"丧马"，陷入毁折之中——兑为毁折，因此堪称"恶人"。

由于先儒将本无恶相的六五，断为了恶人，因此也就无法正确地解读"无咎"，更没有办法解释象辞中的"以辟咎"，只能以所谓含弘包容等说法，搪塞了事。

事实上，睽卦初九，与家人上九有极大的相似性，因为它们都是游离于两个紧密联系的离卦之外的一爻，因此在取义上，都有对全卦进行概括总结的作用。"见恶人，无咎"一句，所蕴藏着内涵，正是睽卦的核心所在，所要解决的，正是象辞所说的"睽之时用大矣哉"中，"用"的问题。

因为，如果站在初九的角度上，孤立地看六三时，六三就是一个"恶人"，此时的重点是放在下卦兑上。而"见恶人"首先要有目，有目才能见，因此此时的重点在于互离上，互离是由二四两个阳爻，与六三共同组成的，所以此时问题的范畴，从初九与六三的关系，拓展到了大多数阳爻，与六三的关系。即，是站在大多数阳爻的角度，来看待初九与六三的关系。

一旦初九占到了这个角度上，这个高度上，就会发现，在自己见了——包容了恶人六三之后，面对的并不是灾难，而是光明——离为明，所以"无咎"。反之，如果对六三视而不见，就等于对六三背后，光明的一面也视而不见，那么剩下的就只能是遭受毁折，所以象辞说"见恶人"，是可以"辟咎"的。

由此我们可以看出，对"恶人"的见与不见，实际上就是看问题的角度、思维的方式的转变问题。

"恶人"犹如"睽"中之异，而卦中的互离，则如同隐藏难见的"睽"中之同，异固然使人不快，但是如果不能以一个阳光的心态，去看待异。就不可能通过表面的异，看到背后同，那么就不能化异为同，或者存异求同。所以，人在面对"睽"——矛盾的时候，应当学会转变视角来观察，转换方式来思考，寻找其中相同、相通的一面，来化解矛盾，甚至将矛盾转化为通向光明的途径。

这就正是"睽"的"时用"之所在。

**九二, 遇主于巷, 无咎。**

【译文】在街巷中遇到主人, 没有咎害。

**象曰: 遇主于巷, 未失道也。**

【译文】在街巷中遇到主人, 未失正道。

【解读】睽卦六爻, 多处出现"见""遇"等词汇, 无论"见""遇", 都是以相向而行、对面而立为前提的, 这也从一个侧面, 暗示了"睽"的本意, 不是简单的离散, 而是具有内在联系的, 有趋同意向的离散。

先儒对爻辞中"遇"的解读, 多以正应为卦象基础, 以九二为例, "遇主于巷"就是指九二与六五相遇。其中以互离为巷、为目, "遇"则是"备礼为会, 礼不备则为遇", 即礼数不完备的, 不够正式的会面。

笔者认为, 这是不妥的。因为"遇主于巷"的"于"字, 说明双方的"遇", 是发生在巷子之中的, 而六五在互离之外, 与其说是与九二相遇, 不如说是与之隔巷相望。而且六五虽然忝居尊位, 但毕竟阴柔, 又岂能为阳刚之主?

所以"遇主于巷"是指, 九二与九四相遇, 九四虽然未登尊位, 但已然是诸侯之位, 因此也堪"主"称, 而且在大壮卦中, 又是一卦之主, 是阳刚升进的队列之主。九二与九四的相遇, 是由六三的移动造成。这一点, 在行文的逻辑上, 也能与初九形成关联。

此处的"无咎"与初九的"无咎"一样，都是出于视角转换的结果——六三的来临，同样使九二有丧马、毁折的遭遇，但同时也促成了九二与其主九四的相见。

象辞"未失道"阐释的内容更深一层，对于九二阳刚来说，其"道"就是继续向上升进，而六三的来临，表面上是阻断了阳刚的升进之路，但实际上却在九四与九二之间，形成了一个互离，使九二可以附丽于原来的升进之主九四，而不失其升进之道。

因此，从阴柔的角度来看，"未失道"是一种有所克制的"小事"，对阳刚来说，则是一种能够看到异中之同的包容，也是一种"小事"。

**六三，见舆曳，其牛掣，其人天且劓，无初有终。**

【译文】被大车向上来，内牛向后拽，其人既遭受鲸刑又遭受割鼻之刑，初始乖离终了却合好。

**象曰：见舆曳，位不当也。无初有终，遇刚也。**

【译文】被大车向上来，是因为所处的位置不当。初始乖离终了却合好，是因为遇到了阳刚。

【解读】六三的取象相对复杂，如下图所示：

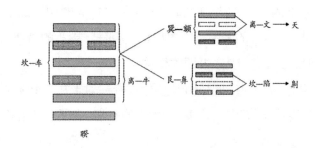

互坎为舆——车，"曳"是拖拉的意思，在象上的体现就是，六三在互坎之中，向上亲比于九四，九四为坎之主，又在上离之中，因此有向上拉拽六三之象。

互离为牛，"掣"是阻止，是向后拉拽之意，在象上的体现就是，六三在互离中，且在下卦中，本身又有自上而下的运动趋势，因此无论"其"是指六三自己，还是九二，都有向下拉拽六三之象。

"天"就是后世所说的鲸刑，即在额头纹字。"劓（yì）"就是割去鼻子。这两种在今人看来，难以接受的肉刑，实际上在古代来说，都是较轻的刑罚。

由右图可见，六三至上四爻，既可以看作是巽卦加入了一个阴爻，又可以看作艮卦加入了一个阳爻。巽加入阴爻而成上离，巽为首，离为文饰，因此有在额头纹字之象，故为"天"。艮加入一个阳爻而成互坎，艮为鼻，坎为陷，因此有鼻子被割之象，故为"劓"。

由于六三九四既相互亲比，又同在互离之中，因此向下拉拽六三，就相当于向下拉拽九四。

所以表面看来，好像是六三因为以阴居阳，"位不当"造成的不良后果, 甚至还受到了"天且劓"的伤害。但实际上却由于六三与九四之间, 存在内在的相通性, 而最终起到了拉紧上下卦的作用。所以爻辞说"无初有终", 而象辞则点明了导致"无初有终"的内在相通性——"遇刚"。

至于"天且劓"的伤害, 也不过是颜面之伤而已。不知道, 仅仅是巧合, 还是创易的先哲, 已经意识到了——阻碍由"睽"而同的主要原因, 往往就是个面子问题。

**九四, 睽孤, 遇元夫, 交孚, 厉, 无咎。**

**【译文】**在对立中孤立无亲, 遇到了有才干的人, 相互有信诚, 有危厉, 没有咎害。

**象曰: 交孚无咎, 志行也。**

**【译文】**相互有信诚没有咎害, 是因为心志得以践行。

**【解读】**"孤"是指九四不与同类(阳爻)相邻, 有孤立无亲之象。

前文已述, 九二所遇之主就是九四, 反之, 此间九四所遇之"元夫", 也只能是九二, 而不能是初九。因为九二有"大人"之象, 所以堪称"元夫", "元"在此是大的意思, 而初九则仅仅是个勿用的潜龙而已。此外, 如果以初九为"元夫", 则无法为"交孚"找到卦象的支持。九四和九二同时与六三亲比, 阴阳亲比交错为"孚", 因此有"遇元夫"而"交孚"之象。

"厉"是指六三下来,对九四造成的客观影响——陷九四于坎险之中,同时又毁折冲断其与初、二两个阳爻的联系。

"无咎"同样仍是转换视角的结果:如果仅仅看到互坎、下兑,则是危厉之象。但如果看到"遇元夫"且与之"交孚",即将六三看作是沟通其与九二的桥梁,那么六三的出现,又有什么咎害呢?

象辞说"志行",就是指九四与初、二两个阳爻联通一气,并保持升进的心志,仍旧得到了践行的意思。

**六五,悔亡,厥宗噬肤,往何咎。**

【译文】没有忧悔,其宗祖(是)去噬咬肥美的带皮肉,前往有什么咎害。

**象曰: 厥宗噬肤,往有庆也。**

【译文】其宗祖(是)去噬咬肥美的带皮肉,说明前往有切实的好处。

【解诗】六五在卦变中未动,但却失去了唯一的同类(大壮的上六,此间的六三),与九四、上九一样,都有"孤"象,且也因为六三的下移,而被动地陷入坎险之中。因此应当有悔,但爻辞却说"悔亡"——没有忧悔,说明其中必然另有缘由。

"厥宗噬肤,往何咎"就是这个缘由,先儒通常将此一句,视为是六五经过卦变升进而来的证据之一,因为按照易例,自下而上、自内而外为往。易例固然不能轻易否定,但爻辞更要详审。

"厥宗噬肤,往何咎"一句中的主语不是六五,而是"厥宗"——六五的宗主/同宗,"厥"是其的意思。上位为宗庙之位,六三是自上位而来,因此六三就是这个"厥宗"。至于"往",是因为上位位于一卦之终,六五又紧随其后,因此只要上六有所动作,相对与六五来说,都只能是"往"。

"悔亡,厥宗噬肤,往何咎"连在一起的意思就是,没有什么需要忧悔的,因为其同宗/宗主是去噬咬肥美的带皮肉的,去又有什么咎害呢?

显然这也是在转换视角——从六五自身的角度,转向阴柔整体的视角。

从象上看,如图:

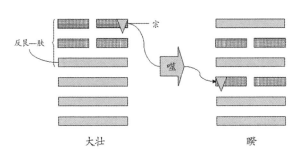

卦变之前,从阳爻的角度来看——自下向上,两个阴爻是在上震(反艮)之中,但如果站在阴爻的角度——自上向下,则是在艮卦之中,艮为肤。卦变之后,上六自上而下,没入九四之下,正有"噬肤"之象。

从义理上说,阴柔让出宗庙之位,让"厥宗"六三深入下卦，则是典型的让虚位化实艰的手法，换得的是将汹汹而来的阳爻，化为与之亲比的伙伴，因此象辞说六三之往，是"往有庆"。

举个现实中的例子，六五很像民主选举制度背后的财阀，表面上让昭然之上位于民，内地里却通过与其利益休戚的政客，得治民之利。

**上九，睽孤，见豕负涂，载鬼一车。先张之弧，后说之弧，匪寇婚媾。往遇雨则吉。**

【译文】在对立中孤立无亲，看见浑身污泥的猪，满载一车的鬼。起先张弓要射，后来又放下弓箭，不是贼寇而是求婚的人。前往遇到雨则会吉祥。

**象曰：遇雨之吉，群疑亡也。**

【译文】遇到雨则会吉祥，是因为疑虑消失了。

【解读】如前所述，通过"见"字可以推断，这里的豕——猪，是六五而不是六三，这也与卦变的过程相符——上九自下而上成离，映入眼帘的第一个事物，就是六五。在由民间跃进而来的上九眼中，这个忝居尊位的六五，不仅是猪，而且还是一头身上沾满了污泥的脏猪。

艮为猪，坎为泥水，自上九望去，六五在自三至上形成的大艮中，而且背后还背负着一个互坎，正是身上涂满污泥的脏猪之象。坎又为多眚舆——多有灾难的车，互坎的卦象，前后都是阴爻，因此又有"载鬼一车"之象。

总之，"见豕负涂，载鬼一车"传达的是上九最初对六五，乃至阴爻的怀疑与厌恶的初始态度。所以才会"先张之弧"，即起先要张弓射之。

"后说之弧"是说随后又放下了弓箭，原因是上九发现，六五"匪寇婚媾"——不是匪寇，而是姻亲。从象上看，就是六五与上九亲比，上承于上九。

"往遇雨则吉"看似是一种条件语句——前往，如果能遇到雨就会吉祥，反之则可能不吉。但如下图所示：

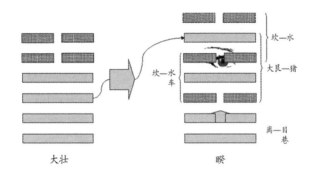

就会发现，无论在九三升进到上九的过程中，还是在升至上位之后，都会遇到雨——坎为雨。也就是说，创易的先哲，实际上是对这个上九，作出一个隐晦的吉的断语。

象辞说"遇雨之吉，群疑亡也"的意思是，因为下雨就会消除此前的重重疑惑。至于疑惑消除的方法，大多数先儒都认为是，因为下雨冲去了猪身上的污泥……这固然可作一解。但由于睽卦的"时用"在于转换视角，因此如果转换一下视角的的话，也可以认为是上九遇雨之后，自己也和六五一样，一身污泥，从而也就加深了对六五的理解，不再怀疑它是一头脏猪了，也未可知。

# 蹇——大禹治水

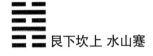 艮下坎上 水山蹇

蹇（jiǎn）卦是又一个自孔子时代以来，即被严重误读的一卦。孔子认为蹇是难的意思，而且认为蹇卦的基本思想，或者说其"时用"，就是如卦象所示"见险而能止"。在这种思想的指导下，卦辞中的"西南""东北"，被参照后天八卦，分别解读为平易和险阻，"利西南，不利东北"，就被解读为：在蹇难当头之时，应当顺求平易，而不要亲犯险阻等等。

殊不知，《易经》虽然注重现实，强调变易，但是其中处处洋溢着唯大道是求，以天下为先的精神，岂能教人有此等市侩之心思，猥琐之行径。

又或者推说，蹇难当头求平易而避险阻，与遁卦的"遁"，存在着某些相似之处。却不知二者存在着本质性的区别，"遁"是以身退求道存，行此遁者是真正的勇者，因为他将要"直面惨淡的人生"，要经受不世知、不成乎名等等的心灵磨难。

因此，仅就其立论就可判定，之后的解读必不着边际矣。造成如此误读的原因，则在于对卦象的误判，孔子以及之后的

解易者，都将蹇卦的卦象看作是"山上有水"。却不知，如果卦象仅为自初至四，说"山上有水"尚可，但如果就全卦而言，则又是水漫青山之象，即是一幅洪水滔滔、浊浪滚滚的大洪水之象。如果再结合卦变过程来看，则如下图所示：

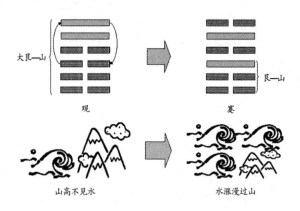

大艮—山　观　　　　　　　艮—山　蹇

山高不见水　　　　　　　水涨漫过山

不仅演示了一个完整的洪水蔓延的过程，而且也展示了禹的父亲鲧，通过筑土围堵的办法治水，最终失败的过程。因此，蹇卦之难，就是当年漫山没野的大洪水，带给人们的艰难。而蹇卦（以及随后的解卦）所记述的内容，就是当年鲧和禹父子相继治水，并最终因为战胜洪水，而得到人们的敬仰的故事。其所反映的精神，就是人们面临蹇难，前仆后继的精神。至于"时用"，则是对大禹的歌颂，是为夏王朝的建立，提供理论基础。

以此为基础，卦辞以及爻辞中，原本恍如天书的内容，旋即变得宛如白话了。

**蹇　利西南，不利东北。利见大人，贞吉。**

【译文】有利于西南，不利于东北。有利于大人出现，坚持正固则能吉祥。

【解读】"利西南，不利东北"一句，自古以来就是让解易者，百思不得其解的一句，诸般象数手段用尽，仍未见有令人满意的解释。这主要是因为，受到孔子的影响，认为"蹇"的主旨就是"见险而能止"，而卦辞中的三个"利"字背后，又隐含有动的意味。所以只能将"西南"解为"坤"之方，"东北"解为"艮"之方（按后天八卦方位），然后在说坤有柔顺平易之德，艮有艰难险阻之象云云。

如果将蹇卦看作是夏朝的创立者们，对那场轰轰烈烈的治水工程的记述，那么"利西南，不利东北"一句的内涵，就十分清晰直白了。如下图：

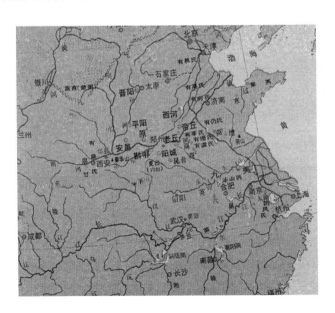

　　在夏朝建立前后，其实际控制的范围，主要是川陕以东，华北平原以南，以这片区域为背景，显然是西南高，东北低，因此在洪水泛滥其间，就"全国"来说，显然是"利西南，不利东北"的。因此这一句，实际是对当时水势国情的概括。

　　"利见大人"则是在为夏朝的实际创始人大禹，歌功颂德。即在这种蹇难当头的时候，适合有"大人"出现，来解天下于倒悬，救黎民于水火。此处虽然没有点大禹之名，但由于其功绩妇孺皆知，所以，此时不说胜有说。

　　"贞吉"传达的内容比较复杂，既有对"大人"的肯定与赞扬——因为"大人"具备贞的特性，因此能够带来吉祥；又有对"大人"的仰慕者、追随者们的警戒——只有保持自己之贞，才能得到吉祥。


　　**象曰：蹇，难也，险在前也。见险而能止，知矣哉。蹇利西南，往得中也。不利东北，其道穷也。利见大人，往有功也。当位贞吉，以正邦也。蹇之时用大矣哉。**


　　【译文】蹇是难的意思，是艰险就在眼前的意思。见到艰险而能停止，也可谓智慧了。蹇之时有利于向西南去，前往则会得到中道。不利于去东北，其道已经穷尽。有利于大人的出现，是因为前往会有功绩。正当其位而能保持正固吉祥，可以端正邦国。蹇卦所反映的时代价值实在是太大了。

　　【解读】前文已述，古来对蹇卦的误读，即自此象辞始。当然这仅仅是笔者的一家之言，因此虽不同意其中的观点，仍将其内容简明解读于下,以供读者参详。

"蹇,难也,险在前也。"是在解释卦名,由于蹇卦有坎在上,在卦象中上为外为前,所以说"险在前"。

"见险而能止,知矣哉。"是在解释蹇卦的主旨思想,蹇卦上坎为险,卜艮为止,中间又有互离存在,因此有"见险而能止"之象。"知"通智,"知矣哉"就是非常聪明啊的意思,是对"见险而能止"的肯定。

"蹇利西南,往得中也。不利东北,其道穷也。"是以蹇卦是由小过,经由九四与六五的互换演变而来的,为基础,对卦辞中"利西南,不利东北"一句的解释。(这一卦变过程是错误的,准确地说是本末倒置的,详见小过卦的相关解读)如下图所示:

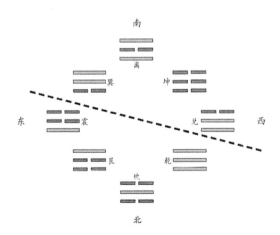

在后天八卦中,西南方的四卦,是以坤为主的四个阴卦,坤即在西南方位;东北方的四卦,是以乾为主的的四个阳卦,正对东北方的是艮卦。

"蹇利西南，往得中也"是说，九五往而得西南方的坤卦之中，而形成为坎。"不利东北，其道穷也"是指九三停在下艮之终，有"道穷"之象。

此处就会发现：一"利西南，不利东北"的取象方式，一动一静并不相同；二虽然勉强为"西南"找到了象的依据，但是并不足以说明"利"——九五自投坎险之中，何利之有。先儒对此的解释是，与九五成为大人获得尊位相比，入于坎险的不利因素，可以忽略不计。

"利见大人，往有功也。当位贞吉，以正邦也。"仍是针对九五而言的，即其升进至五位，成为了"大人"，因此说"有功"。"当位贞吉，以正邦也"是指九五入坤，居中得正。

客观地说，象辞中取象，也堪称准确。只是其传达的思想，与《周易》的主旨明合暗离，而且在这种思想的指导下，也难以对后续的爻辞，进行恰当地解读而已。

**象曰：山上有水，蹇。君子以反身修德。**

【译文】蹇卦有山上有水之象，君子观此象应当学习通过反省自身，来修养自己的品德。

【解读】从"反身修德"一句来看，似乎孔子在大象中，将关注的焦点，转移到了山上之水上。因为水在山上，有被困禁而不得流淌之象，即如人受环境时局所困，难以施展一样。在儒家的观念中，此时应当反躬自省，即如孟子所说"行有不得者，皆反求诸己"。用现代的话说，就是遇到问题，应当多从自身寻找原因,这样才有利于日后能够突破阻碍,成就事业。看来,即使在孔子心中,当蹇之时,也绝非完全地静止不动。

**初六,往蹇来誉。**

【译文】赶赴蹇难将会得到赞誉。

**象曰: 往蹇来誉, 宜待也。**

【译文】"往蹇来誉"的意思是,应当等待时机。

【解读】蹇卦最大的一个与众不同之处,就是六爻中有四爻是以"往蹇来"起始,可谓"往来"满篇。因此对"往来"的理解,就必然成为解读爻辞的关键所在。

由于坚持从运动的角度来看"往来",因此在这个问题上,先儒们可谓煞费苦心。因为按照易例,自下而上叫往,自上而下叫来,但是同一爻如何能够同时既往又来呢? 显然至少其中之一应当是假设。另一方面,往和来是明显的两个意义相反,但又必须相互对等的概念,即"往"与"来"的方式,应当一致,或者大体相当,才能成为一对真正相关的"往来"。

在这两个限制条件面前,先儒们所作出的努力,都难掩捉襟见肘之象。

比如初六虽然可"往",但是"来"无可来,因此只能将"来"解释为不动。"往蹇来誉"就被解释为,往则有/遇蹇,不动则会得到赞誉——因为有见几知时之美。不知此美,是否更有藏头缩首,置天下于不顾之嫌?!又不知,倘若人人有此美,一旦不见大人出现,天下尚能美否?!

笔者认为,蹇卦中的"往来",重在表意,而非描述卦爻的运动。即"往"是"前往、趋附"的意思,"往蹇"就是"迎击、面对蹇难"的意思;"来"是"招来、招致"的意思。简单地说,"往"是行动,是付出;"来"是结果,是回报。

"往蹇来誉"就是去面对蹇难,去承担治理洪水的责任,会得到赞誉的意思。在象上的支持就是,初六前临互坎,又在艮中,艮为手、为止、为土,有动手用土止水之象。

由于象辞的内容,与象辞等连为一气,与笔者的观念相去甚远,因此只作收录,不作解读。

**六二,王臣蹇蹇,匪躬之故。**

【译文】君王和臣民面临重重的蹇难,不是因为自身的原因。

**象曰:王臣蹇蹇,终无尤也。**

【译文】君臣双双入险,终将没有忧悔。

【解读】在传统的解读中,六二通常被认为是九五君王之臣,而"蹇蹇"则是他尽臣子之道,努力协助九五出离蹇难,但由于自身是阴柔之才,心有余而力不足,结果与九五双双陷于坎险之中。总之效果不佳,精神可嘉,因此说"匪躬之故"——不是因为自己的原因。但随即就出现了一个悖论,即如其所言,虽然君臣双双入险，不是六二之故，但不能解君王出险，反而又陷自己入险，则完全是六二自己的责任。又岂能说"匪躬之故"？

事实上，这句话的意思是说，君王和臣民（"二"兼有臣和民的双重身份），面临重重的蹇难，不是因为自身的原因。洪水滔天乃是天灾，不能视为人祸。

应当说，这是一种外交辞令，因为当时是打破公推制，创建世袭制之始，对夏朝的创建者来说，公推制相去不远，所谓圣贤的君王们的影响尚在，此时要剥夺各部落公推首领的权力，只能让人们相信，未来的制度——世袭制会更好，而不能否定以前的制度——公推制，及其产生的领导者更糟，否则就难免会激起反弹。

所以要将困扰尧、舜两大贤王的洪水问题，首先明确为是天灾，而非人祸。

**九三，往蹇来反。**

【译文】赶赴蹇难，却得到（与赞誉）相反的结果。

**象曰：往蹇来反，内喜之也。**

【译文】前往有艰难，就返归回来，是因为受到内部的喜欢。

【解读】这一爻应当是指禹的父亲鲧。鲧姬姓，相传是黄帝之孙，五帝之一的颛顼的儿子。在尧帝晚期奉命治水，后来因为治水不利，被舜帝所杀。因此说"来反"，即得到了相反的结果。

同时"反"又有背叛之意，因此此处的"来反"，可能还包含有作为其后人的夏代统治者，对舜帝的不满。事实上，近来越来越多的学者开始接受，舜帝并非如传说一样贤明，相反，倒是一个权术大家。试想，在其继位之初，如果鲧治水成功，以其显赫的身世——相传鲧是黄帝的孙子，必然对舜的帝位造成严重的挑战。这一点，在民间传说，和卦象上都有所体现。

传说鲧以封堵的办法治水，为了实现此目的，他竟然不顾个人安危，进入天宫盗取天帝的宝物"息壤"——一种能够自行生长的土壤，来辅助治水。结果就在治水即将成功之时，被天帝发现。不仅被收回了"息壤"，而且还因此而被处死，行刑的刽子手就是火神祝融。

从象上看，如下图所示：

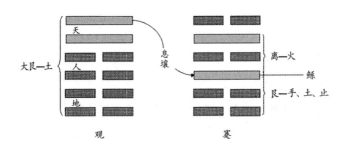

蹇是自观卦，经由上九与六三的换位，演变而来的，因此九三来自天位。下至九三之后，又形成下卦艮，艮为山、为土、为止，因此有自天取土，之后堆土止水之象。

**六四，往蹇来连。**

【译文】赶赴蹇难,得到他人的接连追随。

**象曰: 往蹇来连, 当位实也。**

【译文】"往蹇来连"是因为,正当实位。

【解读】从卦象看,如下图所示:

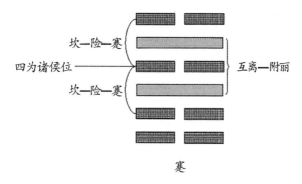

坎—险—蹇

四为诸侯位

坎—险—蹇

互离—附丽

蹇

六四是互离之主,起着连接上下两卦的作用。

因此六四应当是指,在鲧之后,与大禹一道治水的其他诸侯,其中主要的有商族的始祖契、周族的始祖弃、东夷族的首领伯益和皋陶(gāo yáo)等人。可以肯定的是,鲧也绝不能是一个人在治水,因此这些人,很有可能在当初,就曾经协助鲧一同治水。如今又继续协助,鲧的儿子禹,所以说"连"。

当然也可以作另外一种,将焦点锁定于"蹇"上的解读,即前一个坎——"蹇"刚"往",随后又来一个坎——"蹇"。这种解读在卦象上也可找到依据,而且与下一爻结合得更加紧密。只是破坏了"往蹇来"的基本结构。但在道理上也说得通:正是因为蹇难未除,所以才需要前仆后继的"往蹇",因此综合理解上述两种解读，可以更加清晰地理解卦义。

需要指出的是三、四两爻，如果按照传统的解读方式，无论如何也不能将爻辞和象辞统一起来，因为这两爻，不仅往会入蹇、遇蹇，而且无论是"反"还是"连"的，也都是蹇。即往来没有什么区别。

**九五，大蹇，朋来。**

【译文】遭逢大的蹇难，（期望）朋友前来。

**象曰：大蹇朋来，以中节也。**

【译文】"大蹇朋来"，是因为其持中守节的原因。

【解读】"大蹇"就是大的蹇难，就是大洪水。此间加一个"大"字，实际上是暗含责难之意的。如果，舜不因为一己之私，而杀死鲧，可能洪水会更早治理好，也未可知。

"朋"通常被认作是其正应六二，但既然已经认定，六二是才具不足之人，那么来与不来又有什么区别呢？况且此时的情易，又从蹇，发展到了"大蹇"？

因此，所谓"朋来"是指上六之来。当蹇之时，作为天下之主的九五，理当首当其冲，担负起破蹇治水的职责。但却只能寄希望于"朋来"，可见其无能之色。

由此可知，这一爻实际上又是在通过，用事实说明九五的无能，来衬托大禹的功绩的伟大，以及为鲧鸣冤叫屈——尧无治水之能,而派鲧前往。舜以治水不力为名杀了鲧,自己却也没有治水之能,结果只能再派,刚被杀死的鲧的儿子禹前去。

**上六,往蹇来硕,吉,利见大人。**

【译文】赶赴蹇难迎来了丰硕的成果,吉祥,有利于大人的显现。

**象曰: 往蹇来硕, 志在内也。利见大人, 以从贵也。**

【译文】"往蹇来硕"是因为其志向在内部。"利见大人",是说他追随贵人。

【解读】上六是指大禹本人,由于大禹终于治水成功,因此说"往蹇来硕"。"硕"是果实,是"大"的意思。"来硕"就是"取得了巨大的成功"的意思。

卦辞说"利见大人",此处又说"利见大人",可见上六就是卦辞所预言的那个"大人"。否则,如果坚持以九五为大人,那么此处的"见"就只能解作看见,而不是出现,与卦辞相冲突。

至于为什么,上六以阴爻称"大人",这是出于政治的需要,因为大禹治水成功之时,舜帝依然在位,虽然大禹早已是众望所归,但仍需要舜帝正式的禅让,才能合理合法地继承天下。但从其凌驾于九五阳刚之上,而能得"吉"这一点来看,就可知他才是真正的"大人"。

# 解——禹舜之交

 坎下震上 雷水解

卦名"解"读音为"xiè",是舒缓、松解的意思。解与蹇互为覆卦,彼此之间存在着内在的紧密联系。在传统的解读中,蹇被认为是蹇难,而解就是出离蹇难的意思。这种观点,原则上是正确的,但同样没有切入卦义的核心层面。

笔者认为,解卦与蹇卦一样,是以大禹治水,以及之后夏王朝的建立,公推制的废止,世袭制的确立,原始氏族社会向奴隶制社会的演变等等,一系列重大历史事件为背景的。所不同的是,蹇卦侧重于治水,而且很可能成卦时间较早,因此注重事实的陈述,并且保留有对以尧舜为代表的传统势力的敬畏。解卦侧重了之后的社会变迁,而且成卦时间相对较晚,因此注重道理的阐释,而且流露出对已经渐去渐远的传统势力的蔑视。

从卦象上看,如下图:

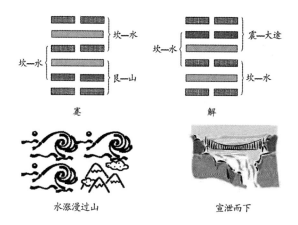

蹇是坎上艮下，有堆土阻水之象，这正是当年大禹的父亲，鲧治水失败的方法。解卦则是上震下坎，有洪水沿大途而下之象——震为大途，这正是大禹治水成功的疏导之法。

所以，蹇卦对应的是洪水带来的灾难，和治水的艰难。而解卦对应的则是，治水成功之后，随之而来的社会变迁。

解卦下卦三爻的爻辞，相对清晰直白。上卦三爻，则晦涩难懂，尤其是四、五两爻，更是含混不清，也正反映出，当时紧张、微妙甚至诡异的政治斗争形势。因此只有站在当时的背景下，才能拨开迷雾，看到卦义的真谛，并从中进一步推演出，可以为后人借鉴的道理。否则不仅有可能曲解卦义，甚至还会推演出误导后人的观念来。

但是因为在此卦的解读上，笔者的观点，与前人的观点，有较大的出入，因此也将尽可能地同时简述前人的解读，以资读者参详。

**解 利西南。无所往，其来复吉。有攸往，夙吉。**

【译文】有利于前往西南。如果不前往，那么只要安心静处，就会重新得到吉祥。如果要前往，则遵守法度就会吉祥。

【解读】"利西南"与蹇卦中的取义一样，即是根据当时西南高东北低的地理认知，给出的行动建议。虽然洪水开始退去，洪灾得到缓解，但总的来说，还是对西南地区更为有利，因此建议人们往西南而行。随后则是对"无所往"，和"有攸往"两种选择，如何得吉的建议。

如下图所示：

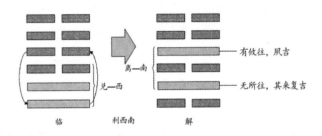

临　　　　利西南　　　　解

"无所往"是指不作出前往的行为，这可能有两种情况，一是此时已在西南，二是此时不在西南，但也不愿前往。从卦象看，对应的九二　解卦由临卦经由初九与六四的换位，演变而来，其间九二"无所往"，最初在下兑之中，兑为西，卦变后又进入互离之中，离为南。因此始终在西南一带。

"其来复吉"则说明，只要安心静处，就会重新得到吉祥。这是因为九二在下坎之中，有陷于水中之象，但洪水在泛滥成灾的同时，也会给土地带来大量的新鲜养分，对于从事农耕生产的人来说, 只要能坚持到洪水退去, 确实可以得到 "来复" 之吉。

"有攸往" 是指响应号召, 有所前往的行为。在卦象上, 对应的是上行的九四。"夙吉" 中的 "夙" 是肃敬的意思, 即如在《诗经·大雅·生民》中 "载震载夙" 的用法。在这里可以进一步引申为, 对秩序、方法的关注与遵守。

从卦辞的表面上来理解, 似乎是在讲述洪灾过后, 人民生产生活的安置问题。但有一个重要的细节需要注意, 那就是在蹇卦中, 是九五当君位, 而在蹇难已解的时候, 当君位者却由阳变阴, 变成了六五。说明, 经过一场浩劫, 君王在人们心目中的地位, 未升反降了。原因只能有两个: 要么是君王在度过浩劫的过程中, 没有起到其应有的作用; 要么就是天下人忘恩负义。虽然后者, 在二战之后的欧美政坛得到印证, 但究其根本, 反映的却是人们对战争记忆的厌倦, 和对个人财物损失的不满, 因此在物质生活, 尚不发达的创易时代, 造成这一转变的原因, 应当主要还是前者——大禹在治水后, 得到天下人的爱戴, 就是最有力的反证。

在传统的解读中:

认为 "利西南" 就是有利于平易处事的意思——以西南为坤方, 坤为平易, 为柔顺。进而 "无所往" 和 "有攸往", 分别指无所作为, 和有所作为。至于是否有所作为, 既是主观的选择, 又是对外在影响的反映。因此更准确说是, 无有所作为的必要, 还是有有所作为的必要, 无则 "无所往", 有则 "有攸往"。总之, 一切因客观需求而定, 绝不主观造次。

"其来复吉" 是指让天下得到休养生息, 或者是指着手恢复过往的仁政等等。"夙吉"的"夙"取其本义早,"夙吉"就是"及早进行则能得吉"的意思。

如果仅仅将"解"认定为是灾难、浩劫的缓解,而且将卦辞和爻辞分别看待的话,上述解读,是可以接受的。而且"夙吉"的观念,还是非常有指导意义的——国家动荡,民心思定的时候,推行新政的最容易被接受。因为此时新政带来的结果,必然是由乱向治,恢复安定;而一旦国家稳定,虽然民心亦可能思变,但是新政往往难以推行,因为此时新政带来的(直接)结果,必然是对现有秩序的颠覆,是混乱。

但是如果将爻辞考虑在内之后,上述解读,就会出现与爻辞相矛盾的现象。(详见后)

**彖曰:解,险以动,动而免乎险,解。解利西南,往得众也。其来复吉,乃得中也。有攸往夙吉,往有功也。天地解而雷雨作,雷雨作而百果草木皆甲坼。解之时大矣哉。**

【译文】疏解,凭险而动,动进而脱离险境,这就是疏解的意思。解卦说有利于向西南,是因为前往会得到民众。"其来复吉",是因为来复可以得中道。"有攸往夙吉"是因为前往会有功绩。天地疏解而导致雷雨兴作,雷雨兴作又会带来各种草木破土而出。解卦所对应的时势太重要了。

【解读】"解,险以动,动而免乎险,解"是在通过上下卦的卦德,来解释卦名"解"的内涵。从"险以动,动而免乎险"这句话不难看出,在孔子眼中,"解"的主要内涵,是如何从艰险中脱离出来。换言之，就是如何脱险，而不是脱险之后，应当如何行动。

"解利西南，往得众也。其来复吉，乃得中也。有攸往夙吉，往有功也。"是在解释卦辞，其中最关键的就是"得中"二字，因为在卦中，堪称"得中"的只有九二和六五两爻，而如果是专指六五，通常会指明是"柔"如何如何，即文中应有"柔"字。所以，此间的"得中"只能是指九二。

这就在决定了解卦只能由小过变来（小过九三与六二互换）的同时，也造成了一个难以解答的问题——"往得众"和"往有功"这两个动作，是否都是九二完成的？

如果是，那么九二自三至二，明明是来，何以称往？如果不是，那么就只能是由九四完成的，但在小过到解的变化中，九四是静止不动的。

为此，有学者给出，解是以小过为中间环节，由临卦经过多次变化，演变而来的解释。是否果然如此，只能有待读者自己参详了，但笔者将在小过卦中证明，至少小过卦不是由临卦演变而来的。

"天地解而雷雨作，雷雨作而百果草木皆甲坼"是象辞中惯用的，用天理作论据的手法。但是"天地解"中的"解"，与"解，险以动，动而免乎险，解"中的"解"，意义明显不同。因为"天地解而雷雨作"一句可知，所谓"天地解"是天地的运行，从寒冬的艰难中解脱出来，进入雷雨发动的初春季节，此间有"难"没有"险"。而且重在其后的作为"雷雨作"，而非天地如何脱险。更何况阴阳交错，寒暑更迭本身就是自然规律，又何险之有? 所以, "天地解而雷雨作", 在逻辑上, 不能作为 "解, 险以动, 动而免乎险, 解" 的依据。

综合上述可见, 如果脱离解卦特殊的, 有所指的历史/事件背景, 就难以真正准确地诠释 "解" 的意义。

但是 "解之时大矣哉" 一句, 倒是十分正确, 因为在这样的一个社会巨变过程, 本身意义必然重大无疑。而从中得出的经验教训, 自然也对后人有非凡的意义。

**象曰: 雷雨作, 解。君子以赦过宥罪。**

【译文】解卦有雷雨兴作之象, 君子观此象应当学习赦免过错, 宽宥罪责。

【解读】"赦过宥罪" 就是赦免过错, 宽宥罪责的意思。由此看来, 孔子仍旧是将 "雷雨作", 看作是一种天地之间的舒缓、松解。而 "赦过宥罪", 也是在社会刚刚走出浩劫之际, 应当采取的一种正确的统御方式。

**初六, 无咎。**

【译文】没有咎害。

**象曰: 刚柔之际, 义无咎也。**

【译文】身处刚柔变换之际, 理应没有咎害。

**【解读】**如下图所示：

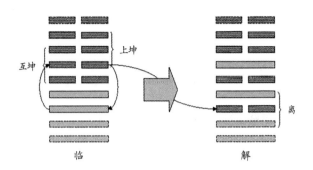

在卦变的过程中，初六自临卦的六四下至解卦的初位，四为诸侯之位，临是阳刚升进之时。因此初六有在患难初解，阳刚升进之时，主动让出高位之象。

同时在临卦中，六四位于互坤、上坤之中，进入解卦之后，虽然表面看是位于"卑微"的初位，实际上却与隐伏的阳爻，共同组成离卦，又前临互离，坤为昏暗，离为光明，因此又有出暗入明之象。

综合上述两点可见，初六是一个在激变的时代里，具有自知之明，懂得弃暗投明，安于平淡无奇的人。因此虽然位居一卦之最下，但却至少可以"无咎"。

在传统的解读中，因为否认解卦是由临卦直接演变而来的，因此上述诸象皆不得见。于是只能就初六自身的特征，来就爻论爻。即认为初六虽然阴居阳位，但是因为承阳有应，所以可以无咎。取其安静在下，不生事端之意。

然而，初六位于坎险之中，即使自己不生事，也自然为事所缠，岂能如此轻易地无咎？所以笔者认为，这样的解读仅仅勉强可通而已，但却缺乏深意。

象辞说"刚柔之际，义无咎也"，意思是说，初六位于刚柔交际之处，因此应当无咎。由此看来，孔子大体上，也是从初六爻位的特征入手，来解释"无咎"的。

**九二，田获三狐，得黄矢，贞吉。**

【译文】进行田猎收获了三只狐狸，而且得到了黄铜箭头，坚持正固，吉祥。

**象曰：九二贞吉，得中道也。**

【译文】九二坚持正固而吉祥，是因为其行为得中道的原因。

【解读】"田"是"田猎"的意思，因此似乎有九二当动之意。但是断语"贞吉"，明确说明九二之吉，不是因为动，而是因为"贞"——不动。所以，九二应当就是卦辞中的"无所往"，而其"吉"，则是由"其来复"造成的。

根据爻辞可知，九二之所以称吉，是因为它"田获三狐"，而且"得黄矢"，所以可以推定"三狐"和"黄矢"中，必有其在卦变之前不能得的内容。如下图可见：

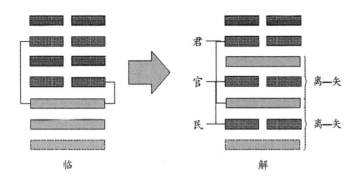

临　　　　　　　　解

　　在临卦中,九二只与六三、六五两个阴爻有关联,而卦中更为弓矢之象。进入解卦之后,由于初六的"来复",造成九二不仅得到了第三只"狐",而且位于一显一隐两个离卦之中,离为箭矢,因此有"得黄矢"之象。

　　换言之,卦象显示的九二正处于,为小民(初六)所附,为官吏(六三)所信,为君王(六五)所依的有利地位,都是由于其能够恪守贞正,即在患难初解,人心欲动之时,能够艰贞不动的结果。

　　比之于人事,九二是位于民间的意见领袖,是社会基本价值观念的载体,因此虽然无官无位,但在社会激变之时,却起着中流砥柱的作用,九二贞则未来之社会贞,九二动则未来之社会摇。

　　所以动人者,不过名利而已,因此先圣以"田获三狐——利,得黄矢——名,贞吉",来劝诫九二,当解之时不可/必轻举妄动。

　　如果结合大禹治水前后的社会历史背景,这个九二应当是指那些,曾经追随大禹一道治水有功的部落领袖。以这些人为对象，爻辞就在劝诫的同时，又多出一层政治许愿的意味。

象辞"得中道也"，就是处事得当的意思，在这里可取。

在传统的解读中，九二的"田获三狐"被解读为，除去三个小人。"得黄矢"被解读为为人正直，云云。

这就与"利西南"的平易相矛盾，和象辞中的脱险，更是相去太远。似乎也不应当属于"得中道"的表现。

**六三，负且乘，致寇至，贞吝。**

【译文】背负着重物又乘坐在车上，（必将）招致贼寇前来，坚持正固，则有吝难。

**象曰：负且乘，亦可丑也。自我致寇，又谁咎也。**

【译文】背负着重物又乘坐在车上，也可称为丑态了。因为自己的行为招致贼寇，又能归咎于谁。

【解读】六三上下皆阳，因此有"负且乘"之象，在古代乘车是君子们的专利，背负重物则是小人的工作。因此坐在车上又背着东西，自然是一种引人注目的形象。但对于这一形象的寓意，笔者与传统的解易者，存在不同的看法。

传统的解易者认为，这是君子之器被小人所窃之象。比之于人事，就是国家/君王任用不该任用的臣子，将名与利赋予了不该拥有它们的人，因此招致天下群小纷纷起而竞逐……这种解读虽然堪称深刻，但是却在不经意间，将"致寇至"的原因，和"寇至"之后的受害者，都从六三自身，转移到了国家/君王身上。似乎与卦义不符。

笔者认为，这是小人自得之象。从卦象上看，卦变之前六三位于下兑——毁折之中，卦变之后，六三成为互离的核心，表面上看，得到天下的关注，因此而沾沾自喜，认为可以控御上下两个阳爻。却不知阳爻背后各有阴爻，所处之互离背后，各有坎险隐伏。坎为寇，离为附丽，六三位于互离之中，互离又位于双坎之中，因此有将坎险包裹于自身之象。所以说"致寇至"，而且还是"自我致寇"。

六三与初六形成鲜明对比，初六弃暗投明，表面上是安于卑微，实则入于光明；六三则在招摇与纷乱之时，一副自鸣得意之象，实际上却不过是九四、九二之间，保持关联的工具而已。六三之行径，恰如王朝更迭之际的前朝官吏，由于其在社会中的实际功用，而得一时风光，激变过后则如潮下之沙，终将被抛入浊流，而不知去向。

"亦可丑也"是说其行径，在君子眼中实为丑态，只是其自己尚不知而已。


**九四，解而拇，朋至斯孚。**


【译文】（只能）纾解到你的脚趾，（只有）像朋友一样到来，才能产生相互的信任。


**象曰：解而拇，未当位也。**

**【译文】**只能纾解到脚趾，是因为没有得到适当的位置。

**【解读】**"而"在此处是你的意思，指九四自身。"解而拇"直译就是疏解你的脚趾，对于这一句的所指，先儒认为仍旧是要去除小人，即认为"拇"为初六，同时将"解"理解为解除、去除。要求九四去除小人的原因，或者说去除之后，将会得到的回报就是"朋至斯孚"——朋友来了，而且相互信任。

笔者认为这里的九四，就是大禹，或者类似于大禹这样，从底层跃进而来，具有巨大的功勋，崇高的威望，对君王造成一定威胁的大臣。"解而拇"则是对他们的劝诫之辞，即强调只能松懈、松弛到脚趾——可以有动的意图、动的准备，但绝不能有动的表露。

"朋至斯孚"是对"解而拇"的进一步阐释，其中"朋"是"至"的状语，"斯"是就、则的意思。"朋至斯孚"就是只有像朋友一样到来，才能产生相互的信任。从象上看，九四以阳刚，自下升进而来，却上承于阴柔六五，正有降尊处卑之象。

大禹治水成功之后，为天下众望所归，但却始终保持着对舜帝的谦卑，即使舜帝将其推荐给上天，将天子之位禅让给他之后，也没有改变，直到十七年后舜帝去世，大禹还自行避居阳城，将帝位让给舜的儿子商均。最后，在天下诸侯都弃商均去朝大禹的情况下，才正式继天子位，以安邑为都城，国号夏。

象辞"未当位也"，正说明九四行事需要谨慎谦卑的原因。如果是去小人，九四诸侯之位足以。

**六五，君子维有解，吉。有孚于小人。**

【译文】君子因为有所纾解，所以才能得到吉祥的结果。能够得到小人的信服。

**象曰: 君子有解, 小人退也。**

【译文】君子有所纾解，小人就会有所退缩。

【解读】"维"是因为的意思，"君子维有解，吉"就是君子因为有所纾解，所以才能得到吉祥的结果。"有孚于小人"是对"吉"的进一步解释，就是能够得到小人的信服的意思。

这其中的道理就是，君子要有藏污纳垢之能。因为小人总是客观存在的，而且除去其道德的卑贱之外，在其他方面并不一定输于君子。换言之，在才智上君子与小人并无区别，所以在自古以来的君子小人之争中，如果君子不能正确地把握，往往反而会被小人所戕害。

君子唯一可以利用的，就是在道德上的高度优势。发挥这种高度优势的最佳方式，不是大声疾呼，更不是针锋相对（一旦相对，即告平等），而是包容与静守。因为小人的本性，就是钻营与躁动，君子的包容与静守，此时恰如一面镜子，让小人从中照见自身在道德上的卑微，进而使之产生信服、敬畏之心，由与君子争锋，转而为追随于君子之后。

这种"君子有解"的力量，与后世传入中国的佛教的观念，有相通之处。象辞说"君子有解，小人退也"，如果是此意，则是可取的。

需要指出的是，这一爻很可能是经过了后人的修改，因为

"君子维有解, 吉"虽然隐晦, 但已经足以达意。后面点明"有孚于小人", 虽然可以是意义更加明确, 但毕竟六五就身在小人之列, 与九四的谨慎有所冲突。

另一种可能就是, 借六五之辞, 说九四之事, 即"君子"一词虽然出在六五的爻辞中, 但所指的却是九四。又或者是九四的自谦之辞——将自己谦称为小人, 如此则是夏朝人, 对舜的虚情恭维。

在传统的解读中, 将"君子维有解, 吉"解读为, 作为君主的六五, 要做到只有君子才能有解, 这样才能吉祥。原因是, 君子必然亲近君子, 因此只有君子能有解, 就会使小人心中确信(自己是没有可乘之机的)。

这种解读, 不仅曲奥难懂, 而且与实际的君王之道不合, 而仅仅是文人政客的理想而已。举例来说:

北宋神宗不满于朝政的疲弱而变法, 一时间朝中人才济济, 贤能辈出, 其中最著名者有王安石、司马光等等, 可谓满堂君子。然而随着政见的不合, 司马光逐渐成为了"保守派"的领袖, 为了实现对以王安石为首的变法派的充分打压, 更在其重掌朝政之后, 推行"一个凡是"政策, 即凡是王安石推行的, 就一定要反对。将一场以富国强兵为目的的变法, 变成一场君子之间的口舌之争, 将一群真君子, 变成了一帮假小人。最终导致蔡京等一干真小人, 趁势借名而起, 为北宋王朝敲响了丧钟。

君王之道, 必是仿效天地大道, 合阴阳而用之, 所持者不过阴随阳动而已。比之于人事, 即君子小人间而用之, 一则君子有君子之用, 小人有小人之用, 正所谓鸡鸣狗盗虽不是君子之所为,但却可以解孟尝于危难。君王所要坚持的不过是,要保持君子的主导性而已;二则有真小人的存在,才能确保即使有争执,也是君子与小人之争,虽有争却可明大道,固国本。而不至于因君子与君子之争,陷大道于昏暗之中,摧国本于口舌之间。

但是六五是阴柔之君,又岂能有如此才智?

**上六,公用射隼于高墉之上,获之,无不利。**

【译文】公侯在高墙上(伺机)射隼,射中了,没有不利因素。

**象曰: 公用射隼,以解悖也。**

【译文】公侯在高墙上(伺机)射隼,是为了纾解悖乱。

【解读】这一爻提供了反驳将"夙吉"的"夙",解释为早的最有力证据。

因为"射隼于高墉"明显地透露出,有备而来,伺机而动的意味。而"射隼"毫无疑问应当属于"有攸往"的范畴,因此"有攸往"也要有备而来,伺机而动,而不能仅仅为了"早",而草草行事,这样是无法"获之"的。孔子对此自己在《系辞传》中,也说"语器成而动者"。所以,将"夙吉"的"夙",解释为早的说法,是站不住脚的。

如下图所示:

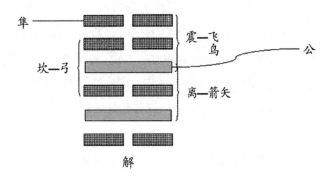

解

这里的"隼"就是指上六本身，因为上六位于一卦之上，而且为上震之上，震有飞动之象，所以称之为隼。之所以要"射隼"，是因为卦中其他三个阴爻，都与两个阳爻具有不同形式的直接关联，因此都是能够被阳刚所得之"狐"，只有上六高高在上，不为阳爻所得，所以取之必须"用射"。

"公"指九四，九四在互坎之中，又下连与九二构成的互离，坎为弓，离为箭矢，因此有射上六之象。

"高墉之上"卦中无与之对应之象，以义理推之，就是要基于一定的基础，等待一定的时机之意，很可能是暗指，九四未来向九五的升进。

上六居宗庙之位，因此这只需要九四立于高墉之上，择机而射之的桀骜之隼，很可能就是在当时，仍旧拥有广泛支持的公推制度，及其背后的原始氏族社会中的公有制度。象辞说"以解悖也"，"悖"是乱之大者，居于宗庙之位的"悖"，不是制度，又能是什么呢？

结合对上六爻辞的解读，可以得出两点进一步的推论：首先是如下图所示：

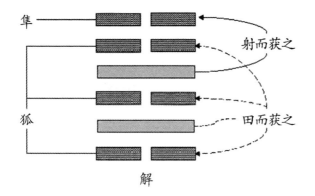

隼

射而获之

狐

田而获之

解

通过卦中对阴爻的称谓,非狐即隼;各阴爻的终究难逃被射猎的命运,可以看出,创易(此卦)者对阴爻的轻蔑态度;其次上六爻辞有明显的以九四为主语的倾向,由此推之,六五的爻辞,也是针对九四而言的可能极大,这样整个六爻就更加顺畅了。

# 损——文明中兴

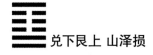

**兑下艮上 山泽损**

损卦与随后的益卦，是《周易》中非常重要的两卦，因为它们不仅向人们传达了损与益的辩证关系，更向人们阐释了社会道德的重建与普及之路。因此，必须带着强烈的辩证观，才能正确地解读这两卦。

具体而言，损卦虽然卦名为损，但讲的却是如何对在上得位的阴柔，进行补益的问题。卦名之所以称损，是因为《易》始终是站在阳刚的角度上、利益上来立论，由于损卦是泰卦经由九三和上六的换位，演变而来，有损下益上之象，因此叫损。

在泰卦中，阴柔得权有位在上，阳刚位卑无权在下，在这种背景下，将卦名定为"损"，就暗示了两重含义：

1. 只有阳刚才有补益他人的资质，换言之才有"损"的资质，而阴柔没有，只能充当被补益的对象；

2. 只有自下而上，舍位求道，才为损——九三原有位，上至上九，虽处一卦之上，实则却入无位之地。

之所以说，损卦所要阐述的是，如何对在上得位的阴柔进行补益的问题，是因为从卦象上看，卦变之前的泰卦中，阴柔与阳刚虽然在数量上，处于均等的态势，但在实际上，阴柔控制着上卦，在卦象中占据着主导地位。比之于人事，就是长期处于安泰之中，导致社会的上层，开始因为安逸而出现昏庸堕落的现象。如果不加以整治，否极叵以泰来，反之泰极也会有否来。

而卦变过程导致了两个结果：一是阴爻作为一个整体，又向下降落了一位；二是九三升进为上九之后，使二至上形成了一个超大的离卦，离为日，为明，因此卦象实际上犹如一个"旦"字，有光明自地下复生之象。

比之人事，自古权与位都是堕落之资——无权无位，何谈堕落？阳与刚则是扶正之资。因此社会道德风气的败坏，必然是自上而下的，而匡扶正道之途，则如卦变所示，是要经历自下而上，和自上而下两个过程的：

所谓自下而上，就是人性深处的良知——阳刚，通过在生活于底层的民众中的集聚与发酵，逐渐发展壮大，形成足以对身居高位的君王公卿有所影响的力量，或价值取向。

所谓自上而下，就是道德的重建，必须以占据社会舆论的制高点为前提，即如九三跃至上九宗庙之位，才能对其下的阴柔，发挥足够的影响作用，补益其自身的不足。一言以蔽之就是，非为夺其位也，而在移其志也。

如果我们将阳刚持续升进，最终将阴柔逐出六爻之外，进而恢复阳刚对卦象的主导权，视为一场阳刚对阴柔的革命的话，那么由泰到损的变化，则是一次更加温和的，社会自我更新的过程。

"革命"是天命更替的必然，但却是不得已而为之的最后选择，相对来说，社会的自我革新，则更具有现实意义，和可操作性。其前提，除了阳刚的自损之外，还必须有阴柔的顺从配合，后者在卦象中的体现，即如下图所示：

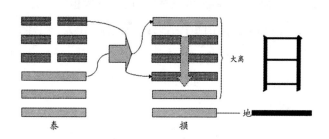

阴柔作为整体的"自降"，和阴柔作为一个整体，参与到大离之中，坤为柔顺，离为光明，为附丽，因此有顺附于光明之象。

**损　有孚，元吉，可贞，利有攸往。曷之用，二簋可用享。**

【译文】有信诚，大吉，可以正固，有利于有所行动。有什么用，二簋即可以进行祭祀。

【解读】《易》以阴阳相得为有孚，据此，此间的"有孚"可以有四重内涵：

第一重，卦中阴阳爻之间，解为正应关系，因此可以看作有孚；

第二重，如前所述，卦变过程中，阳刚的不以夺阴柔之位为目的，阴柔则能顺附入离，与阳刚共成光明之象，也可谓有孚；

第三重，阳刚自损以益阴柔，损于最上（九三），阴柔同时也慨然以宗庙之位相让，可见其有孚；

第四重，卦变之后，六五以君王之位，上承上九，且听其所止——艮为止，上六进入下卦成为六三之后，初、二两个阳爻，也喜悦相迎——兑为悦。又可见其有孚。

所以，此间的"有孚"并非单指阳刚一方而言，而是兼顾阴阳，强调的是阳动阴随的关系。正因为如此，才能"元吉"——大吉；才能"可贞"——可以保持现有的贞固；才"利有攸往"——阳刚的前往才是有利的，才是有意义，有价值的。否则，阳欲损而阴不受，则变成了损而无益，又何必多此一损?！

可见，此间的六五，并非是真正的昏庸之君，泰卦之时，也仅仅是堕落之端而已。因此皆可救治。

"曷之用，二簋可用享"说明了损的功用，"曷"通"何"，"曷之用"就是有什么用的意思。卦中而至上为大离，同时也是一对正反震，震为器皿，为簋。"二簋"是最简约的祭祀之礼，在这里用以强调，去文求质，省去重重的繁文缛节，以突显祭祀时内心的真诚。

"可用享"是损的结果，可见在损之前，"二簋"已经不"可用享"了。"二簋"不"可用享"，恰恰是社会安泰，上层昏暗的具体写照——通过生活的奢靡，文饰的繁缛，来掩饰精神的空虚，其实不过是托神意，尽人欲罢了。

所以，通过损来实现"二簋可用享"，就是一种思想的净化与回归，这既是社会观念的中兴，也是对阴爻们的精神救赎。

**彖曰**: 损, 损下益上, 其道上行。损而有孚, 元吉无咎可贞利有攸往。曷之用, 二簋可用享。二簋应有时, 损刚益柔有时, 损益盈虚, 与时谐行。

**【译文】**损卦, 是减损下面, 补益上面, 其道向上升进。减损而有信诚, 因此可以大吉没有咎害, 可以正固, 有利于行动。有什么用, 二簋就可以祭祀。用二簋祭祀应有时限, 减损阳刚增益阴柔, 也有时限, 总之损益盈虚, 都应当与时势相协调。

**【解读】**"损下益上, 其道上行"一句, 是用来解释卦名损的。由此可见"损"需要有两个条件: 一是损下益上方为损——在下者即使有益上的资质/能力, 也没有自损的义务。反之, 在上者自损益下, 则不能视之为损, 因为这是其应尽的义务; 二是所行为道方为损——从九三自损升进来看, 并不能通过益上而得利, 所以其损确实。同时, 任何人的任何行为背后, 都具有一定的目的性, 概而言之, 不过精神与物质两个种类, 既然不能得利, 则所求必是精神收益。即所谓"道"的"上行"。反之, 也正是因为其自损而不求利, 方显其精神之纯真, 才能感化阴柔, 而使其"道"有"上行"的可能。

"损而有孚, 元吉无咎可贞利有攸往", 通过加一"而"字, 解释了"有孚"与后面的"元吉无咎可贞利有攸往"之间的因果关系。(可参见卦辞的解读)

"二簋应有时, 损刚益柔有时, 损益盈虚, 与时谐行", 表面上是在解释卦辞"曷之用, 二簋可用享", 事实上却是对损益关系的全面阐释。

首先"二簋应有时，损刚益柔有时"，起首就否定了卦辞"二簋可用享"的必然性，或者说是绝对正义性。即"二簋可用享"所代表的质朴、简约，也要受到"时"的约束，并不是四时皆宜，四海皆准的。先儒认为，这是在阐发文与质的关系——无质不立，无文不行——尊卑有序、非物采则无别。文之与质，相须而不可缺也。及夫文之胜，末之流，远本丧实，乃损之时也。等等。是十分精当的。

其次，"损益盈虚，与时谐行"则更进一步，将损从损刚益柔，推广到了更加宽泛的范畴。即将阴阳放在了一个平等的地位上，强调损与益的相对性和必然性。所谓相对性，是指损与益是同时发生，有所损必有所益，反之亦然。所谓必然性，是指损与益发生的内在动力，并非来自阴阳的任何一方的主观意愿，而是客观规律运行的必然结果。

这一拓展，不仅极大丰富了"损"的内涵，同时也为六三的解读，提供了思路。

**象曰：山下有泽，损。君子以惩忿窒欲。**

【译文】损卦有山下有大泽之象，君子观此象，应当懂得控制愤懑与欲望。

【解读】卦中上艮为山，下兑为泽，因此有山下有泽之象。先儒对"惩忿窒欲"有多种解读，其中不乏曲奥精深之解。笔者认为，不妨直接从上下卦的卦德入手：

上艮为止，下兑为悦。自下向上观之，是悦而止；自上向下观之，是止其悦。悦虽然是喜悦之意，但是可以推而广之，为人的各种极端情绪——愤懑难消，或者欲火中烧。所以损卦有教人"惩忿窒欲"之象。

**初九，已事遄往，无咎，酌损之。**

【译文】停下手头的事情，迅速前往，没有咎害，酌情而减损。

**象曰：已事遄往，尚合志也。**

【译文】停下手头的事情，迅速前往，在上者心志相合。

【解读】"已"是停止、中止的意思。"遄（chuán）"是快、迅速的意思。"已事遄往"就是停下手头的事情，迅速前往的意思，可见其急切之情。

"无咎"首先肯定了初九行为的合理性。这是因为，"损"所对应的是，国家被位高在上的阴柔所把持，社会正在由盛而衰走向昏暗，正是需要底层的阳刚，自损以益在上的阴柔的时局。所以，虽然其匆匆而欲往的行为，与初九是"潜龙勿用"的基本特性相冲突，但由于其体现的是小民上进之心，匹夫救国之志，仍旧可以，也应当"无咎"。

但是"无咎"不等于有功。所以"无咎"的背后隐藏着，对初九行为未必有功的评价。这一点可以从后一句，"酌损之"体会到。

"酌损之"三字各有深意：

"酌"是酌情、适度的意思，显然是对行为的发起者——初九的劝诫。这也是为什么，以"已事遄往"如此积极的态度，仅仅得到"无咎"的评价的原因——小民虽然易被时局所感染，而激情澎湃奋勇向前。但同时，也容易被激情所冲荡，而鲁莽躁进，导致适得其反的结果。所以无论损人还是自损，都应当戒之以"酌"。

"损"字在这里揭示了损益之道。通常人们只认为，这个"损"是指初九自损而已。殊不知，这个"损"同时也是指，甚至更应当是指，初九对其补益的对象六四的损。换言之，先圣在此已经暗中点明了：对阴柔来说，损就是益；对阳刚来说，损阴柔之"疾"，就是对阴柔的补益之法。

但是由于具有阳刚之质的小民，往往因为过刚不中，只见己之损，而无视人之损，一"正"障目不见人情等等，这些都将给阴阳相协的关系，造成潜在的威胁，所以理解了"损"中包含有对六四的损，就更能够深刻地理解，为什么要"酌"了。

"之"字根据对"损"的解读可知，既可以指向初九自身，也可以指向其补益的对象六四。

"尚"通"上"，象辞说"尚合志也"也可以通过"尚"字词性的不同，而引申出两种不同的意思，即：向上是合乎初九自身的志愿的；在上的六四与初九志趣相合。但就初九一爻而言，两种解读都可通，如果站在全卦的角度来看，后者更有意义。

**九二，利贞，征凶，弗损益之。**

【译文】有利于正固, 征进则有凶祸, 不减损（就是）增益它。

**象曰: 九二利贞, 中以为志也。**

【译文】九二有利于正固, 是因为以适度为准则。

【解读】九二的补益对象是六五。"利贞"的意思就是, 应当正固不动。"征凶"是对"利贞"的进一步强调。

前人对九二为什么应当正固不动的解释, 基本上都是建立在, 以"损"仅仅是指阳刚自损的概念基础上的。认为是因为, 阳爻中九三已经完全损了, 初九又在酌情而损, 所以为了阴阳的平衡, 九二就完全不能再损了。

如此斤斤计较, 瞻前顾后, 岂大丈夫之所为?

九二不动, 是因为此时不动胜有动。按照卦变中九三的运动方式可知, 九二一动, 必然与六五交换位置, 则难辞夺阴柔之位而代之的嫌疑, 就打破了"有孚"的基础, 使全卦不能"元吉", 也不"可贞"了。所以, 先圣才在"利贞", 又加上一句"征凶", 明戒之。

"弗损益之"就是说, 九二不以损的形式, 来补益六五, 本身就是对它最大/好的补益了。当然也可以解读为, 不要再以损的形式, 去补益六五, 而应当直接对其加以补益。二者相差不大, 前者的意义更加接近和深刻。

因为, 九二是民间的意见领袖, 是社会价值观念的载体, 因此其存在本身, 就说明了两个问题, 首先社会/君王尚没有昏暗之极,其次社会的根基尚且坚固,大道犹存。这就是为什么,严子陵能以桐江一丝系汉九鼎的原因。

象辞"中以为志也"强调的是"中",是行为的方式和尺度,虽见其实,但未见其质,还是有点小了。

### 六三,三人行则损一人,一人行则得其友。

【译文】三人同行则要减损一人,一人独行则会得到朋友。

### 象曰: 一人行, 三则疑也。

【译文】一人独行, 三人(同行)则会产生疑虑。

【解读】在损卦六爻中,如果说某一爻受的损失最大,那么就非六三莫属了。所以,六三的爻辞,重点阐述了损与益之间的辩证关系。

所谓"三人行则损一人",直观地说,就是在卦变之前,阴爻和阳爻都是"三人同行"的,在卦变的过程中,则各自有一爻,离开了自己固有的区域(以上下卦区部分);"一人行则得其友"是指卦变之后,独行的阴/阳爻所得到的结果。古人以同性为朋,异性为友,因此可以推定,"得其友"是指阴阳爻之间的关系。简单地理解,就是有损必有益,(欲)求得益必(先)有损的意思——"损一人"是损,"得其友"是益。

对这一句,前人自孔子开始,即作了大量的阐发,以期去揭示更加本源的损与益的关系——"天地絪蕴, 万物化醇; 男女构精，万物化生。《易》曰：'三人行则损一人，一人行则得其友。'言致一也"。"致一"就是产生出新的"一"，由此可见，孔子认为，在损与益之间，损仅仅是表象，益才是实质。

要更清晰直白地理解这一观点，可参考下图：

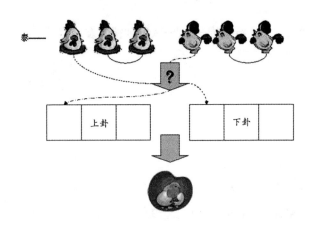

在泰卦的背景下，怎样能通过一部操作，将这六只小鸡，放到分别叫作上卦和下卦的两个，各自只有三个位置的鸡笼里，才能让每一只鸡，都能够实现"得其友"，并且产生"致一"的目的呢？

显然是要将任何一类，都分成（一只和两只）两组，分别装到不同的鸡笼里，由此可知，"三人行则损一人，一人行则得其友"，是建立在二元论的基础上的。

象辞"三则疑也"，是一种拟人化的表述。

**六四，损其疾，使遄有喜，无咎。**

【译文】减损其疾患，使其迅速行动有好的结果，没有咎害。

**象曰：损其疾，亦可喜也。**

【译文】减损其疾患，也是可喜的。

【解读】六四与初九在卦象上，互为正应，在爻辞上也相互呼应。

"损其疾"的"其"指六四自身，因此"损"就是指六四受到的损——可能是自损，也可能是被损，但都是以初九的影响为基础的。

通过"损其疾"，可以进一步理解初九"酌损之"的具体所指，就是只"损其疾"，而不夺其位。同时也可以再进一步体会损益之道——损并非阳刚的专利，阳刚可以损己以利人，阴柔也应当顺而自"损其疾"。

"使遄有喜"中的"遄"可以是指六四自身行动迅速，但结合初九的爻辞，似乎将其解读为，代之初九的"已事遄往"，可以具有深刻的意义——有六四阴柔，顺应阳刚之"损"。即将"使遄有喜"解读为：使初九的"已事遄往"，有好的结果。

无论"使遄有喜"所指为何，总之是强调迅速革除自身弊端的意思，因此都可以"无咎"。

象辞"损其疾，亦可喜也"，给出的也是一个阴阳皆可的解释。

**六五, 或益之十朋之龟, 弗克违, 元吉。**

【译文】有人增益(它)了一个价值十朋的大龟, 不要违背, 大吉。

**象曰: 六五元吉, 自上祐之。**

【译文】六五的大吉, 是因为(有人)从上面护佑。

【解读】"或"是不定代词, 是某人、有人的意思。"十朋之龟"是指自二之上的大离, 离为龟, 以互坤代替离卦中间的一个阴爻, 因此是个超大的龟, 坤为十朋, 因此此大离有"十朋之龟"之象。

由于大离的产生, 从成因上看, 主要是由上九在卦变中的运动造成的; 从卦象上看, 则是以上九与九二, 作为主体共同组成的。所以, 可以进一步推定, "或"所代表的是上九和九二两爻, 其中, 又以上九为重。

"龟"在创易时代, 具有特殊的含义, 是重要的占卜工具, 是人与神的沟通渠道, 更是神在人面前的代言者, 因此"龟"在此处象征着, 超越世俗王权的天道。与上九跃居宗庙之位, 下临群阴的爻象正合。

"弗克违"的主语是六五, 意思是说六五不要违背神龟的兆示, 也就是不要违拗上九代表/来的大道的意思。从卦象上看, 六五以君王之位, 上承于上九, 且听其所止, 正有"弗克违"之象。

"元吉"是断语，卦辞中说"元吉"，此间又说"元吉"。可见卦辞"元吉"必然与六五的"弗克违"有关，进一步印证了，前述关于"有孚"的四重含义。

**上九，弗损益之，无咎，贞吉，利有攸往，得臣无家。**

【译文】不为减损而求补益它，没有咎害，正固则吉祥，由于有所行动，得到贤臣就没有了家族私念。

**象曰：弗损益之，大得志也。**

【译文】不为减损而求补益它，充分实现了其心志。

【解读】九二说"弗损益之"，上九又说，同时上九与九二，又共同组成了六五所得的"十朋之龟"，可见两个"弗损益之"的"之"都是指六五，而全卦/阳爻运动的主旨，都是为了对六五有所补益。"无咎，贞吉，利有攸往"则是逐次递进地，评价了上九在卦变中的往。

也就是说，正因为上九的往，是"弗损益之"——是本着不为损害，而求补益的态度，才能够"无咎，贞吉，利有攸往"。

"得臣无家"是上九"弗损益之"而往的结果。由于"弗损益之"的对象是六五，所以"得臣"的主语是六五，是六五"得臣无家"。所谓"无家"就是宋太祖经常挂在嘴边的"破家为国"，也就是公而忘私的意思。

"得臣无家"是说由于六五得到了上九、九二这样的贤臣，而由泰卦时的以国为家，变成了现在的破家为国，公而忘私。

反之，六五的"得臣无家"，或者一个"得臣无家"的六五，则是上九以及九二"弗损益之"一番苦心的结果。颇有一点将欲取之必先与之的味道。

所以说"弗损益之，大得志也"。

# 益——包融民心

**震下巽上 风雷益**

在《周易》中，互为覆卦的两卦之间，在内容上往往具有一定的关联，其中关联最为紧密者，上经中当属泰与否，下经中则当属由泰与否演变而来的损与益。

在对损卦的解读中，我们已经了解到损与益，就其本质而言，不过是一个硬币的两面，造成损与益在称谓上的区别的因素，可以从两个方面来理解：

一是"时"的问题。即损与益的区别在于时局的不同，时当损则损，时当益则益，而所谓的"时"，是建立在阳刚行为的动机之上的。即在损卦中，阳刚居下无位，本应受益，但由于居上有位者为阴柔，无有统御天下之能，所以"时"需要本应得益，至少不必自损的阳刚，自损而补益于上，因此叫损；在益卦中，阳刚居上有位，统御天下是其应尽之职，补益在下的阴柔，也是其分内之责，所以是需要其对在下慵懒浑噩的阴柔进行补益之"时"，在上有能的阳刚，就应当去益，因此叫益。

二是"得"的问题。所谓损益，背后必有得失，所得大于所失，即为益；所失大于所得即为损。如下图所示：

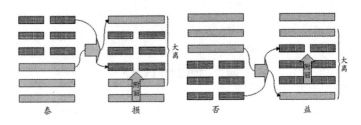

在损、益两卦中的得失，仍旧是以阳刚在卦中的主导地位为标准的。即在损卦中，居于君王之位的是阴爻六五，阳刚自损益上的结果，是以自身变升进为附丽，使六五的地位得到了巩固，所以阳刚所失大于所得，故为损；在益卦卦中，居于君王之位的是阳爻九五，阳刚自损益下的结果，是将有脱节之虞的阴柔，重新包纳其中，使之附丽于己，使九五的地位得到了巩固，所以阳刚所得大于所失，故为益。

再进一步地说，卦变之前的否、泰之"时"，决定了，要求了作为阴阳更迭的主导者的阳刚，必须作出变易，打破现状，其表现就是自损，其目的则是在于对"时"的顺应，对"道"的维护。比之于人事，则是天下的整体利益的最大化。至于卦名"损""益"的判定，则是根据阳刚在自损之后的所得而定。

由于，居于五位的君王，是天下整体利益的代言者，因此也是"损""益"两卦中的，最大甚至可以认为是唯一的受益者。所以，只要阳刚的行为，是以天下的整体利益的最大化为目的的，也就相当于是以卦中五位的利益的最大化为目的的，因此在损卦中，自损者是阳刚，得益者是阴柔，为损；在益卦中，自损者是阳刚，得益者也是阳刚，为益。

综上所述，不难看出，"时"与"得"两点，是解读"损""益"两卦的关键，舍此则不能尽知"损""益"之意。

**益 利有攸往，利涉大川。**

【**译文**】有利于有所行动，有利于涉越大川。

【**解读**】"利有攸往"和"利涉大川"是卦辞中经常出现的短句，但是在通常情况下，只出现一个，即要么"利有攸往"，要么"利涉大川"，这是因为，这两句话在所要传达的内容上，具有很大的相似性，都是说应当有所行动，应当勇于行动等等。两句同时出现的情况，只有益卦一例，可见先圣对"益"卦中的"往"的重视，进而也可见，在卦变之前的"否"之时，阳刚之"往"的必要性和紧迫性。

这就是前述的"时"的问题。益卦是经由否卦的九四与初六的交换，演变而来，因此是以"否"为时代/时局背景的。"否"的根本问题是阴阳不交，比之于人事，就是位于上层的社会精英，与位于下层民众之间，缺乏有效的沟通，甚至是上层精英，对下层民众采取贱视的态度。因此导致了，在表面的平衡与平静背后，隐藏着上下层脱节的隐患。

如下图所示：

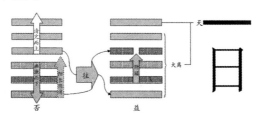

这种脱节的根源是出于阴阳的本性区别，即所谓"阳清而亢，轻利而任气；阴浊而幽，取实而后名。"因此，如果就个人而言，阳刚者虽有"亢"之虞，却也是修养达到境界之体现，可劝慰而不可指摘。但作为社会整体而言，这种高亢就是极端危险的了。因为，阴柔者之所以称为阴柔，就是因为其自身在才具上有所不足，在行动上不能主动，必须随阳而动，而不可能主动地上求于阳刚。所以"阳据尊高而相拒，时过而恝于必去，则观望于下者，始于惭，中于忍，终于忮害而为敌。"——恝（jiá）是淡然不经心的意思，忮（zhì）是嫉恨的意思，晚清以来，中国社会，与传统士大夫阶层命运的变迁，就是鲜活一例。

可见居高有位，担负着天下之责的阳刚，高亢在上，不仅误国而且终将害己。所以，"否"之时的当务之急就是，阳刚有所往，向下而往。

先圣连用了"利有攸往""利涉大川"两句，意义相近稍有递进的语句。除了要突出"往"的必要性和紧迫性之外，还应当有另外一个原因，那就是"否"之时的阳刚，不仅有"往"之能——与"泰"之时相同，而且还有"往"之责——与"泰"之时不同。所以，损卦只说"利有攸往"一句，而益卦则说"利有攸往，利涉大川"两句。

需要补充的是，无论是损还是益，最终的结果都如上图所示，都是使阴柔通过阳刚的包纳，附丽于阳刚，使卦中六爻重新成为一个整体。

**彖曰：益，损上益下，民说无疆。自上下下，其道大光。利有**

攸往，中正有庆。利涉大川，木道乃行。益，动而巽，日进无疆。
天施地生，其益无方。凡益之道，与时偕行。

**【译文】**益卦，减损上层增益下层，民众无比欢乐。从上面下
到下层，其道大为光大。"利有攸往"，是因为行为适度而正当，能
够有所收益。"利涉大川"，是说只有如此巽顺之道才能形成。益
卦，运动而服从天命，光明的升进没有疆界。但上天有所施与，大
地才有所生化，其带来的增益没有局限。凡是增益之道，都应当与
天时向谐调。

**【解读】**"损上益下"是通过卦变来解读卦名，孔子显然
这里有将"上下"赋予社会意义的倾向，这一点在损卦中尚不明
显，但在益卦中，则以"民说无疆"一句表露无遗。作为一个社
会激变之中，又身处底层的思想者，孔子的这种解读，非但无可
指摘，甚至还应当被视为是对卦义的一种阐发。只是，在客观
上，将后世的儒者们的思路，引向了君臣之间的利益关系，进而
甚至影响了，对爻辞的解读，就不能不说是一种遗憾了。（详见
后）

"自上下下，其道大光"是在进一步阐释，"益"的目的与价
值所在，结合损卦的"其道上行"可知，阳刚自损的根本目的，
始终是为了"道"的普及与推广。从卦象上看，损卦中一阳在下像
地，大离在上，有光明——大道，犹如太阳自下而上初升之象；
在益卦中，一阳在上像天，大离在下，有光明——大道，犹如太
阳光自上而下普照之象（参见上图）。

"利有攸往，中正有庆"一句，是在解释卦辞"利有攸往"。先儒多将"中正有庆"解读为，是指九五与六二之间，各自居中得正而又互为正应的关系。笔者认为不妥，因为九五与六二，中正而应固然是事实，但是益卦中各爻之间，都因为正应而有损益关系，岂能单指九五与六二两爻。此外，九五与六二都没有直接参与卦变，真正有所"往"的，是否卦中的九四——益卦的初九，和否卦的初六——益卦的六四，而这两爻，又都不能称为"中正"。

事实上，这里的"中正"所指，仅为九五一爻，因为九五既是"往"的发起者，又是"往"的最终受益者，"中正"既是其爻位的特征，又是其所发动的"往"的行为特征。这样解读，不仅避免了与卦变的冲突，而且有利于对各爻爻辞，乃至全卦的理解。

"利涉大川，木道乃行"是在解释卦辞"利涉大川"。按照八卦的五行属性，巽与震都属木，由此可见至少在孔子时代，八卦的五行属性已经明确存在了。本句的关键在于这个"乃"字，它将前后两句，形成了一个因果关系，即：只有去涉越大川了，木道才能得以推行。换言之，如果不去涉越大川，木道也就没有作用和意义。同时九五在上巽之中，上巽为木，因此"木道"就是九五之道，所以用"木道"一次，不仅更加顺畅生动地解释了"利涉大川"，而且也相当于申明了，"利涉大川"的主导者就是九五，涉越大川的目的，就是光大九五之道。

通常，在《周易》中，以巽为木，以震为舟船，因此按照正常的思维应当是，因为有了木才能造船，有了船才能涉越大川。但此处却将这种逻辑关系反转过来——只有涉越了大川，以木为舟的价值，以木为舟可以渡河的道理，才能体现出来。等于是用"不往"的危害性，来一方面进一步强调"往"的重要性；另一方面也是在强调，"往"的可能性——卦中有木有船，涉越大川的条件，早已具备，所欠缺的，或者起决定作用的，不是作为客观条件的舟船，而是作为主观条件的意愿。这就暗合了九五的爻辞。

"益，动而巽，日进无疆"是在通过上下卦的卦德，来进一步阐释"益"之"往"的方式和效果。下震为动，上巽为顺，说"动而巽"而不说"动而顺"，是为了突出"巽"与"顺"的细微差别，巽是顺从、服从之意，主要表现为对外部事物、影响的顺；顺则可能是出于内在性格的柔顺。所以，说"巽"就排除了内在因素，强化了顺的外向性。

因此"动而巽"既可以视为是，阳刚"往"的方式，也可以视为是"往"的结果——对阳刚而言，说明"往"之动，是顺从指令而动，也就是说，"往"的践行者初九，是听命于发起者九五之命而往；对阴柔而言，其动也是服从指令而动，即卦象所示的，被初九激发于下，而向上附丽于九五。

"日进无疆"取象于卦中，自初至五的大离，离为日，上九象天，因此有"日进无疆"之象，实际上与"其道大光"意义基本相当。（参见上图）

"天施地生，其益无方"一句，一方面是惯常的以天道证义理的手法，另一方面也表明了，损益之间的主导者是阳刚，而不是阴柔——"天"象征阳，"地"象征阴，"天施地生"就相当于，"乾元资始""坤元资生"，虽然乾坤交错，才能生化万物，但是毕竟有主次之分。"无方"与无疆意思相当。

"凡益之道，与时偕行"是在强调，"益"的客观性与必然性，即"益"并非出自阳刚的主观意愿，只是顺应天道的行为而已。这就暗指了，即便是"益"也不能有违天道，在本不当益、不需益的时候去益。比之于人事，就好像在别人有困难的时候，给予帮助是应当，但是好为人师，就是让人厌恶的行为了。

**象曰: 风雷益，君子以见善则迁，有过则改。**

【译文】益卦有风与雷相互助益之象，君子观此象，应当懂得见到美好的就向其学习，有过错就及时改正。

【解读】卦中上巽为风，下震为雷，因此有风雷益之说。

对于"见善则迁，有过则改"一句，自古说者纷纭。笔者认为，这一句的重点就在于强调一个"时"字，如果要再进一步的话，就是一个"度"字，其所对应的卦象，则要退回到否卦，和卦变过程之中。

否卦的形成，可以视为是君子——阳刚"见善则迁"的结果。"见善则迁"就是见到别人身上的优点，就及时学习，以改进自己的言行。表面看来，这毫无疑问是个人修养的重要途径，但是细细想来，其间又有重大的隐患，即个性的泯灭。以泯灭个性而求善，则伪矣。其表现，如卦象则为阳刚高高在上，不与下交。比之于人事，则如汉魏时期的所谓名士清流，满口仁义道德，举止进退无不合乎礼仪典章，然其心性则往往实为不堪至极。

"有过则改"对应的则是卦变，即阳刚"自上下下"。其

"往"正说明心性并未全泯,能透过"善"之表,看到"伪"之实。因此,能够止住在"迁善"的道路上的亢进之行。而这正是上九爻辞,所要传达的内涵。

**初九,利用为大作,元吉,无咎。**

【译文】有利于被用于重大行动,大吉,没有咎害。

**象曰:元吉无咎,下不厚事也。**

【译文】大吉,没有咎害,是因为在下位而不过分作为。

【解读】先儒有根据初九为震之主,震为东、为春,有耕作之象,上古又有"东作",而将"大作"解为耕作之始,虽然牵强,但就大意来说,仍有可取之处。

因为,初九在益卦中所起的的作用,就是将原本已经与阳刚离心离德的阴柔,重新激活,与九五一同,将阴柔三爻包含其中。根据前面的分析,"否"之时的平衡背后,最大的隐患,就是阴阳不交,就是在下之民,因为长期被在上的精英,轻视、无视、贱视,而产生心理上的抵触,行为上的慵懒,因此虽然表面上,仍保持着正应的关系,但实际上已经是应而无感,应而不动了。

所以,初九领九五之上命而下,一则沟通了阴阳,二则激活了阴柔,是"益"的直接践行者,确有春雷动处,草木更生之象。比之于人事,初九就是如晚明的王阳明,晚清的梁启超之类的,民志的启发者、发动者。其行为当然堪称"大作"。

"利用为"三字，则说明了初九的行为虽然堪称"大作"，但其仅仅是具体的，受人指派的践行者，其背后还有真正的发起者。这个发起者，就是九五。

"元吉"是对初九当"否"之时，领命而往的行为的评价，同时也是其沟通阴阳，激活阴柔，所促成的结果。

对"无咎"一词的解释，先儒多认为是，因为初九本不当动，更不应有/堪为"大作"，所以只有实现"元吉"才能"无咎"。这种解读的原因部分是正确的，但通过上述分析可知，其结论部分是错误的，即不是只有实现"元吉"才能"无咎"，而是因为能够"元吉"，所以"无咎"。

因为初九之行，并非一己之愿，而是领九五之命而为之，换言之，是代九五而为之。九五具有中正之德，因此其行为必然会有"元吉"的结果。

"下不厚事也"的意思，就是说初九在下，原本是不应当"厚"于行事的。"厚"在这里应当是，形容行动的程度与幅度的。

**六二, 或益之十朋之龟, 弗克违, 永贞吉。王用享于帝, 吉。**

【译文】有人增益了一个价值十朋的大龟，不要违背，永远正固则能吉祥。（此时）君王祭祀天地，会得到吉兆。

**象曰: 或益之, 自外来也。**

**【译文】**"或益之"，说明是自外部而来的。

**【解读】**损与益互为覆卦，益六二与损六五的取象一样，所以爻辞都有"或益之十朋之龟"一句，比照损六五的解读可知，"或"应当是指九五和初九两爻，所不同的是，九五身处君王之位，既是"益"的实际发起者，也是最终的受益者。因此虽然是九五和初九共同给了六二一只"十朋之龟"，而且从表面上看，初九才是直接的给予者，但实际上却应当以九五为主。

"弗克违"直接指向的是"十朋之龟"的占卜结果，再进一步则是指向实际的给予者九五，即不能违逆九五的政令。

"永贞吉"是对"弗克违"的进一步补充，即说六二如果能够永远保持其"贞"，则会得"吉"。这是因为，六二具有居中得正的特性，而且正应于九五，具有顺从于九五的行为基础，所以才可以"永贞吉"。

"王用享于帝，吉"一句，自古以来也是解说不一的一句，主要是难以明确，这一句与前一句之间的关系，或者说是与六二的关系。其实在准确地理解了损益之道之后，再来解读这一句，倒也不难。

既然"或"是指九五、初九两爻，又以九五为主。那么"或益之十朋之龟"，就是相当于是说，王给了六二一只"十朋之龟"，这是王之损，六二之得。之后"永贞吉"的"吉"，又是六二之得。同时，"弗克违"和"永贞吉"的"永贞"，又可以视为是六二之损。这就是说，在前一整句中，有王之损，六二之损，六二之得，唯独没有王之得。

所以"王用享于帝，吉"一句，讲述的就应当是王之得。

王在否之时，因为自己"清而亢"在上，造成天地不交，行为不符合天道，因此"用享于帝"的时候，不会得到天帝的认可，也就不会有"吉"的兆示。

如今应时而动，通过初九的"往"，而益"十朋之龟"于下，促成了阴阳的沟通，重新激发了阴柔的上进之心，符合天道，再"用享于帝"的时候，就会得到天帝的认可，也就会有"吉"的结果。九五是国家/天下的代表，所以九五吉就是天下吉，这就是九五——王之所得。

"自外来也"的意思是说，六二所得的"益"，并非自有而是外来，有人将"外"解为外卦，也可通。

**六三，益之用凶事，无咎。有孚中行，告公用圭。**

**【译文】**用凶险的事来补益它，没有咎害。如果内心有信诚，行为适度，那么有意见的人，就会变得恭谨有礼。

**象曰：益用凶事，固有之也。**

**【译文】**用凶险的事来补益它，本来就有这种做法。

**【解读】**益卦六三与损卦六四有很大的相似性，这是因为对它们施以损益的阳爻，都是来自于构成大离以外的第三个阳爻。所不同的是，与损卦六四正应的是初九，有力有不逮，性躁易失之象，所以被诫以只能"酌损之"，体现在损卦六四上，就是"损其疾"。而与益卦六三正应的是上九，有亢进难抑之象，所以对六三会"益之用凶事",即如后世所说的"苦其心志,劳其体肤"之类。

形象地说,上九对六三之"益",犹如严父教子,斥多赞少。

"无咎"是爻辞的转折点。"无咎"显然是对上九对六三"益之用凶事"的评断,虽说"益之用凶事"确实也是一种"益",即如严父教子,斥多赞少,也未必不能收到良好的效果,但终究有不尽人情,美中不足之处——这一点由六二爻辞称"吉",而六三只有"无咎",就可见一斑。所以,爻辞的后半部分,有必要对此作出解释。

"有孚中行,告公用圭"一句,自古以来解读颇多谬误,就其原因,首先就是没有明确,此两句的作用为何。再加上受到象辞中"民说无疆"等语句的误导,很多解易者,都将此解读为:六三"有孚中行",拿着天子所赐之"圭",去朝见天子;或者面对前面的"凶事"(被解读为灾荒),六三持圭向天子请示赈济,又或者天子派使节持圭,命六三赈济等等。

再理顺了"有孚中行,告公用圭"与"无咎"之间的逻辑关系之后,尤其是结合益卦所对应的"时",就不难判定:

"有孚中行"的是指阳刚上九,由"清而亢"到"有孚中行",可视为是对自身行为一种收敛,对心态的一种校正,因此可以视为一种"失"。

"告公用圭"则是阴爻六三的反馈,其中"告公"一词,自古未有确解,笔者认为,此处的"告"应当是被用作形容词,来修饰"公","公"则是指六三,"告公用圭"体现的是对阳刚态度的转变。

"告"的甲骨文为𠮷，"舌""言"的甲骨文都极为相似形如一个倒置的铃铛，这是因为古人（首领）在讲话之前，都要通过摇木铎来聚集部众。由此可知，"告"有聚众而议的意思。所以当其被用作形容词的时候，很可能是有意见、有怨言的意思。"告公"则是有意见、有怨言的人的意思。这与益卦卦变之前，所面临的"否"之时的阴阳关系，以及六三所处的爻位正相符合。

"圭"是君王所赐的信物，诸侯与君王之间，诸侯与诸侯之间，在重大场合之上，或重要信息沟通之时，都要使用"圭"。因此"用圭"，一方面说明了沟通的出现/存在，另一方面则体现出恭顺谨慎的心态。这与益卦卦变——阳刚"自上下下"自损以益阴柔之后的结果，或者说进行卦变的目的，正相符合。因此对阳刚来说，可以视为一种"得"。

有"失"有"得"，得失平衡，也正是损益之道的真谛所在。即如严父教子，虽然有不尽人情之处，但由于其心"有孚"，其行"中正"——亲情使然，严而不过，故可谓"中"。呵斥有加，所图者，不过子女心性"正"而不淫而已——所以可以"无咎"。

象辞说"固有之也"，意思是说，"益之用凶事"这种"益"，本来就在世间存在，是一种正常的行为。


**六四，中行，告公从，利用为依迁国。**

【译文】行为适度，有意见的人会顺从，可以被用来做为迁都之后的依靠。

**象曰: 告公从, 以益志也。**

【译文】有意见的人会顺从, 是因为巩固了其心志。

【解读】在六三解读的基础上, 六四的爻辞, 就宛如白话了。

"中行"就是指与其正应的初九的行为方式, 或者说其与六四交往的态度。之所以一再强调阳刚"中行", 一方面是因为, 造成否卦时, 阴阳不交、上下不偕的根本原因, 就是阳刚在心态上清高, 在行为高亢。所以要解决这一问题的关键所在, 就是阳刚要调整心态, 纠正行为, 即要时刻保持"中行"; 另一方面则是要突出, 九五居中得正, 而且又是"益"的幕后发起者, 这一要素。

"告公从"是阴柔对阳刚"中行"的反馈, 或者说是"中行"换来的结果。从象上看, 六四卦变之后, 进入上巽之中, 巽为顺从, 因此有"从"之象。

"利用为依迁国"是对"中行"所换来的结果的进一步阐释。"利用为"是指六四可以被用来做"依迁国"。对所谓"依迁国", 先儒常引用西周东迁时, 以郑晋为依的故事, 但却不愿正视周王室, 与郑晋两国之间的关系——不是郑晋依附于东周, 而是东周依附于郑晋。所以, "依迁国"虽然在卦象上, 可以理解为, 经由六四的升迁, 坤卦三爻有整体升进, 依附于九五之象。但在义理上, 则仅仅是要强调, 通过卦变——阳刚的自损, 将六四由一个满腹怨气的"告公", 变成了可以信任、依托的心腹。

所以象辞说"以益志也"——增益/巩固了六四的心志。

**九五,有孚惠心,勿问元吉。有孚,惠我德。**

【译文】有信诚恩惠他人之心,不用疑问大吉。有信诚,(人们)受惠于我的德行。

**象曰:有孚惠心,勿问之矣。惠我德,大得志也。**

【译文】有信诚恩惠他人之心,不用疑问了。(人们)受惠于我的德行,能够广泛地赢得其心志。

【解读】九五爻辞,是对自上"益"下之道的概括总结。

"有孚惠心"说明,自上益下重在具有一颗,恩惠他人之心。这是因为,比较泰卦的六五和否卦的九五,如果说泰卦六五,不能惠及天下,尚有有心无力的借口的话,那么以阳居阳,居中得正,怀才拥位的否卦九五,则只能是因为,缺少一颗惠人之心。

所以,在益卦中——九五已经策动了"益"的行动之后,九五爻辞以"有孚惠心"起首,就点明了,当下(益)之时,阳刚之"益",都是源于九五有一颗惠人之心。

九五有阳刚之才,行能中正,如今又能"有孚惠心",所以"勿问元吉"——不用问,一定会得到"元吉"的结果。这实际也解释了,为什么初九可以"用为大作",可以"元吉",因为初九就是九五的代行人。

"有孚，惠我德"是说，因为九五"有孚"——真诚，因此人们感念到的是，来自九五的恩德（而非利益）。

整合全句的意思就是，由于九五的具有真诚的惠人之心，所以施与恩惠的行为，在其自身看来，就是心性的自然流露，而在受惠者眼中，则是一种高尚的品德。所以爻辞中的"心"与"德"，实际上是一回事。但是对于作为君王的九五来说，却大不一样——通过利益的恩惠，建立起来的联系，也只能是以利益需求为基础的，只能叫作伙同；通过恩德/道德——精神的恩惠，建立起来的联系，也是以精神需求为基础的，才能叫作追随。用现代的话说，就是凝聚力问题。

所以象辞说，"惠我德，大得志也"。

**上九，莫益之，或击之，立心勿恒，凶。**

【译文】不能再益，（否则）就有人来攻击它了，不能过于执着，（否则）有凶祸。

**象曰：莫益之，偏辞也。或击之，自外来也。**

【译文】不能再益，是因为已经偏激。有人来攻击它，说明是自外而来。

【解读】益卦上九，也是自古以来，遭到颇多误解的一爻。主要是因为，传统的解易者，受到断语"凶"，和做人做事应当矢志不渝的儒家基本价值取向的影响，而没有判明爻辞针对的对象为谁。

其实只要回到最初的"时"概念上，上九爻辞的对象，就一目了然了。

益由否来，益之时由否之时而来，益之用在于解否之难，否之难的根源就在于，阳刚高亢在上，而上九本身又有亢龙之象。因此，在益卦中，其他五爻细细品来，都各有所益，唯独上九不能再益。

所以，上九爻辞的对象，不是别人，正是上九本身。

"莫益之，或击之"就是说上九不能再益，再益则过亢，就有可能有人来攻击它了。

"立心勿恒"是被讹读最甚者，先儒为了迎合传统的价值观念，而将"勿"解为"无"的通假字，认为上九是因为立心无恒，才逢凶的。大谬！

对于常人，处于平时，当于常事，固然应当立心有恒，但是对于上九亢龙来说，恰恰相反，"有恒"则亢进不止，不止则必有凶。所以此处的"勿"不能是"无"，无是没有，勿是不要，亢龙之失，正在于心性恒而不易。改亢龙之性，则正适于"立心勿恒"。

结合大象，只有"立心勿恒"，才能"见善则迁，有过则改"。所不能改者，唯求道之志、从正之心而已。

"凶"，则是假设，是对上九的预警，是对上九的不依前言而行的结果的评断。

象辞"莫益之，偏辞也"中的"偏辞"，应当类似于现代所说的偏激，是对"莫益之"的解释——上九已有偏激之嫌了。

# 夬——初登大宝

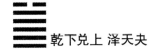

乾下兑上 泽天夬

对于《周易》中卦辞、爻辞的解读，关键在于对卦象所反映的时与势的理解，也只有将象——时——辞三者融会贯通，才能真正了解到易理的真谛，才能对现实有所助益。

《周易》中的时与势，一言以蔽之就是阴阳消息，因此直接对应于这一过程的十二消息卦，就成为支撑起《周易》中时、势变化的主干，它们所反映的是，阴阳消息过程中的十二个重要节点，因此与由它们演变而出其他五十二卦有所不同的是，具有更强的阶段性和绝对性。

夬（guài）卦就是十二消息卦之一，是由大壮卦直接发展而来的，阳长阴消过程中的第五卦，因此在爻辞中，带有明显的与大壮卦的联系，但是二者之间又存在着本质性的区别。

大壮是阴柔当道，民情激越，但仍未取得最终的主导地位——五位之时。夬则是阳刚初登九五，上有阴柔残余，下有民情未平之时。简言之，二者之间的本质性区别就在于，大壮未得君位，夬卦已/刚得君位。

得君位，则当天下。当天下，则有安天下之责。有安天下之责，则要思天下之安。所以上要决去（夬就是决的意思）阴柔之残余，下要平复尚且激越之民情。比之于人事，夬卦则如新朝之初建，君王虽登大宝，但内有汹汹之同道，外有前朝不甘寂寞之遗老。

这就是，夬卦所对应的时与势，其在卦辞上的体现就是，对阴柔有必去之责，但又不能刚猛躁进；在爻辞上的体现就是，下卦仍有躁进之情，上卦已有天下之思。先儒解夬通而不畅的原因，在卦辞、爻辞的解读上，往往含混晦涩的原因，就在于对其时势的把握不够准确。

**夬　扬于王庭，孚号有厉。告自邑，不利即戎。利有攸往。**

**【译文】**张扬于王庭之上，厉声呼号。各种怨言从底层反映上来，不要立刻使用激烈手段，应当有所行动。

**【解读】**对于"扬于王庭，孚号有厉"一句，虽然先儒曾有不同解读，但总体上是基本一致的，那就是将阳刚（九五）视为主语，即九五将上六的恶迹张扬于朝堂之上，而且通过"孚号"来警醒、招集同道共讨之。

如果没有上述关于夬卦所应时势的分析，那么就看不出上述解读的问题，但是结合新朝初建、民情不稳的时势，就会发现，这是一种极其危险，同时又是极其不负责任的自私行为——可以巩固九五的地位，但同时也有可能置天下于更大的混乱之中，是一种对天道的背叛。

原因就在于,如下图所示:

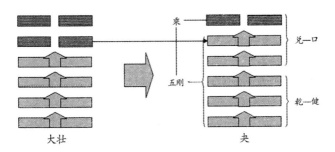

此时卦象变化的推动力,仍旧是来自于卦象的底层,因此一旦初登君位的九五,继续依靠来自底层的力量,急于以求除去上六之一时之快,那么就其自身而言,是放弃/不尽自己控制时局的责任;就天下大局而言,则是将国之命脉交与小民之手,与将治家之权,交与孩童之手无异。

无论结果如何,总是与理不合。

阳长阴消的过程,就是阳刚革除阴柔,重掌天命的过程,行至夬卦是一关键转折。此时,对于阳刚而言,君位已得,天命已当,其角色已经从革命者,变成了执政者,其思路与行为也应当随之而变。

只有这样,才能体现出,对天道的顺应。

基于此,笔者认为,"扬于王庭,孚号有厉"一句的主语,不是阳刚而是阴柔,不是九五而是上六。"扬于王庭,孚号有厉"所反映的,正是作为阴柔之残余的上六,不识新朝初建之时务,非但仍旧忝居高位,而且还要张扬于王庭之上,厉声厉色大声呼号。其中"孚"与诚信无关,而是"浮"的通假字,有轻浮,张狂之意。"厉"也不是危厉的意思,而是严厉、凶猛的意思。

　　至于为什么上六，可以如此，还需要作两个方面的补充理解：

　　首先是要回到创易的时代背景中去。上位为宗庙之位，因此代表着社会上的精神力量，就其载体而言，包括早期神职人员，和后来的史官，以及社会上具有较高声望的其他人员。因为至少在殷商以后，中国的政治，就基本上摆脱了神权的控制，所以在后世的中国人眼中，神权好像仅仅是王权的附庸而已。但是在神权依旧兴盛的创易时代，作为其载体的神职人员，应当与后世西方的教廷相似，是独立于王权之外的。所以不仅完全有能力，有资格，在新朝初建之时，继续"扬于王庭"之上，而且因为需要借助其来稳固自身的地位，新任之君也往往只能对其有所忍让。

　　这在中世纪的西方政治中，是司空见惯之事。在后世之中国，与其最为相近的力量，就是由前朝之君，遗留下来的由外戚、内侍（太监）组成的政治力量，和改朝换代之时，前朝遗留下来的传统观念，及其载体们。

　　其次，阴阳存在着本质的区别，而且在阳刚面前，阴柔始终是无能和卑贱的，所以在君位已得、大局初定之后，放纵甚至怂恿上六"扬于王庭，孚号有厉"，也是使之自曝其丑，让更多的人，更快地了解其不堪的本质，加速其走向消亡，是已登君位的阳刚，顺利决去上六的最佳手段之一。

　　"告自邑，不利即戎"一句，尤其"告自邑"，通常被解读为，应当首先反省自己，即将"自"解读为自己。事实上，这是继前一句对上之法而来的，九五的安下之策。

"告自邑"就是说，各种"告"——怨言、不满、警示，从"邑"——社会的底层单位，反应上来。说明了两个方面的问题：

一是，九五的对上之法——让上六"扬于王庭，孚号有厉"，产生了作用，上六的不堪已经被"邑"中之人所知，并且激起了民众对它的反对，这实际是一个逐渐取其根本的过程——无论是一种观念，还是作为其载体的人，都需要以民众的信服和关注，作为存在的基础。一旦失去了这两点，即可不攻自灭。

二是，位于底层的"邑"中之人身上的大壮之情未去，仍旧处于某种不安与激越之中。

"不利即戎"是基于上述两点的，进一步的执行策略，就是不要立刻使用激烈手段（以即为立即），或者不要使用激烈手段（以即为就，为用）的意思。

综合上述，用兵法的话说，这就是所谓的"不战而屈人之兵"之法。

"利有攸往"是说，应当有所推进不能松懈的意思。这是因为，一方面阳长阴消，是卦中表现出来的必然趋势，因此作为九五，不能违背天道，裹足不前。另一方面，比之于人事，作为新建之朝，当然不能留宗庙之位于前朝之手，自然不能用前朝的观念，统御本朝之人民，所以无论用何种方法，最终仍旧是要将上六决去。

比较"戎"与"往"，就会感受到，阳刚占得君位之后，在思想和手段上的变化——"戎"虽快，但也有致乱之虞。与之相比，"往"为持常而进，虽缓，但却是可保天下之安的稳健之法。懂得用时间换稳定，是九五成熟的表现。

**象曰：夬，决也，刚决柔也。健而说，决而和。扬于王庭，柔乘五刚也。孚号有厉，其危乃光也。告自邑，不利即戎，所尚乃穷也。利有攸往，刚长乃终也。**

【译文】夬是决的意思，是阳刚在决除阴柔。刚健而喜悦，决除却能和悦。"扬于王庭"，是指阴柔上乘五个刚爻。"孚号有厉"，是说其危厉因此而显著。"告自邑，不利即戎"，是说这样可以使其进入窘迫的境地。"利有攸往"，是说阳刚息长才能告一段段。

【解读】"夬，决也，刚决柔也。"一方面解释了卦名，另一方面也说明了，卦中阴阳的基本关系，和辞的基本主旨，即终究是在讲述，阳刚如何决去最后的阴柔。

前人多将"健而说，决而和"一句，视为赞语。笔者认为，更像是对"刚决柔"之法的定调，即阳刚如何决去阴柔——"健而说"，阳刚决去阴柔之后，要实现的目的与效果——"决而和"。

之后四句，是在具体地解读卦辞（参见上图）：

"扬于王庭，柔乘五刚也"一句，是通过卦象来直解卦辞"扬于王庭"，由此显而易见，此间反映的是阴柔自身的行为，主语是阴柔。"扬于王庭"是其行为的具体表现，既不是，也无需阳刚特意来"扬"。

"孚号有厉，其危乃光也"是说，正是因为"孚号有厉"，所以其危险才变得更大，更明显。先儒将此解读为，是九五大声呼号之后, 暗藏的危险, 才得以被关注。两相比较, 不难看出后者的曲奥、无理——阳长之势未尽在上, 汹汹之情正炙在下, 此时尚需呼号, 来日民情渐惰又当如何?

"告自邑, 不利即戎, 所尚乃穷也"是说, 虽然"告"已经"自邑"而来, 仍旧"不利即戎", 这样反倒可以使阴柔之道自穷。

兵法云:

凡用兵之法, 全国为上, 破国次之; 全军为上, 破军次之; 全旅为上, 破旅次之; 全卒为上, 破卒次之; 全伍为上, 破伍次之。是故百战百胜, 非善之善者也; 不战而屈人之兵, 善之善者也。

就是这个道理。在莽夫俗将眼中, 胜利就是逐寇追北, 却不知当自家人困马乏之时, 人家已经重聚战力, 卷土重来。所以善战者, 如廉颇、李牧等, 常以坚守而召非议, 结果却往往是, 要么兵未战而秦兵已退, 或一战即使匈奴远遁。

夬卦中, 阳刚已占据有利局面, 有以静制动的资本, 因此"不即戎"既可以防止道统之乱, 又可以使阴柔自消于无形, 坐收全国之心。

"利有攸往, 刚长乃终也"正是此意, 因为夬卦处于阳长阴消的过程中, 因此"刚长"是必然的发展趋势, 因此只要"有攸往"——保持阳长阴消的趋势, 那么随着"刚长", 阴阳的对抗, 阴柔的残余, 都将自动告以终结。

此不为"不战而屈人之兵", 何为?

**象曰: 泽上于天, 夬。君子以施禄及下, 居德则忌。**

【译文】夬卦有大泽在天上之象，君子观此象，应当懂得向下广施恩惠，忌讳以高德自居。

【解读】卦中上兑为泽，下乾为天，因此有"泽上于天"之象。

上六是上兑之主，因此"泽上于天"的取象，主要是针对上六的。由于上六为阴柔之爻，不可能堪称君子，所以后面的"施禄及下，居德则忌"是根据上六的言行，得出来的教训，而非经验。

意思就是说，居于高位者，应当以"施禄及下"为己任，不能以德高望重自居。基本上相当于后世的那句，"当官不为民做主，不如回家种红薯"。

**初九，壮于前趾，往不胜，为咎。**

【译文】壮大于前脚趾，继续前往，就会因为不胜其力，而有咎害。

**象曰：不胜而往，咎也。**

【译文】不胜其力而前往，因此有咎害。

【解读】夬卦自大壮发展而来，其下卦三爻，居于阳位者，均称"壮"，唯一一个居于阴位的九二也"惕号暮夜"，足见虽然上卦中，阳刚已经占据五位，但下卦之中，依然"壮怀激烈"之情不减。

初九为一卦之初,因此有足、有"趾"之象,而所谓"前趾",则是为了凸显夬卦与大壮卦的联系,以及下卦中的"大壮"氛围。因为大壮的初九爻辞就是"壮于趾",所以夬卦初九的"壮于前趾",具有继之而来的意味。

初九之壮,体现的正是夬卦所对应的,新朝初建之时,曾经激越的民情尚未完全平复的状况。其危害性在于,容易因为不舍革命的激情,而忘却了建设的责任,影响从革命者向建设者的角色转换。

所以,爻辞说"往不胜,为咎"——如果继续前往,就会因为不胜其力,而有咎。这在后世的历史上,屡见不鲜。

通常一场革命过后,随着新的王朝的建立,必然出现两大问题:一是军队如何遣散的问题,二是开国的功臣,尤其是武将如何解甲归田的问题。

前者,通常会因为战争造成大量的人口损失,带来的土地闲置,而得到解决。后者,则促成了一场场鸟尽弓藏的血腥大戏。历代的开国之君,也往往因此背上了残忍之名,其实其背后就是这夬之初九所反映的问题:阳长至夬,就到了转换思路、变换角色的时候,不能适应这一转变,就是不能顺应天道,就是时代/国家发展的阻力。对于初九小民来说,可以戒之曰"往不胜,为咎",对于那些功勋卓著,满腔激情,甚至手握重兵的开国功臣,不杀何以止其"往"?

象辞"不胜而往,咎也"进一步明示了,初九不能往,往则有咎的原因——"不胜而往",力有不胜而强往,所为者绝非天下之安康,不过一己之利欲而已,岂能无咎。

**九二，惕号暮夜，有戎无恤。**

【译文】夜晚发出各种示警，即使真的有兵戎来袭，也不必忧虑。

**象曰：有戎无恤，得中道也。**

【译文】有兵戎来袭也不必忧虑，说明其行为比较适度。

【解读】九二"惕号暮夜"，虽然仍旧难掩不忿难安之情，但是其所使用的方法，不是直接的"往"，而是"惕号"——不停地发出各种示警，因此不存在有咎的问题。同时因为上六的客观存在，九二的"惕号"对于它的正应，应当还是一种警醒，因此非但无咎，还可以起到"有戎无恤"的作用——即使真的有兵戎来袭，也不必忧虑。

由此看来，九二应当就是"告自邑"的主要来源，而且似乎九二还应当，得到类似于"吉"的断语。爻辞却不置评断的原因，一方面通过上下两爻的"无咎"，和自身的"有戎无恤"已经可以衬托"吉"的意味；另一方面，则是不想鼓励"惕号"这种行为，虽然"惕号"较之于壮而往来说，可以堪称"得中道"，但是如果天下因一句"吉"断，而纷纷效仿，为君王者岂不要听取"惕号"一片？其间又有多少是邀宠之声，其谁能识？

**九三，壮于頄有凶。君子夬夬，独行遇雨，若濡有愠，无咎。**

【译文】壮大于颧骨, 有凶祸。君子决决, 独行遇到雨水, 好像是被弄湿了, 面有怒色, 没有咎害。

**象曰: 君子夬夬, 终无咎也。**

【译文】君子决决, 终究没有咎害。

【解读】頄(qiú)是颧骨的意思。"壮于頄"就是大壮之情溢于言表之意。"有凶"是对"壮于頄"作出的一般性断语——通常情况下, 人喜形于色, 是容易招致凶祸的。

"无咎"才是对九三的断语, 而中间的"君子夬夬, 独行遇雨, 若濡有愠"则是根据九三的实际情况解释, 为什么在通常情况下的"有凶", 在九三身上却可以"无咎"。

如下图所示:

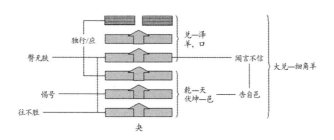

"君子夬夬"一句说明了九三的处境。九三与上六正应, 因此面临着"刚决柔"的大是大非的决断, 所以需要有"夬夬"——决决之情。

"夬夬"——决决在这里, 既可以理解为绝决, 取坚决果断的意思。也可以理解为是水流的样子, 取顺应"刚决柔"的大道之意。总之，都是在说九三"壮于頄"，是为了完成"刚决柔"的大道。

"独行遇雨，若濡有愠"是说明，"壮于頄"在九三身上具体表现：

由于九三与上六正应，且是卦中唯一一个，与阴柔正应的阳爻，所以说"独行"。又因为上六有"泽上于天"之象，"泽上于天"则为雨，因此称"遇雨"。

"若濡"的意思是说，好像被弄湿了，实际则未必真的湿了。仅仅如此既已"有愠（yùn）"——面有怒色，可见九三作为阳刚，与阴柔的水火之势。由此看来，"夬夬"——决决作决绝更为合适。

比之于人事，九三之所以可以"壮于頄"而"无咎"，则可作两面解，一是"壮于頄"，终究未"往"；二是对于已经有位，而且在进一步的"刚决柔"的进程中，还将升得"四"诸侯之位，当下却与阴柔"遥相呼应"的九三来说，"壮于頄"是表明其立场的必要行为。所以可以无咎。

象辞"君子夬夬，终无咎也"，就是这个意思。


**九四，臀无肤，其行次且。牵羊悔亡，闻言不信。**

**【译文】**臀部没有皮肤，行动犹豫不进。牵住羊没有忧悔，听到言语也不要相信。

**象曰：其行次且，位不当也。闻言不信，聪不明也。**

**【译文】**行动犹豫不进,是因为位置不恰当。听到言语也不要相信,是因为不够聪明。

**【解读】**由于缺乏对夬之时势的正确认知,同时又受到象辞的误导,所以前人在解读夬之九四时,往往陷入重重迷雾之中。

首先是对"臀无肤"知其然,而不知其所以然。由于象辞说"其行次且,位不当也",于是就将"臀无肤"的原因,归结为九四自身的问题。其实,通过九三的爻辞,就可以看出,夬卦中爻的取象,是与其应爻有关的。(参见上图)

所以九四"臀无肤"是应于初九的"往不胜",即取象于其应爻的无力。"其行次且"是"臀无肤"的直接结果,"次且(zī jū)"是行动犹豫的意思。

九四因为其下缺乏应援,而行动"次且",一方面与夬卦新朝初建,根基未稳的时局相合,同时也有劝其不进之意。更重要的是,将后面的"闻言不信",融进了整个爻辞之中。

"牵羊悔亡,闻言不信"原本应当是完整的一句,是前面"臀无肤,其行次且"的延续,但是却被前人断为了两句:

将"牵羊悔亡"解读为牵住九五(或者阳刚)这头躁进之羊,就可以避免忧悔,即是强调不进、审慎之意,这是正确的。

但是由于没有理解"臀无肤",是取象于初九的"往不胜",所以就将"闻言不信"解释为,因为九四"位不当"等自身缘故,导致听不进"牵羊悔亡"的劝告。大错!

"闻言不信"同样是应于初九,或者更准确地说是应于下卦之"告",意思是说:即使听到了别人(劝进)的言论,也不要相信。这正是卦辞"告自邑，不利即戎"，所要传达的思想。

九四之所以有"牵羊悔亡，闻言不信"之责，一方面是因为爻辞中的"臀无肤，其行次且"，即根基不牢；另一方面则是由其爻位所赋予的，即九四出离下卦，升入诸侯之位，虽然不比九五君临天下，但终究也是一方诸侯，有控御一方之民的责任。所以，当小民"告自邑"的时候，它应当具有更高的境界、更全面的思维，做到"闻言不信"，尽到控制舆论、安抚民众的职责，而不是随小民一起躁动激越。

象辞"聪不明也"，是对爻辞的误解，不足取。

**九五，苋陆夬夬，中行无咎。**

【译文】细角之羊却有决决之情，行为适度就没有咎害。

**象曰：中行无咎，中未光也。**

【译文】行为适度就没有咎害，"中"是尚未广大的意思。

【解读】对"苋（xiàn）陆"一词自古有不同解读，概括来说，一种是将其解为阴气较重、脆而易折的植物；一种是将其解为角比较细的羊。无论哪种解释，都可以看出，九五虽然占据天位，但却并非强悍之君。结合卦象——兑为羊，以及九四的爻辞，笔者认为，细角之羊的解释，可能更为准确。

"细角之羊"与九五新任之君的角色，有相似之处，都是有其名，而未全有其实。

由于九五是唯一一个与阴柔直接接触的阳爻,因此与九三相似,同样面临着"刚决柔"的决断,所以"苋陆夬夬"——虽是"苋陆"之才,却不能减"夬夬"之情。

但"苋陆"之才终究不堪刚猛之用,用则可能自损,所以只要"中行",就可以"无咎"。所谓"中行"就是卦辞所说的"利有攸往",即保持"刚决柔"趋势不变,虽阳长阴消之大势而进,即可,无须节外再加做作。

至此回顾卦辞,就可以十分清晰地明白,"扬于王庭,孚号有厉"绝非九五的有意作为,而只能是上六自身的本性流露。

象辞"中未光也",就是在说,九五能行中道,但其实力并未广大。

卦中九五的中正,在现实中并非易见。相反,在中国历史上,随着城头更换大王旗一并上演的,往往是烧宫室、拆城墙,就其根源,除了必要的军事意义之外,不过是因为新君少了一颗中正之心,只能靠破坏与毁灭,来泄对前朝之恨,树自己之威罢了。

**上六,无号,终有凶。**

【译义】不要再呼号了,终究会有凶祸。

**象曰: 无号之凶, 终不可长也。**

【译文】不要再呼号了,终究会有凶祸,是因为终究不可长远。

【解读】这一句，自古无异议，"无号"就是说上六不要再呼号了，"终有凶"就是终将有凶的意思，因为上六之被决，并非是九五一己之愿，而是阴阳消息的必然结果。所以象辞说"终不可长也"。

比之于人事，则是要识时务知进退，既不要因为贪恋权威，更不能将别人（出于时局的需要而施与）的礼敬，看作是自己当得之荣誉，以免自取其辱。即如箕子在殷商灭亡之后，虽然被周武王敬畏"帝师"，依旧决然而去，远走朝鲜。

需要指出的是，这里的"无号"应当是与卦辞中的"孚号"相呼应的，因此其"号"不是乞怜之哀号，而是厉声之"孚号"。

# 姤——阳牵阴来

**巽下乾上 天风姤**

姤卦是反映阴阳消息变化的十二消息卦中,阴长阳消的第一卦,其重要性和特殊性不言而喻。因此要深入理解姤卦的内涵,就必须要把握好以下三个关键概念:

- 阴随阳动;
- 阳须阴成;
- 姤中有情。

前两点是尽人皆知的阴阳关系中的基本原则,同时也是最容易被人忽视的基本概念,即以对阴阳消息的规律的描述而言,人们习惯性地将这一过程,分为阳长阴消和阴长阳消两类,给人以阴阳两面,完全平等的印象,将对所谓阴长阳消的卦的理解,引向歧途。

事实上,无论是阳长阴消,还是阴长阳消,在变化的过程中,始终都是阳刚在起着主导性的作用,阴柔则始终扮演着追随其后、随之而动的角色。而卦辞、爻辞中反映出来的阴柔进逼的意味,则是针对卦象形成之后的静态局势而言的。

至于阳刚为什么不能长久地保持乾卦,六爻纯阳的局面,而终究要引入阴爻,形成姤卦等所谓阴长阳消的卦象,则是因为:从易理上说,阳刚有且只有"资始"的特性,需要有且只有"资生"特性的阴柔来辅助,才能生化万物;从卦象变化上说,阳刚"资始"本身就决定了其必然健行不止,而因为其行而产生的卦象空缺,则必须由随之而来的阴柔来填补,才能保持卦象的联系。所以,阳须阴成,也就是说,阳刚对阴柔是有先天性的需求的,即如天地、男女一般。

正是上述的主从,和需求关系,决定了阴阳之间必然"有情",即阳须阴成,而必携之而行,反之阴随阳动,而必依/求其来携。这种"情"表现在姤卦上就是,推动姤卦的形成的动力,来自于阳对阴的需求;形成姤卦之后,阴柔的继续升进,仍然需要依附于阳刚,仍然需要阳刚的提携、牵引。

对"姤中之情"的把握,是解读姤卦的关键,先儒正是不解此情,而在不经意间将阴长阳消,看作是阴柔对阳刚主动性的进逼,在强化了对阴柔的抵触的同时,也淡化了阳刚的主导作用,进而使易理隐没于偏见的背后。


**姤 女壮,勿用取女。**


【译文】女性壮盛,不能认同这样的女子。

【解读】由于缺乏对姤中之情的正确认识,所以先儒面对姤卦卦辞,都异口同声地将其解读为,女性太过强悍,因此不能娶这样的女子。却不曾仔细思考,在一个父系社会中,女子何以能"壮"?

姤卦自乾卦演进而来,从卦象上看,乾卦六爻纯阳而无阴,因此根据阳须阴成的原则,乾卦必然要有所变化,以引入阴爻。即如一个完全由男性组成的社会,必须要引进女性,才能和谐内部关系,衍生新的后代一样。所以,所谓"女壮",并非(仅仅)是女性——阴柔自身是否强悍的问题,而是因为阳刚求之切造成的。即不是绝对的,而是相对的;不是主动的,而是被动的。

试想,六十四卦中,哪一卦能比六爻皆阳的乾,对阴柔的需求更为强烈?反之,对于一个阴爻来说,又有哪一卦能比在姤卦中,更能突显其重要性?

"勿用取女"的确是在说,不要对"女"——阴柔,采取认同的态度。但是这并不仅仅是,简单的阴阳有别的问题,而是继"阳须阴成"而来的,对促成阴柔更生的反思。

比之于人事,可以从两个层面来考虑:

首先是从宏观上看,纯阳之思阴,即如承平日久而生淫佚,激情过后而求安逸,是人类社会中的自然规律,就如同海盗在抢劫之后,需要放纵一样,正常、现实而迫切。但其背后的微观世界中,则是"上有所好,下必甚焉"。也就是说,看似淫邪自下而生,进而迷漫至上的社会现象,其本质则是由于身居上位的统治者们的或好或坏的情趣表现、价值取向,经过群体性的放大之后,产生的结果而已。

换言之,是生于上,壮/盛于下,看似阴柔更生,实为阳刚所致;看似小民饱暖思淫欲,实为小民投君上之所好。由此就可以得出另一个, 对解读本卦至关重要的概念, 即 "姤" 字应当作何解?

象辞说 "姤, 遇也。" 但同时, "姤" 的本意又是婚媾, "遇" 也不仅仅是相遇之意, 同时也有应对、投合等意, 由此并结合上述分析, 笔者认为 "姤" 中包含着三种 "遇":

- 一是阴阳相 "遇";
- 二是阴柔对阳刚的投合之 "遇";
- 三是阳刚对阴柔的应对之 "遇"。

这三种 "遇" 在象辞中各有所述, 在卦辞中, 重点强调的则是第三条——阳刚对阴柔的应对之 "遇"。也就是说, "勿用取女" 反映的是阳刚对随之升进而来的阴柔的态度, 而如果绕开表面化的阴阳关系, 则可以看到更本质的内容, 即是对阳刚自身行为——对阴柔的需求的否定, 只是由于这种需求是客观的, 而且从宏观上说, 也是对社会有益的, 或者说是社会稳定所必须的, 因此创易者, 不能直接地予以否定, 而只能用 "女壮, 勿用取女" 尽人皆知的 "常识", 来加以警戒。

"姤" 中所包含的三种 "遇", 反映在卦象则如下图所示:

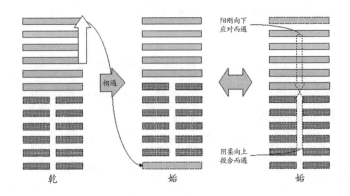

为爻辞的解读提供了一个重要思路，即在卦中存在着一个阴阳相对的特殊关系。这种关系本来是普遍存在于所有的消息卦中的，但是由于姤卦的特殊性，而在其中表现得尤为突出，因而成为正确解读爻辞的关键所在。

**彖曰：姤，遇也，柔遇刚也。勿用取女，不可与长也。天地相遇，品物成章也。刚遇中正，天下大行也。姤之时义大矣哉。**

【译文】姤，是遇的意思，阴柔迎合阳刚。"勿用取女"，是不可纵容滋长的意思。天地相遇，才能成就各种物类。阳刚迎合于中正，天下得以畅通。姤卦的意义太重要了。

【解读】在"姤，遇也"之后，彖辞中出现了："柔遇刚也"，"天地相遇"和"刚遇中正"三个"遇"。很显然，这三个"遇"各不相同，其中"柔遇刚也"是有主次关系的；"天地相遇"表现的是平等关系；"刚遇中正"中的两个主体之间，本身就不是一类。

因此，如果仅仅单一地将"姤"解读为"遇"，又将"遇"理解为只有单一的一种意义，是无法适应解读彖辞的需要的。反之，孔子在此处用了三个"遇"，想来也是为了提醒读者，对这里的"遇"，是有更宽泛的内涵的。

笔者认为：

"柔遇刚也"一句，是在解释了卦名之后，首先强调"阴随阳动"的基本规律，即此处的"遇"以迎合、投合为主，其所要表达的内涵就是，姤卦的产生，并非阴柔主观所致，而是追随于阳刚之后，迎合于阳刚之需的结果。这一句，为初六爻辞的解读，定下了基调。

"天地相遇"一句，是在解释"阳须阴成"的道理，即天需要地的配合，才能生化万物。所以此处的"遇"，就是平等相合的意思。

"刚遇中正"是寓意最为深刻的一句，因为无论是刚柔，还是天地，都是一对同类而相对的概念，而"刚"和"中正"一个是爻的属性，一个是位的属性，根本不是一类，也就不可能是类似天与地的平等并列关系，而只能是一种主从关系。又因为爻位是静止的，爻则是可变的，所以只能是位为主，爻为从。

这就是说，"刚遇中正"所要表达的基本意义就是，阳刚迎合于中正。可以说，就是这一"迎合"——"遇"，才决定了六爻皆阳的乾，必然会演变成一阴在下的姤。

因为"中"的本质，就是适度与平衡，所以当六爻皆阳的时候，本身就极度需要引入阴柔，以实现这种平衡。由此可见，正是"刚遇中正"——阳刚要迎合于中正，才决定了阴柔的出现，或者说是被引入的必然性。

比之于人事，可以看得更加清楚。

由于乾卦的卦主是居中得正的九五，说明乾卦所对应的时代的君王，是一个中正之君。作为中正之君的基本特征之一，就是行为适度而温和，其表现就是对民众具有更大的包容性，也就是能够容忍，一部分具有阴柔属性的事物，在以阳刚为主导的前提下存在。

但是随着时间的延续，以及在臣民对君王的思想行为的习惯性刻意揣度与迎合的推动下，那些出于对"中"的迎合，而被容忍的具有阴柔属性的事物，就会逐渐滋生蔓延开来，其累积的结果就是，过而不"中"，甚至还可能发展成以不正为"中"。

反之，虽然一个刚爆不"中"之君，必然会将臣民置于强权与独裁之下，虽然这将使生活变得乏味，甚至带有一定的恐怖色彩，但是并不意味着，一定会对"正"带来直接的损害。恰恰相反，还很有可能因为他的不"中"，而导致"正"的纯正。比如，世人都说汉武帝是一个刚暴之君，但是如果没有他的刚暴，中原民族能够不仅从军事上，而且还从心理上，彻底击垮匈奴吗？

所以，"刚遇中正"后面的"天下大行也"，指的是阴柔之道，而非阳刚之道。即，正是因为阳刚要迎合于中正——比如后世所谓的仁君的标准，才使得阴柔之道，能够大行于天下。在阳刚之世，阴柔大行，其结果必然是阴阳相协而亨通，（或者也可以直接将"行"解读为畅通）这也是"姤"卦的价值，或者说是阴柔对于乾卦六阳的吸引力所在。

至于"中正"与"刚暴"的优劣，则需因时而论，要看时势的具体需求，就像古罗马虽然是一个民主的共和政体，但是在战争期间，他们则要通过选举，产生所谓的独裁官，赋予他独裁的权力一样。

"勿用取女，不可与长也"是在解释卦辞，先儒由于不解姤中之情，因此只能按照字面解释为：因为自身强悍的女人，不能与之长久相处，因此不要娶她云云。实际上，"不可与长也"这句话，不仅可以解为不能与之长久相处，更可以解为，不能纵容滋长的意思——取"与"为赞许的意思。

前者说明了阴柔势力的不稳定性，即如现实中的时尚，来也汹涌，去也澎湃；后者则是在强调作为时局的主导者，阳刚的责任所在。如果比之于人事，则还是在突出和强调，统治者对社会风尚的走向，所具有的不可推卸的责任。

**象曰：天下有风，姤。后以施命告四方。**

【译文】姤卦有风行天下之象，君王观此象，应当懂得将命令传告四方。

【解读】卦中上乾为天，下巽为风，因此有天下有风之象。古人讲风，看作是天地沟通的媒介，是上天之命的载体。换言之，天下之风，源自于天，而不在地。这里面，就暗含了上述阴阳之间的主从关系。

"后"是上古是对君王的称谓之一，"施命告四方"就是将命令传告四方的意思。

**初六，系于金柅，贞吉，有攸往，见凶。羸豕孚蹢躅。**

【译文】牵系于金柅之上，正固则吉祥，有所逾越，会遇到凶祸。一只瘦弱的猪，就应当安分随顺。

**象曰：系于金柅，柔道牵也。**

【译文】牵系于金柅之上，是说阴柔之道就是为阳刚所牵。

【**解读**】先儒由于没有充分厘清在姤卦形成过程中, 阴柔与阳刚各自所起的作用, 因此将卦辞"女壮, 勿用取女", 简单理解为是对阴柔的贬斥, 进而以此为依据, 来解读初六, 将其理解为, 是要将初六紧紧系住云云。却不知, 姤中之情有阴阳之分, 姤卦取象有上下之别。

在姤卦中, 阴柔体现出来的是对阳刚的迎合、攀附。所以"系于金柅"不是阳刚将阴柔系于金柅之上, 而是阴柔主动将自己系于金柅(九二)之上。从卦象上看, 如下图所示:

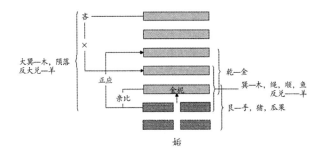

巽为木、为绳, 并未完全显现的艮卦, 为手, 互乾为金, 所以有阴柔自下攀附阳刚, 将自己系于九二之上之象。

"贞吉"是肯定了初六的行为, 因为阴随阳动是天理所在, 所以只要保持这样的"贞", 就能得"吉"。比之于人事, 这一断语说明了两个问题: 一是对于小民而言, 选择随顺于上、跟从于众的行为, 是会有好处的; 二是彻底将阴柔滋生的责任, 从底层小民的身上剥离了下来。

"有攸往, 见凶"是一种与"贞"相反的假设, 并不是卦中的实象, 所以"往"可以理解为逾越, "见凶"就是会出现/遇到凶祸的意思。因为初六是阴柔,是"先迷而后得主",因此如果"系于金柅",就会有"得主"之吉。如果有所逾越——"有攸往",就难免会遭逢陷入迷惘之"凶"。

虽然这一句,实际上在强化"系于金柅,贞吉",但也为九二和九四的解读,提供了思路(见后)。

"羸豕孚蹢躅(zhí zhú)"中的蹢躅,是徘徊不前的意思,先儒为了迎合前面捆绑初六的解读,于是纷纷将"蹢"视为是"踯(zhí)"的通假,因为踯躅不仅有徘徊的意思,还可以作蹬踏蹄子解,这样就将"羸豕孚蹢躅"解释为:初六这只猪,虽然被捆绑住了,但是蹄子还会不停地蹬踏反抗。其实,这不过是一句对初六的客观评价和告诫而已。即是说:一只瘦弱的猪,就应当安分随顺。艮为猪,由于卦中的艮象并未完全,因此是瘦弱的猪——"羸豕"。

象辞"柔道牵也"的意思就是,阴柔之道就是为阳刚所牵——"牵"是牵引的意思,而不是像先儒们认为的是牵制的意思。阴阳消息本是天道,阳刚如果以牵制阴柔,使之不进为己任,岂不是违逆天道?


**九二,包有鱼,无咎,不利宾。**


**【译文】**包容了鱼,没有咎害,不利于敬服。


**象曰:包有鱼,义不及宾也。**

【译文】包容了鱼，当然不涉及到敬服。

【解读】卦中九二、九四，是两个与阴爻（初六）有直接联系的阳爻（参见上图），因此卦辞也具有明显的相似性——九二"包有鱼"，九四"包无鱼"，很显然"包"，就是指它们与阴爻有直接的联系；"鱼"就是指初六；通过比较两爻与初六的关系，不难看出所谓"有""无"之别，应当是根据与初六的紧密程度决定的，九二与初六亲比，同在下巽中，巽有鱼象，因此"有鱼"；九四与初六应而不比，又在下巽之外，所以"无鱼"。

根据前面所分析的阴阳关系，和九二、九四与初六或比或应的关系，可以推知"包"在这里主要是包容、包有的意思。先儒认为，其主要是通过"包"，来遏制阴柔的升进，有一定的道理的，但不够全面，即不能解释为什么九二"有鱼"而可"无咎"，九四"无鱼"却会"起凶"。

"有鱼""无鱼"是卦象所示的客观事实，所以同为"包"，而结果不同的原因，应当就在于这个事实上。这个事实是，九二与九四虽然同为阳刚，但是所处的爻位却有很大的差异，九二虽然堪称"大人"，但仍属于"民"的范畴；九四虽然身处忧惧之中，但依然是诸侯之位。这就决定了，它们在卦象中，所起的作用不同，在社会中，所担负的责任不同，所以同为"包"——对阴柔持有相同的态度，但得到的结果却完全不同。

九二作为"民"的一员，不仅与同样为民的初六相互融合，而无可指摘，而且还会因为它的"包"，而使初六的蔓延得到一定的遏制，所以可以"无咎"。

先儒多将"不利宾"的"宾"解读为宾客，大致的意思是说,九二之包,不利于初六与"宾"的交往。可通。因为如上图所示,九二与初六,以及隐伏的阴爻,共同组成艮卦,艮为止,因此对初六有一定的阻止之意。而且根据初六自系于金柅(九二)之上这一点来看,九二在客观上对初六,也确实具有一定的牵制作用。

但笔者认为,可能将"宾"解读为敬,所阐发出来的道理,会更加深刻。即九二对初六,采取包容的态度(虽然也可以起到一定的阻遏作用,但是)终究不利于保持"敬"——阴柔对阳刚应有的态度。

与"无咎"相结合来理解,就是"无咎"是从九二的社会属性来看的,而"不利宾"则是从九二的阴阳属性来看的。

此时象辞"义不及宾"就可以解读为,理应不涉及到"敬"的问题,仍旧是在强调九二的社会属性和相应的责任问题。即由于九二是"民",因此不必承担维护"敬"——社会秩序的责任。

**九三,臀无肤,其行次且,厉,无大咎。**

【译文】臀部没有肌肤,行动犹豫,有危厉,但没有大的咎害。

**象曰: 其行次且,行未牵也。**

【译文】行动犹豫(而没有咎害),是因为行动上不必牵引

（阴柔）。

【解读】姤卦是夬卦的覆卦，姤之九三，就相当于夬之九四，因此二者的爻象有很大的相似性。参照夬之九四的取象方法可知，九三同样应当取自于其应爻，即九三的"无肤"是应于上九的"吝"。九三的这一取象，透露出明显的阳刚自上而下，应对阴柔的出现的态势。

"厉"是有危厉的意思，与九二"无咎"，九四"起凶"的原因一样，九三的"厉"也是由其爻位的社会属性所决定的——九三与九二不同，已经出离"民"的范畴，一方面其行为已经可以对在下之民，具有一定的导引作用；另一方面，也具有了更多的维护阳刚之正的责任。

但是由于，九三终究没有升入上卦，无论在对民众的影响上，还是所担负的责任上，都与九四存在显著的差异。所以虽然有"厉"，但终究"无大咎"。比之于人事，九三仅仅是大夫或州县官吏而已，是具体的执行者，而不是决策者。

象辞中的"其行次且"应当是整段爻辞的缩语——这种手法在象辞中，经常出现。否则的话，无论将"牵"解读为牵引还是牵制，都无法和"次且"——行动艰难搭调。换言之，"行未牵也"应当主要是用来解释"厉，无大咎"的，"牵"同样是牵引而不是牵制的意思，九三与初六同在下巽中，巽为顺，因此有顺阴之嫌，但是九三之应在上不在下，没有牵引阴柔而上之责，所以虽然有"厉"，但终究"无大咎"。

总之，九三欲应对阴柔之进，苦于"臀无肤"——缺乏应援，同时又没有牵引阴柔而上（的行为和责任），因此处于犹疑不定,但又不必承担责任的状态之中。

**九四,包无鱼,起凶。**

【译文】包容不存在的鱼,引起凶祸。

**象曰: 无鱼之凶, 远民也。**

【译文】包容不存在的鱼引来的凶祸,是因为远离民众。

【解读】九四与九二、九三的对比,可以充分地显示出,在创易先圣的眼中,阳刚之需才是致阴柔更生的主因。

与九二相比,九四的"无鱼",实际上是说它没有合理的必须"包"——认同、接受、包容阴柔的理由,因为九四既不与初六亲比,又不与初六同在下卦之中。换言之,九四之"包",缺乏必要性理由。反之,这种没有必要的"无鱼"之"包",或者说明知"无鱼"依然要"包"的行为,就更多地体现出九四的主观意愿。

与九三相比,九三之应在上,应在阳刚;九四之应则在下,应在阴柔。所以,如果说九三没有牵引阴柔而来之责的话,那么九四则正是那个牵初六而来的"牵手"。

综合上述两点,"起凶"的原因,就不言而喻了——正是九四的行为,才直接导致了阴柔的出现,激发了阴柔的升进,所以叫"起凶"。

象辞说"无鱼之凶,远民也",是着重于与九二的比较,即强调九四在包鱼这个问题上的主动性和自发性。

比之于人事,九四是诸侯,在当时的历史背景下,九四是民众实际接触到的君王,而九五则只有王畿之民才能接触到。所以,在社会风尚的影响上,九四是首当其中的"牵手"。著名的"楚王好细腰,宫中多饿死"的典故中的楚王,实际上就是一个九四。

**九五,以杞包瓜,含章,有陨自天。**

【译文】以高大的杞树来包藏瓜果,有含章之美,从天上有所陨落。

**象曰: 九五含章,中正也。有陨自天,志不舍命也。**

【译文】九五做出有含章之美的行为,原因就是位处中正。从天上有所陨落,是说其志在不舍弃自身的使命。

【解读】"杞"是一种高大的树木,就全卦来看,有大巽之象,巽为树木,所以九五有高大在上的"杞"象。"瓜"是脆弱在下之象,在卦中应当对应于最下的阴爻初六,艮为瓜果。(参见上图)

高大在上的杞树,本来完全可以置脆弱在下的"瓜"于不顾,即没有"包瓜"的义务,所以"以杞包瓜"必然是引人注目的,有"含章"之美的行为。

象辞"九五含章,中正也"点明了,居中得正的九五,何以做

出如此具有炫耀色彩的行为，原因就是"中正"。如前所述，这个
"中正"是一切的根源——因为九五具有中正的特质，所以才能
去追求维护"中正"的形象，去践行符合"中正"标准的行为。
其表现就是，虽然如同杞树般高大在上，仍旧可以"包"在下之
"瓜"。就如同一个仁德的君王，虽然贵为九五之尊，仍旧能够
礼贤下士、包容民众一样，终将成就"含章"之美。

"有陨自天"具有两重含义，一是大象所说的"施命告四
方"，是九五"以杞包瓜"的具体行动，也就是说，九五出于自身
的中正，和维护中正的需要，对阴柔的更生，不仅采取了包容的
态度，而且还有所推动。这就是象辞所说的"刚遇中正，天下大
行也"，苟无君王的明褒暗推，何事能大行于天下？

反过来就是在说，阴柔更生乃至日后发展的责任，归根到
底还是系于君王的好恶和品鉴能力之上的。即第二重含义，天
道将为之而有所陨落。从象上看，全卦为大巽，巽为陨落之象。

从象辞"有陨自天，志不舍命也"来看，孔子所取重在第一
重含义。


**上九，姤其角，吝，无咎。**


**【译文】**遇到了它的角，有吝难，但是没有咎害。


**象曰：姤其角，上穷吝也。**


**【译文】**遇到了它的角，居于穷极之处，导致有吝难。

【解读】关于上九的取象，先儒多习惯性地就其爻位取象，固然可通。因为所谓的"吝"，必然是如象辞所言，是因为居于穷极之处所致。而"无咎"则是因为，一来阴阳更迭乃是天道，二来上九有位无民，不是直接牵引阴柔而来的"牵手"。

但笔者认为，以初六为"姤其角"的"角"，更能体现阴阳相遇的关系，即前述的阴柔向上求姤，阳刚则向下而迎遇。这样自上往下看，全卦为大兑，兑为羊，初六正是上九之角。（参见上图）

上述两种取象方法，对上九的解读，并没有本质的影响。

# 萃——再聚民心

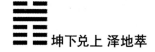坤下兑上 泽地萃

象辞称"萃，聚也。"，即将萃解读为聚合、聚拢。这一注解，与今天所说的荟萃，基本同意。而且仅就卦辞、爻辞而言，萃卦是《周易》中相对容易解读的一卦，但遗憾的是，自古以来对萃的解读，却在"萃"——聚，是阴柔主动聚合于阳刚的周围，还是被动地被聚拢到一起，这一关键问题上，存在着重大的偏差。即都将"萃"理解为，是阴爻自发地向阳刚汇聚、聚拢，而没有看到，"萃"实际上是处于被动状态下的阳刚，实施的一种自我救赎的行为，是阳刚主动地，设法将阴柔聚合于自己周围。换言之，"萃"是一种使动用法，是使之聚的意思。

造成这一偏差的根本原因在于两点：

一是传统君臣观念，促使深受儒家忠君思想教育的学者们，难以正视，象征着君王的卦中九五，在"萃"的过程中，所扮演的不太光彩的角色。而事实上，正是九五爻辞，向我们揭示了"萃"的使动性用法（详见后）。

二是对卦变过程的误判。即认为萃卦是由小过卦演变而来

的，这就从根本上，失去了正确理解卦中的时与势的可能，也就注定不可能对卦辞、爻辞，作出正确而深刻的解读。其实，萃卦是由观卦，经由上九与六四的交换，演变而来的。卦变过程体现的是，在阳刚的主导地位，受到直接威胁的情况下，阳刚作出了弃"上"保"五"的选择，通过上九与六四的交换，重新将所有的阴爻聚合起来，实现暂时的亨通。

由于上位是宗庙之位，具有至高无上的象征意义，所以弃"上"保"五"，虽然因为可以实现暂时的亨通，而堪称高明，但终究不甚光彩，所以出现了，在卦辞大加赞赏，充满肯定的同时，六爻爻辞却条条都有"无咎"的现象。充分表现出，创易者对"萃"所示出的这种"聚"，持有的矛盾心理。

**萃　亨，王假有庙，利见大人，亨。利贞。用大牲吉，利有攸往。**

【译文】（亨通）君王来到宗庙，有利于大人出现，亨通。有利于正固。用大牲畜祭祀吉祥，有利于有所行动。

【解读】卦辞中出现了两个"亨"字，此前的解易者，大多认为第一个"亨"字是衍文，可从。因为即使将其解读为"亨"或"享"，对卦辞的理解，也没有任何的影响。

"王假有庙"是君王来到/前往宗庙的意思，其中"假"是格的通假字，是到的意思。先儒将此看作是，卦由小过而来——九三与六五交换。却不知，观卦上六与六四交换，不仅也可以形成，使王入宗庙之象，而且还可以一并形成，"利见大人"之象。

如下图所示:

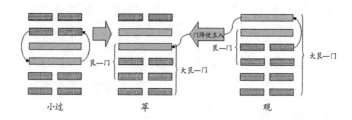

小过　　　　　　萃　　　　　　　观

在观卦中, 九五仅仅徘徊于 "门边" ——为艮之上, 经过上九与六四的交换之后, 艮——门相对下移, 造成了九五入门之象, 将前述 "弃上保五" 的策略, 体现得淋漓尽致。同时, 九五也由观卦中的, 上为上九所遮, 下有六四来迫的境遇, 一变而成为, 独居阳刚最上, 下有九四护从的状态。有从被压制和攻击的境遇中解脱出来, 重新得到突出和保护之象, 所以说 "利见大人" —— "见" 是现的意思。

先儒不解此意, 找不到 "利见大人" 所对应的象, 于是就只能曲奥地将其解读为, 天下聚合了, 需要有大人来统领, 所以……完全失去了对卦辞的把握。

事实上, 观卦中阴柔进逼, 阳刚消退已近失位的局面, 是隐而未言的背景, 在卦辞中, "王假有庙" 是在此背景下, 九五 (阳刚) 寻求自保的手段, "利见大人" 和 "亨" 则是两个, 具有一定递进关系的结果。首先是 "利见大人", 即九五重新得到突显和保障, 阴柔重新聚合于其周围。随后才是 "亨" ——亨通, 因为九五现下仍旧拥有代表天下的君位, 由九五来聚合臣民, 或者说臣民聚合于九五周围, 仍旧是合理的, 因此是能够带来亨通的。

至于何以"王假有庙",就能导致"利见大人"。这是因为,聚合天下臣民的本质,不是聚集其身躯,而是统一其思想。宗庙在创易时代,象征着超越于人权之外的神权,是君王与臣民的精神交汇点。因此,既可以充当君权与民权的矛盾仲裁者,又可以用作君权压制民意的工具。所以,当九五(阳刚)面临观卦中,自下而上,步步紧逼而来的阴柔时,到宗庙中去,寻求神权的帮助,是最有效的手段。卦变中,上九与六四的交换,最直接的结果之一就是,通过神权——上九的行动,重新突出了九五的地位。

"利贞"可作两个层面的解读,一是如上所述的,有利于维护阳刚的主导地位,使之不落入阴柔之手。二是,上述行为终究是权宜之计,所以先圣戒之以"利贞",即在此过程中,应当恪守贞正。

"用大牲吉"一句,是"王假有庙"的具体行为,是"弃上保五"策略的执行与投入。因为"用大牲"在平时有浪费之嫌,但是在此时,则因为能够夺人之目、摄人之心,而成为得"吉"的必由之路。与维护住九五之位相比,"大牲"的投入,显然是微不足道的。

比之于人事,无论是古代还是现代,统治者对在意识形态上的投入,都是不惜血本的。一个著名的例子,就是萧何建未央宫。汉初天下经过秦末之乱、楚汉之争,已经残破至极,而就在此时,身为丞相的萧何,却不惜工本地为刘邦建造了一座富丽堂皇的未央宫。当刘邦责问:"天下匈匈苦战数岁,成败未可知,是何治宫室过度也?"萧何说:"天下方未定,故可因遂就宫室。且夫天子四海为家，非壮丽无以重威，且无令後世有以加也。"所谓"重威"，其实就是个统一意识形态问题，就是要通过威慑，来将天下之心聚于汉室的问题。

"利有攸往"放在最後，是对"王假有庙"，和"用大牲吉"的同时肯定。因为就国家/君王而言，一切争夺，归根到底都是意识形态之争，因此君王为此而付诸的一切努力，都是正确的，值得的，是"利有攸往"的。

**象曰：萃，聚也。顺以说，刚中而应，故聚也。王假有庙，致孝享也。利见大人亨，聚以正也。用大牲吉，利有攸往，顺天命也。观其所聚，而天下之情可见矣。**

【译文】萃是聚的意思。以喜悦的心情顺从，阳刚居中而感应，所以能够聚。"王假有庙"是去祭祀先祖。"利见大人亨"是因为通过正道来聚拢。"用大牲吉，利有攸往"是因为其行为顺应了天命。观察其所聚拢的对象，天下万物的情致就可以明了了。

【解读】"萃，聚也"一句是在解释卦名"萃"。

"顺以说，刚中而应，故聚也。"一句是在通过上下卦的卦德和卦体，来更深入地解读"聚"的含义。上兑为悦（说），下坤为顺，所以"顺以说"。按照象辞的常例，"顺以说"的意思是说，以喜悦的心情顺。这应当是针对阴柔而言的，因为在《周易》中，只有阴顺阳，柔从刚，没有阳顺阴，刚从柔。

"刚中而应"一句，显然是针对阳刚九五而言。

"故聚也"一句，说明萃卦的"聚"，是上述阴阳之间的互动的结果, 而不是阴柔单方面的, 主动地聚合于阳刚周围。这其中就暗含了, 九五有主动求聚的行为存在。

因为阴柔聚合于阳刚, 本是天道使然, 如今却需要 "刚中而应" 来配合才能实现, 说明在这一聚合的过程中, 阳刚已经失去了绝对的主导性, 而必须有所作为, 才能促成聚合的实现。只是出于崇阳抑阴的思维习惯, 所以才没有被说破而已。

"王假有庙, 致孝享也" 解释卦辞 "王假有庙", "致孝享也" 反映了中国人特有的祭祀观念, 即所谓的祖宗崇拜。虽然世界上的每一种文明, 都曾经经历了万物有灵的自然崇拜时期, 但是之后的发展却走上了两条截然不同的道路, 一是西方的由泛神到单一神祇的对神的崇拜; 二是中国的祖先崇拜, 即中国人虽然祭祀天地, 但却不崇拜任何一个或多个固定的神祇, 相反中国人最为关注的是自己的祖先。宗庙之中祭祀的, 并不是什么神仙鬼怪, 而是自己家族的祖先。"王假有庙" 时, 就是向自己的祖先献祭, 所以说 "致孝享也"。

"利见大人亨, 聚以正也" 一句中, 省略了 "利贞" 两字, 而 "聚以正也" 实际上就是在解说 "利贞" 这两个字, 意思就是说, 聚合的过程/手段/目的要保持贞正。

"用大牲吉, 利有攸往, 顺天命也" 一句, 通常被解读为, 因为萃卦对应于丰盛之时, 所以祭祀应当使用 "大牲", 以示对神明的诚意。不知道孔子的本意是否如此, 至少笔者认为, 将 "顺天命" 理解为, 顺应卦变前观卦所对应的时势, 用现代的话说, 就是面对现实会更有意义一些。

"观其所聚, 而天下之情可见矣" 一句, 是孔子观萃卦, 发出的感慨。一言以蔽之，就是因为物以类聚人以群分，所以通过观察"聚"的方法和对象，就可以了解"聚"的发起者情况的意思。

**象曰：泽上于地，萃。君子以除戎器，戒不虞。**

【译文】萃卦大泽高于地面之象，君子观此象，应当懂得整备军械，以防不测。

【解读】上兑为泽，下坤为地，因此萃有泽上于地之象。大泽之水溢出地上，透露出的无疑是一场危机。

"除"是整备的意思，"除戎器，戒不虞"就是整备军械，以防不测的意思。更是透露出危惧之象。

先儒将萃解读为天下的汇聚，至此就陷入了困境，于是只能说，这是位于"聚"和"亨"之间的一个过程，即人群聚集起来了，难免会发生纷争，所以需要加以戒备。更有甚者，将此视为"利见大人"的理由之一——正因为可能有纷争，所以需要大人出来统领。

其实，这不过是对卦变，或者说阳刚弃上保五而求萃的行为的一种形象的描述罢了。以此来说明，观卦时局的险峻，"萃"之施行的必要。

**初六，有孚不终，乃乱乃萃。若号，一握而笑。勿恤，往无咎。**

【译文】因为（对方）有信诚，而不能终始，于是导致混乱，于是聚合于阳刚。好像是呼号而来，其实是一握而笑。不必忧虑，前往没有咎害。

**象曰：乃乱乃萃，其志乱也。**

【译文】"乃乱乃萃"，说明心志已经乱了。

【解读】前人关于初六"有孚不终，乃乱乃萃"解读是，初六与九四正应所以有孚，但是初六又不能始终如一，所以导致神智混乱，不知道应当萃于九四，还是九五。这种解读，完全是在用拟人化的想象，来曲解卦义。事实上，如下图所示：

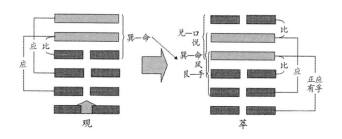

初六既是导致阳刚采取"萃"的策略的根源，同时又是阳刚要"萃"的首要目标。

首先，在观卦中，初六是新生而来的一个阴爻，不仅是阴爻继续升进的动力源泉，而且也是卦中唯一一个，也是第一个，与阳刚没有任何联系的，或者说阳爻无法直接统御的阴爻。如果比之于人事，那么初六就是，底层民众脱离统治阶层控制的发端。这种脱离，未必表现为可见的行动，而往往是思想上、观念上的厌弃。

经过卦变之后，上九下移至九四，与初六形成了正应关系，导致了卦中所有的阴爻，重新又都和阳爻有了联系。虽然形式各有不同，但至少在表面上，都聚合在了阳爻周围。比之于人事，上九的下移，就相当于统治思想的向下渗透，其在卦象上的表现就是，巽（命）的下移。与初六的正应关系，就相当于重新将使初六皈依其下。

从这个角度看过去，才会发现，先圣所要阐释的内容，是何等的精深。

"有孚不终，乃乱乃萃"的意思就是说，因为九四的"有孚"，而导致初六不能终其升进的初衷，于是心志散乱，于是聚合于阳刚——这里面多少带有点欺骗性，所以后世那些被忠君思想所笼罩的儒者，很难或者不忍心，将思路引向这个方向。

"若号，一握而笑"的象，取自于其应爻九四，九四在上兑互巽中，兑为口，巽为风，口中生风，有呼号之象；九四又在上兑互艮中，艮为手，兑为悦，初六通过互艮与九四相连，因此有"一握而笑"之象。从义理上看就是，九四自上而下有呼号来应，以显其诚，才导致了原本矢志升进的初六，与之"一握而笑"，聚合在一起。

"勿恤，往无咎"是对初六"萃"于九四的行为的肯定。其中的"往"，小而言之是指初六自身，大而言之则是指阴柔一派。

总之，初六是集合萃卦核心内涵的一爻，它所反映的就是，在观卦时，阳刚不仅已经显现出失民之象，而且也无力重聚民心。于是只有通过变易，通过"萃"的手段，重新聚拢民众。

虽然爻辞没有直接说出，"萃"的真谛，但是象辞"其志乱也"还是说明了，"萃"的基础，是先乱其志。

**六二，引吉，无咎。孚乃利用禴。**

【译文】牵引而吉祥，没有咎害。有信诚而有利于用禴祭来祭祀。

**象曰：引吉无咎，中未变也。**

【译文】牵引而吉祥，没有咎害，是因为其行为居中而未变。

【解读】如下图所示：

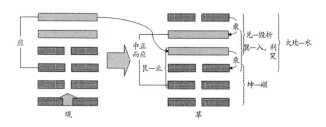

六二的"引吉"说明，六二在"萃"的过程中，起着联系上下的作用：一方面，上有九四来引，不仅通过交换，减少了一个阻其上"萃"于九五的阴爻，而且还通过互巽，化解了互艮的阻碍作用；另一方面，六二位于互艮之下，是九四下握初六的"接触点"，同时又是下坤之中，坤为柔顺，因此有下引初六顺而上萃的作用。

"萃"可以导致天下亨通,而六二又在其间起着牵引、联系的作用,所以说它是在"引吉",同时六二自身,也必然会因为"引"而得吉。

"无咎"与初六的"无咎"意义相近,主要是站在阴柔的角度上说的,如果进一步深究,还含有对"萃"这种行为的一定程度的否定。

"孚乃利用禴"是说,因为有"孚"所以即使用禴(yuè)祭之礼也可以。禴是指祭品简单的祭祀。所谓的"孚"是指六二与九五之间的正应关系,正因为这种关系,导致它们的"萃"是符合中正标准的,所以即使用禴祭之礼,也不会有什么问题。

象辞"中未变也",是说六二居中得正的位置,与九五正应的关系,都在卦变前后,没有任何变化。所以用来解释"引吉无咎",有些不够恰当,用来解释"孚乃利用禴",更为合适一些。

**六三,萃如,嗟如,无攸利。往无咎,小吝。**

【译文】(被)聚合,叹息,没有任何利益,前往没有咎害,有小的吝难。

**象曰:往无咎,上巽也。**

【译文】前往没有咎害,是因为上临巽顺。

【解读】如果说,初六的上萃,是通过与九四正应的关系,而且其间还需要六二引导、牵引的话,那么六三则是直接被下移的九四，"萃"于互巽之中，所以爻辞说"萃如"。

"嗟如"是嗟叹、叹息的样子。这主要是因为，经过卦变之后，六三原来的正应上九，变为了乘于其上的九四。对于六三这样一个，自下而上升进而来的官吏来说，原来身居高位的应援，变成了与之分利的上司（巽为利），怎能不是一件值得叹息的事情？（参见上图）

入巽本来是有利可图之象，如今失应在先，而与人分利在后，所以总体上说"无攸利"。

"往"在这里就是"萃"，"往无咎"就是因为上萃——聚合于阳刚，而无咎。

"小吝"仍旧是针对其得失而言的，充分透露出六三，阴居阳位，阴柔而得小位，斤斤计较的、唯利是图的小人嘴脸。

象辞"上巽也"中的"巽"取顺从之意，说明其往"萃"，是对在上的阳爻的顺应。

**九四，大吉，无咎。**

【译文】大吉，没有咎害。

**象曰：大吉无咎，位不当也。**

【译文】大吉，却只能没有咎害，是因为所处的位置不当。

【解读】九四卦变之爻，正是九四的移动，才导致了萃卦的形成，才使得阴爻，尤其是初六，重新聚合于阳刚之下，才促成了天下的亨通。因此说"大吉"。

先儒由于缺乏对卦变前后时势变化的准确判断，所以将此一句解释为：九四无尊位，而聚合众阴于其下，所以只有"大吉"，才能"无咎"。想来其中，必然也收到了象辞"位不当也"的影响。

其实，九四不是只有"大吉"才"无咎"，而是因为"大吉"而"无咎"。九四失宗庙于阴柔，而入不正之位；同时居臣位而得众心。这两点本来都应有咎，但因为其所为的目的和结果是，"利见大人"和促成天下的亨通，所以可以"无咎"。

**九五，萃有位。无咎，匪孚。元永贞，悔亡。**

【译文】拥有正当的位置而聚合，没有咎害，并非是诚信。能够保持元阳永远正固，就没有忧悔。

**象曰：萃有位，志未光也。**

【译文】拥有正当的位置而聚合，说明其心志尚未广大。

【解读】经过了上述分析可知，九五的"萃有位"同时具有，"有位而萃"和"萃而有位"双重含义。

所谓"有位而萃"，是指九五身居尊位，因此有萃聚天下之责，同时也正因其"有位"，才能保证萃中之"贞"，和"萃"后之"亨"；所谓"萃而有位"，是指九五只有通过"萃"，才能度过在观卦的窘境，确保其能继续"有位"。

由此，就可以清楚地看出，"萃"——"聚"中所具有的，明显的使动意味。

"无咎"是指"萃"的结果，或说九五"萃有位"的代价是，虽然身居尊位，却被上六阴柔所乘。（参见上图）

"匪孚"是用米解释"无咎"的。意思是说上承阴柔，并非是出于九五的孚信/本意，而仅仅是权宜之计而已。

"元永贞，悔亡"是在继续进一步说明此事，同时也在进一步阐释，九五策动"萃"的初衷。其中的"元"可以解释为刚、阳、善、道等等，"元永贞，悔亡"的意思是说，如果"元"能够永葆贞正，九五的忧悔就会消失。

这就说明，"萃"的目的是"元永贞"，也就是卦辞中所说的"利贞"。

象辞"萃有位，志未光也"，则因为怕读者被九五的"元永贞"误导，认为"萃"是一种值得推崇的行为，点明了其实这是九五"志未光"的表现，是因为九五"志未光"，才不得已为之的。

**上六，赍咨涕洟，无咎。**

【译文】叹息流涕，没有咎害。

**象曰：赍咨涕洟，未安上也。**

【译文】叹息流涕，说明没有安于上位。

【解读】"赍（jī）咨"是叹息，"涕洟"是涕泪俱下的样子。上六自四位而上，表面看来应当弹冠相庆，然而细看之下就会发现，上六实际是被隔离于同类之外，被置于穷极之所、毁折之中（兑为毁折），而且还被剥夺了争夺尊位的机会，大有被"捧杀"之象，所以才会"赍咨涕洟"。（参见上图）

"无咎"仍旧是指因为其能促成"萃"的结果而言。不过通篇的"无咎"，也暗示了"萃"并非是完全顺应天时的行为，只是以天下而言，"萃"于九五可使天下安，故虽有悖于天时，也可无咎。

象辞"未安上也"的意思就是，上六并未安于上位，同时说明其是初来上位，也从一个侧面，印证了卦变的过程。

# 升——以升代进

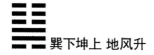

**巽下坤上 地风升**

对于升卦的解读，一个核心的问题就是，到底是阴柔在升，还是阳刚在升。先儒对此，大多受象辞起首一句"柔以时生"的影响，而认为应当是阴柔在升。并由此而产生出，对卦变过程的种种臆断，有说是自小过变来，有说是自解卦变来，不一而终。

笔者认为，上述观点是错误的，因为卦辞以"元亨"起首，对"升"的结果、价值作了整体性的评价，如果是阴柔升，阳刚降，却能"元亨"，岂不与《周易》崇阳抑阴的思想大相径庭。如果比之于人事，就变成了小人升迁，君子降职，却能导致政局亨通，岂不是滑天下之大稽。

所以，"升"是指阳刚的升迁，卦是由临卦变来。所不同的是，"升"是一种不同于阴长阳消的升进方式。所谓阴阳消息，是一方长一方退——退出卦象之外，最终的结果必然是，由一方完全取代另一方而结束。而此处的"升"则是一方升——在卦象中升，一方降——在卦象中下降，最终的结果是，由一方占据最高爻位而结束。

在这个基础上，就可以将《周易》自身的卦辞、爻辞，和孔子所作的彖辞、象辞，有机地融为一体了。

**升 元亨，用见大人，勿恤，南征吉。**

【译文】大亨通，需要出现大人，不用担忧，向上征进吉祥。

【解读】"元亨"就是大亨通，非常亨通的意思，既可以看作是对"升"的总体评介，也可以看作是"升"带来的结果。如上所言，通过"元亨"一词，即可推断出"升"的主体，只能是阳刚而不能是阴柔，而且卦变起始于临卦。如下图所示：

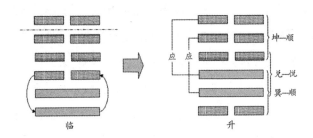

临卦所展现的时局是，阳刚已经度过了一阳复生的脆弱期，通过九二的出现，已经完全掌控了"民意"，具备了与在上的阴柔夺位的资本。换言之，一场阴阳之间的较量，即将拉开序幕。无论最终的结果如何，终将使社会陷入一段混乱，而且导致阴阳的决裂——六爻皆阳而无阴。所以在此时，如果能转换思路，更换方法，通过"升"的方式，既满足了阳刚的升进需求，又避免了阴柔被逐的命运，最终形成阴阳相谐的局面，自然能得到"元亨"的结果。

从卦象上看，临卦时上六孤悬于上，与阳刚毫无关联，卦变之后，四个阴爻要么与阳刚正应，要么与之成兑，成巽，而相悦相顺，正是一副上下相通，阴阳相协的"元亨"之象。

"用见大人"一句较为难以理解，因为在卦辞中出现的"大人"通常是指九五，而卦中五位乃至阴柔六五，不能称大人。于是先儒多将此句解为，是用以去见大人，得到王公的提携云云，即将"见"解释为觐见。却不知创易之时，一来官场民风未必如后世这般低俗，其所用之官，多为同族之亲，且多为世袭之职，也未必需要什么"王公提携"；二来《易》中的"见"，尤其是与"大人"连用时，都是显现之意，何来于此单出一特例？想来，并非不知，只是在认定阴柔升进的前提下，不能通顺卦义，只能作此曲解而已。

如果认为"升"是阳刚之升，那么"用见大人"可作两种解读：一是用以显现大人，即用"升"的方式，来使阳刚最终居于九五之位；二是需要出现大人（"用"可以作需要解）因为当前的君位是由六五阴柔占据的。

结合后面的"勿恤"考虑，两种解读都可通，但相对而言，后者更为贴切，尤其是更与"南征吉"形成呼应。与现在上北下南的习惯正相反，古人以南为上，以北为下，所以"南征吉"就是向上升进，而能得吉的意思。

综合上述，就会看出卦辞"元亨"是对"升"的现状的评断；"用见大人"则是为了避免读者的误会，而自行将存在的问题的提出——缺乏一个真正的大人，来统御天下；"勿恤"是要引出解决方案；"南征吉"就是这个解决方案，说明"升"是一种运动方式，而卦象所示的仅仅是其最初的一步而已，此后只要继续"南征"，则可得"吉"——解决"见大人"的问题。

**彖曰：柔以时升，巽而顺，刚中而应，是以大亨。用见大人勿恤，有庆也。南征吉，志行也。**

【译文】柔顺地依时而升进，顺从而柔顺，阳刚具而有感应，所以能够大亨通。"用见大人勿恤"是说最终会形成有利局面。"南征吉"是说其心志得到了践行。

【解读】彖辞中没有解释卦名，而直接以"柔以时升，巽而顺，刚中而应，是以大亨"，解释卦辞"元亨"。首先"是以大亨"，说明了"元"就是大的意思，同时也表明"柔以时升，巽而顺，刚中而应"是促成"元亨"的条件。

在通常情况下，"柔以时升"确实可以作为判断卦变过程的重要依据，但在本卦中，则不能受其误导。因为在"柔"的后面有"以时"二字，这两个字一方面是在修饰"升"，另一方面也说明了，无论是阴升还是阳升，都是因为正处于当升之时。卦中二阳四阴，对应的十二消息卦，只能是观和临，观是阴柔升进之时，临是阳刚升进之时。但观是无法一次性变为升的，所以先儒才说升是以小过、解等卦为过渡，由观卦演变而来的。但是小过之时、解之时，都不是观之时，所以这种观点，实际上是建立在对"以时"二字的否定的基础上的，故不可取。而只能将"柔"视为一个与"以时"一道修饰"升"的副词，强调此时阳刚的升进，是区别于正常情况下的，阴阳消息我进彼退的一种升进方式。

"巽而顺，刚中而应"则是对这种特殊的升进的具体描述。（参见上图）

"用见大人勿恤，有庆也"一句，首先说明了"用见大人"应当和"勿恤"连在一起解读；其次说明了，在通常情况下"用见大人"这个问题，是值得忧虑的。《易》中之吉归根到底，都是天下之吉；《易》中之忧归根到底，也都是天下之忧。绝不可能是小人徘徊于权贵门前之忧。所以，通过"勿恤"即可断定"用见大人"，不可能是去拜见权贵，以求提携之意，而只能是关于如何促使阳刚登临五位的问题。

所谓"有庆"是说，最终会形成于天下有利的局面。

"南征吉，志行也"是在解释"南征吉"的原因，所谓"志行也"就是意愿、志向得以施行的意思，这是对"升"发展下去的前景展望，即在未来阳刚终究会占据五位，统御天下。虽然没有将阴柔，逐出卦象，但仍旧可行其志。由此一句，也可以进一步断定，"升"绝非是阴柔之升，否则"南征"就是阴柔——小人得以大行其道，又岂有得"吉"之理？

**象曰：地中生木，升。君子以顺德，积小以高大。**

【译文】升卦有大地中有树木生长而出之象，君子观此象，应当懂得以和顺的德行，累积小者的支撑，而使自己高大。

【解读】卦中上坤为地，下巽为木，因此有"地中生木"之象。

"君子以顺德，积小以高大"一句揭示了"升"的运动过程,堪称解读全卦的钥匙。"君子"只能是阳刚,而不能是阴柔,所以"君子以顺德,积小以高大",就说明只能是阳刚"升",而不能是阴柔"升"。

"以顺德"实际就是象辞"柔以时升"的"柔"字,所要传达的内容。

"积小以高大",则生动地展现了"升"独有的运动方式,如下图所示:

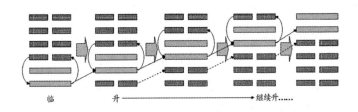

临　　　　升————————————→继续升……

如果将自临卦变为升卦的卦变过程,视为一种叫作"升"的运动方式,那么我们就可以看到"南征"的结果,就是两个阳爻交替上升,而又始终保持着与阴柔的,或应或悦或顺的关系。

在这个过程中,阳刚的"高大"是靠"积小"实现的,即在同一过程中,既有阳刚的"升",又有阴柔的"积",与阳刚通过驱逐阴柔而自长的过程相比,最终达成的一个"双赢"的结果。

**初六,允升,大吉。**

**【译文】**信从(阳刚的)升进,大吉。

**象曰: 允升大吉, 上合志也。**

【译文】信从 (阳刚的) 升进而大吉, 是因为在上者与其心志相合。

【解读】由十认定 "升" 是指阴柔之升, 而初六又是位于最下的一个阴爻, 可以说首当阴柔升进之冲, 所以先儒认为初六就是象辞中 "柔以时升" 的主角。

这实际是曲解了 "允" 的用意。"允" 是信从、认可的意思。由于无论是信从还是认可, 都需要有一个对象, 这就意味着初六的 "允", 也需要有一个对象, 这种关系在卦象上的体现就应当是顺从、附丽卦象。

如果将这个对象设定为阴柔的升进, 那么无疑就是说初六要信从、认同于六四, 但是初六与六四同性敌应, 不符合顺从、附丽的卦象。

相反如果将这个对象设定阳刚的升进, 也就是承认临卦的六三与初九交换, 而成当前的初六, 那么, 如下图所示:

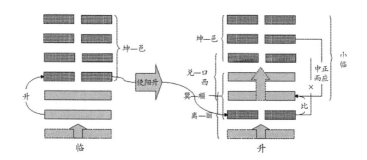

从静态上看，初六与两个阳爻组成下巽，有顺从之象。而且临卦在初爻之下，尚有隐伏的阳爻，可以与初六、九二共同形成离卦，因此有附丽之象。

从动态上看，虽然初六的实际运动路线，是自上而下，但是由于将"升"设定为阳刚之升，所以初六的下，正是阳刚升的条件。再进一步说，初六的下正是其对阳刚之升的信从的表现。

由于阳刚的"升"能够带来"元亨"，而初六下九三上，又是"升"之始，所以初六"允升"——认同、信从于阳刚之"升"，是通往"元亨"之路的起点，因此能够得到"大吉"的结果。

象辞"上合志也"的"上"，不是一个动词，而是名词，指位于初六之上的阳爻。

**九二，孚乃利用禴，无咎。**

【译文】有信诚于是有利于用禴祭之礼祭祀，没有咎害。

**象曰：九二之孚，有喜也。**

【译文】九二的信诚，是因为有美好的前景。

【解读】九二的爻辞与萃卦的六二极为相似，比较这两爻就会发现，"孚"所包含的内容，除了与五爻的正应关系之外，还有在卦变过程中，保持不动的因素。这一点在此处表现得更为突出，因为在临卦中，九二代表着阳刚的成熟与继续升进的趋势，如果按照阴阳消息的基本规律，九二应当率先升进。反之，如果要体现阳刚改变升进方式的诚意，那么首先就是九二暂时放弃升进。

所以九二之"孚"传达出的是，阳刚改变升进方式的诚信，而在其背后的，则是对当道的阴柔——六五的顺从，即大象所说"以顺德"。通常来说，以阳刚从于阴柔，是应当有咎的，但由于"升"能够带来"元亨"，所以才"无咎"。

象辞"九二之孚，有喜也"既可以说是来解释"无咎"的——"有喜"的内容就是"元亨"。也可以视为是为之后的九三、六四爻辞的基础。

**九三，升虚邑。**

【译文】升进到无人居住的村庄。

**象曰：升虚邑，无所疑也。**

【译文】升进到无人居住的村庄，不会有什么怀疑。

【解读】事实上，只要不受"柔以时升"的影响，通过九三的爻辞，就可以清晰地看到，九三就是卦变之爻——上坤为"邑"，九三上临上坤，如果不是自身升进而来，何以称"升虚邑"。如果结合卦变，九三升入"虚邑"之象，则更为清晰。（参见上图）

象辞"无所疑也"解释了"虚"的问题，"邑"是人类聚居之所，通常情况下来到别人的居住地，都会遭到原有居民的排斥，而"虚邑"则是没有人居住,但同时又可以居住的地方。因此"虚邑"所要传达的就是,不会受到排挤,可以安心居住的意思。即象辞所说的,"无所疑也"——不会遭到怀疑。

这实际是阳刚以"升"代"长",所取得的成果;是九二"孚"于六五,以阳从阴获得的"红利";是天下化干戈为"元亨"的表现。

先儒不解此意,将"无所疑也"理解为是九三,行动果断思想坚定的体现,殊不知是否"升邑"在阳,是否"虚邑"则在阴。

**六四,王用亨于岐山,吉,无咎。**

【译文】君王与之在岐山会盟,吉祥,没有咎害。

**象曰: 王用亨于岐山,顺事也。**

【译文】君王与之在岐山会盟,是顺势而为。

【解读】升卦自二至上,形成一个小的临卦,此间的阴爻,面临着与在临卦中相似的时势,所以在爻辞的取义上,也多与临卦相应爻位相似。六四爻辞所要表达的意思,就类似于临卦六三的"甘临",体现着阴柔对阳上升进的顺应。

"王用亨于岐山"让人联想到西周先祖古公檀父(文王的祖父),为躲避戎狄的侵略,而引领族人迁居岐山的故事,而此卦也确实很有可能,就是以这段对西周来说,至关重要的历史事件为背景,创制而成的:

■ 当时周族的力量，虽已初具规模，但与殷商乃至当时其他的各大诸侯相比，尚显微弱——与临卦中的阳爻的境遇相似。

■ 由于君王亲民，政治清明，所以在迁居岐山的过程中，得到了百姓的拥护，大量百姓随之而迁，为西周在三代之后就击败强大的殷商，打下了基础——与初六的"允升"相合。

■ 在迁居岐山的初期，西周对殷商表现出极大的恭顺，经常为其出兵征战，也因此得到了殷商的信任——与九二的"孚"相合。

■ 西周得以在岐山脚下发展壮大，并逐渐向南迁徙，到文王时已经灭掉了崇国，迁都于丰邑，这些没有殷商的默许，是无法做到的——与卦辞的"南征吉"和九三的"升虚邑"相合。

由此可见，如果说升卦是以西周向南迁徙的历史为背景的话，那么其下卦记述的就是西周自身的行为方式，而上卦则是记述阴柔——殷商统治当局，作出的反应。

"王用亨于岐山"一句，是阴柔的第一个反应，是在阳刚升迁之初，与之会盟于岐山的意思。这应当是符合当时的时代背景的，因为殷商时代，还属于部落联盟政治，西周的南迁，应当是一种归附加盟的行为，对于作为盟主的殷商当局来说，没有理由加以拒绝。但作为加盟的仪式，共同祭告上天，仍旧是必不可少的。

所以"王用亨于岐山"表现的是阴柔对阳刚的接受和顺应，有迎合九三之来的意味，因此可以"吉，无咎"。

象辞"顺事也"，就是顺而事之的意思，生动地解析了"王用亨于岐山"的内涵。

**六五，贞吉，升阶。**

**【译文】**正固不动则吉祥，（阳刚）逐阶升进。

**象曰：贞吉升阶，大得志也。**

**【译文】**"贞吉升阶"，（天下的）心愿得到充分的满足。

**【解读】**"贞"是正固不变的意思，由于六五阴居阳位不正，不存在"正"的问题，只有"固"。六五的"贞吉"强调了两个方面的"固"，一是保持其"中"的性质不变，进而可以保持与九二之间的孚信；二是保持爻位的不动。

结合"升阶"，实际是向我们展示了另一个视角的升的过程，如下图所示：

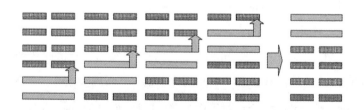

由于阴柔保持相对的静止（贞），才能体现出阳刚的逐级升进，这就是"升阶"的形象理解。反之，如果随着阳刚的升进，阴柔也随之而动，根据阴随阳动的原理，这种动只能是退却。这就无法再形成"升"的运动了。换言之，正是阴柔的静止——"贞"，才促成了阳刚的"升"。

可见六五之"贞"，类似与临卦六四"至临"和六五"知临"

的混合体，表现出对阳刚升进的认同、默许，甚至是顺应。

象辞"大得志也"看似让人费解，因为无论是阳升，还是阴升，对于六五来说，都无所谓"得志"的问题。实际上，这是一个参照物选择的问题，这里的"大得志也"是针对天下，是针对"升"本身而言的——六五的"贞"对"升"的形成，乃至最终天下的亨通而言，是大得其志，正合其意的。

**上六，冥升，利于不息之贞。**

【译文】昏冥地面对升进，有利于不息的正固。

**象曰：冥升在上，消不富也。**

【译文】在上位昏冥地面对升进，（动）则只能是消退，不会再有所增益。

【解读】同样上六也面临着与六五相似的，不能动的问题，所以说"利于不息之贞"，所谓"息"就是长，上六"息"的结果，就是从卦象中退出，而象辞说"冥升在上，消不富也"正是此意——由于上六处于一卦之中，所以"息"就是"消"。

"冥升"则类似上六"敦临"，但在顺从之外，强化了其冥顽无智的特征。

概而言之，六五和上六透露出，西周政权对殷商政权的复杂心理，一方面其崛起确实受益于殷商的扶持，同时也得益于殷商自身变革的迟缓——阴柔的不动。而且就其祖先而言，应当在情感上，是对殷商持有好感，甚至是敬仰之情的；另一方面，作为取而代之者，又必然对其前任有所不满，甚至出于某种需要，而刻意贬斥。所以，对象征统治者的六五说，因/只要"贞"，就可得"吉"。而对于象征统治思想的上六，则直接定义为"冥升"。

# 困——以困解否

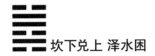 坎下兑上 泽水困

"困"是穷困窘迫、道穷力竭之意,而卦中又有阳刚被阴柔包夹之象,所以,先儒往往首先将此卦定性为,阳刚为阴柔所困,然后再在此背景下,来阐发卦辞和爻辞的义理。不外乎君子困而不失其正之类的说法,虽然也可谓颇具深意,但终究是"小易"之见,不足以揭示"困"之大义。

造成这一不足的原因在于,只见困之时,而不见困之来,更不知困之用。

如下图所示:

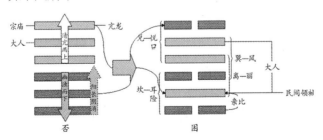

困卦是否卦经由上九与六二的交换,演变而来的(这一点自古既无争议),因此其在卦变之前面对的问题就是,否卦中的

阴阳不合天地不交的问题；卦变之后所产生的直接效果就是，实现了阴阳之间的交通；所使用的手段就是，位于宗庙之位的上九，下至象征着民间意见领袖的九二之位。这就是困卦所示的时势的由来——"困之来"。

虽然否卦中存在阴阳不合天地不交的问题，但是否卦的问题，并非是阳刚单方面造成的，而是阴阳各随其性的结果。其中由于阴柔有随阳刚而动的义务，所以在各随其性的背后则是：阴柔对造成"阴阳不合天地不交"应当承担更大的责任；阳刚则对改变"阴阳不合天地不交"应当承担更大的责任。因此在否卦中，阳刚依旧占据着绝对的主导地位，说明此时君王尚且贤明，社会的道德基础尚未完全崩溃。变而为困卦之后，上九来至九二，成为下卦的"大人"，与九五遥相呼应，呈现出强化阳刚对下卦的掌控，中正之道大行天下之象。这就是"困之用"。

综合上述，透过困之时，困之来，困之用，我们就可以清楚地看到，所谓"困"——阳刚之困，并非如先儒所言，是被动的，是被阴柔所困，而是主动的，是主动以"困"解"否"——通过自身身陷困顿，来实现道的通行（与遯卦的身遯道存相似），其达到的效果即如卦象所示，阴柔与阳刚交融和悦，纵然面对艰险，也能附丽向上。

对于"困"来说，主动被动之间，显出的不仅是对卦辞、爻辞解读的细微差异，而且也是君子小人之分。因为"困"是一个普遍而相对的概念，严格地说附着在个体身上的一切责任与义务，都可以/能成为"困"。因而可以将"困"视为是对人的约束，或者是个体所进行的自我约束。个体能够主动地自我约束于道德，则为君子。自我约束于法律，则为良民。否则就是小人、歹徒，就要受到外来的约束。总之，任何个体都不能不受约束——"困"的生活。

回到卦中，"否"是阳刚纵情、阴柔任性之时，所以都需要"困"。这就是为什么，表面看来，是阳刚困于阴柔，而在爻辞中，却是每一爻都有"困"的原因。所不同的是，对应于各爻在卦变之中的表现，以及在其前后所起的作用不同，爻辞中的"困"，又各有所指。

**困 亨。贞，大人吉，无咎。有言不信。**

【译文】亨通，正固，大人吉祥，没有咎害，即使有风言也不要相信。

【解读】如果将"困"简单地理解为，是阳刚被动地受困于阴柔，那么首先无法解释的就是，卦辞中的这个"亨"字。

"困"是困顿，"亨"是亨通，如果没有特殊的原因，二者怎么能联系到一起呢？更何况，又是在卦中起主导作用的阳刚，处于"困"的状态呢？于是先儒往往只能，将"困"解作是"亨"的条件，即认为君子只有经历了"困"的磨砺，在困境中不失其操守，然后才能求得亨通。

这显然是道德臆想，因为首先没有任何理由能证明，亨通一定需要以经历困顿为基础/前提；其次在困顿导致的结果中，消沉一定多于亨通，即便是所谓君子，也一样；最后君子也没有必须去经历困顿的义务，或者说经历困顿的磨砺，并不是成为君子的必修课。换言之，在困顿面前表现出来的豁达与淡定，不是造就君子的原料，而是君子丰富的内心世界的外在表现。因此这种看似很美的道德臆想，在逻辑上却有本末倒置之嫌。更何况，卦辞中的"亨"，是无条件的，是"困"带来的直接效果。

所以，唯一的解释就是，如卦象所示的"困"能够直接导致亨通。这就决定了，绝对不可能是阳刚被阴柔所困，而只能是阳刚主动求"困"，是阳刚以自身之"困"，来打破"否"所对应的阴阳不交的局面。即"困"是一种阳刚主动实施的手段。

如前所述，否卦所谓的阴阳不交的问题，是由于阴阳随性造成的结果，即阳刚清而高亢向上，阴柔浊而委顿向下。又因为在爻的运动中，存在着阴随阳动的基本原则，所以实现突破，达成交通的希望，只能寄托在阳刚身上。阳刚要实现这一任务，首先也是唯一要做的，就是突破自身清亢不下的性情。在阳刚中，最具亢进性的显然非上九亢龙莫属，所以突破清亢不下的性情的行动，就应当自亢龙始。使高亢在上的上九，下至居中在下的九二，即保持和发挥了其高亢背后的"高"尚，又通过"困"而掩蔽了其高亢背后的"亢"直。从而实现了全卦的亨通，这才是自否至困的卦变过程，所要诠释的内涵。（参见上图）

"贞，大人吉"是对亨通的补充说明，因为亨通是一种有时限性的客观事实，但在其背后却有君子小人之别。也就是说，即使是昏暗龌龊的统治，也可能在短时间内，形成某种亨通。但这种亨通，显然不是《周易》所倡导的，而卦象中又确实有阴柔遮蔽阳刚之象，所以先圣在无条件的"亨"之后，通过"贞，大人吉"加以补充，将其界定在"贞"和"大人吉"的基础上。

"贞"是指卦中上下两个中位,都由阳爻占据,因此卦变非但没有改变卦象整体的"贞"正,而且还有利于"贞"正。

"大人吉"主要是针对九五而言的,除了上述对"正"的维护的意思之外,"吉"还向我们提醒了另一个存在于否卦中的问题,那就是在阴阳不交的同时,还存在着阳刚因高亢而渐失其位,阴柔虽然委顿,却会蔓生而上的趋势。其直接导致的结果就是,九五的尊位将会受到威胁,甚至会易手于阴柔。但是经历了卦变之后,随着上九自困于九二,九五的地位得到了保障,重新变得稳固起来。

因此,"大人吉"的实际意义就在于,阳刚对尊位,对卦象主导地位的控制。比之于人事,就意味着君王的英明,进而就意味着天下政治的基本清明,道德的基本高尚。只有这样的亨通,才是先圣所倡导和期许的亨通,否则就将成为小人的狂欢。

"无咎"是针对九二自上而下,自困于阴柔之间的行为的评断,其前提就是能实现亨通,能强化贞正,能促使"大人吉"。

"有言不信"一句多被前人解为,人处困顿之时,"有言"也没人相信。字里行间,流露出来的都是,书生式的牢骚与无奈,完全失去了卦辞中,以自困求道通的豪情。"有言无信"的意思是说,即使有风言风语,也不要去听信——不要因为别人的言语,而搅乱自己求道的心性。

从卦象上看,上兑为口为言,互巽为风,下坎为耳为听,因此有言语被风从其(九二)耳上吹过,过而不入其耳之象。

从义理上说,上九自上而下,自困于二阴之间的这种,舍生取义自困求道的行为,在世人眼中是令人费解的,所以必然会招致非议。然而众人之言，多是市井之声尔，君子既然舍身求道，岂可为絮絮市井之声所扰？所以"有言不信"。

**彖曰：困，掩也。险以说，困而不失其所，亨。其唯君子乎？贞，大人吉，以刚中也。有言不信，尚口乃穷也。**

【译文】困是遮掩的意思。身陷险中，仍旧能够保持喜悦的心态，身处困境却不失其操守，所以能亨通。只有君子能做到吧？正固，大人吉祥，是因为阳刚居中。"有言不信"，是因为崇尚口舌终究会陷于窘迫。

【解读】孔子的这一段彖辞，基本上是以静态的困卦卦象为背景写成的，所以其中的"小"是自始至终，无法避免的。

"困，掩也。"将卦名困，解释为掩。虽然揭示了卦象的客观事实，即九二被初、三两个阴爻所"掩"；四、五两个阳爻，也被三、上两个阴爻所"掩"，但并不能说明"掩"的主被动关系，因而很容易造成，阳刚被动受"掩"——"困"的印象。

"险以说，困而不失其所，亨"讲述的是，在被"掩"——"困"之后，阳刚的反应与结果。"险以说"来自与上下卦的卦德，上兑为悦，下坎为险，是说身陷险中，仍旧能够保持喜悦的心态，即如颜回的箪食瓢饮。"困而不失其所"的意思是，身处困境却不失其操守的意思。"亨"即卦辞中的"亨"，因此"险以说，困而不失其所"是用来解释"亨"，是"亨"的理由。

上述虽然堪称君子的表现，甚至可以认为是非君子所不能的，所以孔子感叹说，"其唯君子乎？"但是与为求道通，不惜舍身自困的境界相比，仍旧不可同日而语。即如赵氏孤儿中的生死抉择，死虽不易，生则更难，更需要勇气与坚忍。

"贞，大人吉，以刚中也"是解释卦辞"贞，大人吉"，强调二、五阳刚居中的重要性。如果深入地阐发，可以得出与卦辞相关解读类似的结论。

"有言不信，尚口乃穷也"中的"尚口"，多被解读为崇尚口舌之争之类的意思，虽有差异不同，但终究是指阳刚自身"有言"，而不是外来之言。虽然如果深究"尚"字的含义，可以将其归拢到对外来言语的态度中来。但综观"有言不信，尚口乃穷也"一句，显然更倾向于强调，对阳刚自身行为的约束/指导，强调不要与人做口舌之争。这是符合孔子作为一个教育家的思维习惯的，但仍旧有未解"困"之豪情，所见偏小的遗憾。

### 象曰：泽无水，困。君子以致命遂志。

【译文】困卦有大泽中没有水之象，君子观此象，应当懂得不惜舍弃生命，来完成夙愿的道理。

【解读】卦中上兑为泽，下坎为水，泽在上，水漏流于下，因此有"泽无水"之象。

先儒因为将"困"认定为是阳刚受困于阴柔，所以无法理解"君子以致命遂志"一句，而只能借大象所阐发的道理，往往与卦辞内涵相去较远的托辞来推脱。却不知，这一句大象，才真正体现了困卦的真谛。

所谓"致命遂志"，就是不惜舍弃生命，来完成夙愿的意思。这正是九二舍身自困,"有言不信"的心理基础。

**初六, 臀困于株木, 入于幽谷, 三岁不觌。**

【译文】坐困于枯木, 陷入深谷之中, 三年不能相见。

**象曰: 入于幽谷, 幽不明也。**

【译文】陷入深谷之中, 说明幽暗不明。

【解读】"臀"在这里是名词作状语,"臀困于"就是坐困于的意思, 是针对初六位于一卦之初, 在卦变中既有动的可能(与九四正应), 又有动的必要(位于最初, 本应先动), 但却未动, 而随着九二的下临而陷入坎险的境遇而言的。

如下图所示:

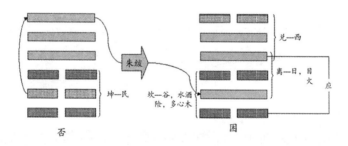

所谓"株木"是没有树叶的树干的意思, 卦中下坎为多心木, 互离为燥火, 因此有树干枯燥无叶之象。枯木无荫, 初六却坐困其下, 足见其不智不明之甚。

"入于幽谷"与"困于株木"基本同意, 都是在强调初六因为当进而未进，而导致自身境遇更加艰难。卦中坎为陷，初六因九二之来而入坎，因此有陷入深谷之象。同时上临互离之上，又有上兑，说明其所见之日，也是西下之日，因此是幽谷。

"三岁不觌(dí)"是三年不能相见的意思，在卦象对应于初六与其正应九四之间的关系。在义理上，"三岁不觌"在说明相见的艰难的同时，也说明是有相见的可能性的，甚至还有终将相见的潜台词在其中。

由此可见，爻辞的前半部分，是在用近似嘲讽的口气，指责初六的当进不进。后半部分的"三岁不觌"表面看来，是初六的不明智导致的结果，但背后却是在肯定和预言，"觌"的实现。从卦中可知，"觌"是以初六的上进为基础的，但说"觌"不说"往"的一个原因就是，"觌"是相见的意思，其中包含有双方互动的因素，更能体现阴阳的交流。

所以，综合上述，我们可以感知到，隐藏在爻辞背后的，先圣对阴爻的指责。换句话说，先圣有将否卦的阴阳不交的责任，归咎于阴柔的倾向。象辞"幽不明也"中，这种倾向表现得更加明显。

**九二，困于酒食，朱绂方来。利用亨祀，征凶，无咎。**

【译文】困于酒食之中，高官刚刚到来。适宜进行祭祀，如果用征进的方式则有凶祸，没有咎害。

**象曰：困于酒食，中有庆也。**

【译文】困于酒食之中，行为适度则有好处。

【解读】九二为下坎之主，坎为水，因此有"困于酒食"之象。

"绂（fú）"类似围裙，是古人用来遮蔽膝盖的服饰，"朱绂"就是红色的"绂"，只有高官才能使用。由于不解九二之困，是以自困而求道通的自主行为，所以先儒往往将"朱绂方来"解读为，是前来迎接九二的高官刚刚到来的意思，进而将"朱绂"生硬地理解为是指其应爻九五。

却不知，九二自上九而来，自身就是显贵之身，因此"朱绂"就是指九二本身，"朱绂方来"就是说九二刚刚到来。"困于酒食"是为了映衬出，其求道之心的坚定，和自身德行的高贵。因为"酒食"在普通人，尤其是当时的普通人眼中，几乎就是全部的生活追求，九二却将其视为"困"，足见其志向之远大，心性之清高。

"利用亨祀"是应当/有利于祭祀的意思，亨是享的通假字，享是供奉、进献的意思。祭祀在古人心中是具有特殊地位的事情，象征着思想的忠贞。所以，九二身陷坎险而"利用亨祀"，说明其具备"困而不失其所"的君子特质。

同时，祭祀又是用来整合臣民思想的重要手段，而九二自上而来，入于下坤之中，而成坎，坤为众为民，有冒险而入民之象（参见上图）。由此可以推知，九二又肩负着整合民心的志愿/责任。对九二这一深入解读，直接疏通了对"征凶"的理解。

"征凶"通常被解释为，如果征进则会有凶。但是九二在卦变中明明是下来，何以"征凶"？如果"征"不是针对卦变而言的, 那么在困卦的基础上, 九二事实上是无处可"征"的。所以将"征"解读为前进、前往, 是难以通畅的。

在理解了"利用亨祀"的深层含义之后, 就会发现, 所谓"征凶"是相对"亨祀"而言的, 因为此时"利用亨祀", 所以如果用"征"的手法就是会"凶"。反之, 九二为了避免凶的结果, 才通过自困其身的方式, 在下坤中实现"亨祀", 将阳刚的宗庙之光, 带到委顿不前的下坤中——有点17、18世纪传教士的味道。

"无咎"是对九二自上而下行为的肯定。之所以不说"吉", 是因为否卦的阴阳不交中, 本身也有上九(九二)的高亢之所赐, 因此九二的下来, 从某种意义上说, 不过是上九的自我救赎而已。

象辞"困于酒食, 中有庆也"的意思是说: 九二"困于酒食", 是暗指九二由于居中, 而可以得到一定的喜庆/益处的意思。可通, 但是由于过分局限于九二自身的得失, 所以有狭隘之嫌。

通过九二的舍身自困, 我们可以更清楚地感受到, 虽然以上九为代表的阳刚的高亢, 也是造成否卦阴阳不交的重要原因之一, 但是阳刚并未失其贞止, 而仅仅病在于亢。所以九二才能舍身而求道之通天下。


**六三, 困于石, 据于蒺藜。入于其宫, 不见其妻。凶。**


**【译文】**困于顽石, 居守于荆棘中。进入其家, 看不到其妻子，有凶祸。

**象曰：据于蒺藜，乘刚也。入于其宫，不见其妻，不详也。**

【译文】"据于蒺藜"，是因为乘刚。"入于其宫，不见其妻"，是不祥的征兆。

【解读】六三表面看来与初六都是在卦变中未动的阴爻，但是二者却有着本质性的区别，即初六是当进而未进，六三则是本来就不应当进，最终也将不得进。如下图所示：

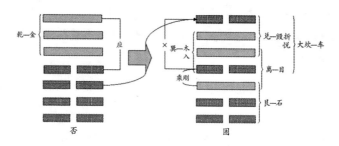

"困于石，据于蒺藜"一句，表面上说六三被九四所阻，受困于如"石"的九二，和被九二所阻，困于如"蒺藜"的九四之中，不得升进。但一个"据"字，透露了先圣对它的态度，"据"是占据，通常具有一定的贬义，至少也可以说明，其结果是主语的主动争取所得。因此"据于蒺藜"就有六三的窘境，是由其咎由自取的意味。

"入于其宫，不见其妻"可作两解：

一是针对六三在上卦中的应爻所言的，卦变之前，六三与上九正应，卦变之后，上九自上而下，上位变成了上六，与六三敌应。因此对六三而言，有"入于其宫，不见其妻"之象。根据《系辞传》中对此爻的阐释可知，孔子是倾向于这种解读的。

二是针对六三与九五的关系而言的，卦变之前，六三是阴柔升进的先锋，是对九五造成最大威胁的阴爻；卦变后，上九自上而下与之组成互离，同时六三又在与九五组成的互巽之中，因此有顺附于九五的可能。但是组成互离的九四，又在上兑之中，兑为毁折，有眼目被毁之象，所以六三"入于其宫，不见其妻"。

按照孔子的解释，"妻"是"安之主"，所以无论上述哪种解读，六三"不见其妻"，都意味着"凶"。事实上，这是对其在否卦中进逼九五的清算。同时六三的不得进，既是九二自上而下的导致的重要结果之一，也是卦辞中"大人吉"的前提。

象辞"据于蒺藜，乘刚也"，是指六三位于九二之上。"不详也"的"详"，是审视清楚的意思，因此第二种解读可能更为贴切。但同时也有不少学者认为"详"，是"祥"的通假字，也可通，只是此时第一种解读，更为贴切。

**九四，来徐徐，困于金车，吝，有终。**

【译文】前来的进程迟缓，困于金车之中，有吝难，能够善终。

**象曰：来徐徐，志在下也。虽不当位，有与也。**

**【译文】**"来徐徐"，说明其心志仍在下面，虽然位置不当，但有与之呼应的对象。

**【解读】**九四的"来徐徐"对应于初六的"三岁不觌"，"三岁不觌"有终将可见之意，"来徐徐"有最终会来之意。说明经过卦变之后，否卦的阴阳不交的局面，在困卦的基础上，终将被破除。

"困于金车"既是"来徐徐"原因，更是对否卦阴阳不交中，阳刚高亢表现的解释。所谓"金车"就是有金属装饰的车，其特征应当有二，一是华丽，二是沉重。卦中自三至上成大坎，坎为车；卦变之前，九四在上乾之中，乾为金；卦变后九四为动，因此是"困于金车"之象。（参见上图）

华丽只可能是对车的赞美之辞，因此不可能作为"来徐徐"的理由，只有沉重才是。由此可知如果说"金车"的沉重，是对九四"来徐徐"的明批的话，那么其华丽就是对九四"来徐徐"的暗褒。

可见，先圣认为，阳爻虽然困于"金车"有不当之处，但是其所困之所，所守之处，仍旧是值得肯定的，仍旧是美好的。这是因为"清"是以"高"为基础的，清高者，必有其卓而不乏之处。所以其行为虽有错而不知悔之"吝"，但终将可以善终——"有终"。

象辞"来徐徐，志在下也"说明了，九四有下应初六的意愿。"虽不当位，有与也"是在通过九四阳居阴位不正，但其下有应的特征，来解释"吝，有终"的，略显狭隘。

**九五，劓刖，困于赤绂，乃徐有说，利用祭祀。**

【译文】遭受割鼻砍脚之刑，困于高位之中，于是渐有喜悦，适宜进行祭祀。

**象曰：劓刖，志未得也。乃徐有说，以中直也。利用祭祀，受福也。**

【译文】"劓刖"，说明志愿未得到满足。"乃徐有说"，是因为行为适度而正直。"利用祭祀"，是接受福祉。

【解读】"劓刖"从象上看，是对卦变过程，对九五的影响的形象描述，即其上的上九被阴柔所易，自身所处的互巽之上，又为阳刚所拦，因此有上被"劓"，下被"刖"之象。从义理上说，则是形容九五所要经历的坚忍过程。

"朱"是大红，是绝对纯正的红，"赤"是略暗于"朱"的红，说九五"困于赤绂"除了与九四"困于金车"一样，具有明批暗褒的意味之外，还有通过"赤"与"朱"比较，突出九五的"中"的用意——原来的上九即现在九二的"朱绂"，象征着绝对，是其高亢的写照，所以需要也必须困于九二，以解其亢。九五因为是"赤绂"，红不如"朱绂"，亢也不如上九，因此可以/还适宜继续占据九五之位。

所以爻辞继续说"乃徐有说"，"乃"字就蕴含了上述的逻辑关系，"徐有说"是指卦变后上卦成兑，对为悦。

"利用祭祀"的意思，与九二中的"利用亨祀"相同，而且还应当含有, 对上承上六的意味在其中。

象辞, "劓刖, 志未得也"实际上是在暗示, "困"仅仅是阳刚的一种折中选择, 背后仍旧是对否卦中, 阳刚行为的某种肯定。"乃徐有说, 以中直也"的问题, 与九四的"虽不当位, 有与也"一样。"利用祭祀, 受福也"一句, 是说九五得福, 根据上述分析可知, 这一句是站不住脚的。

**上六, 困于葛藟, 于臲卼曰动悔。有悔, 征吉。**

【译文】困于葛藟和摇摆不定之中, 叫作"动悔"。有忧悔, 征吉则吉。

**象曰: 困于葛藟, 未当也。动悔有悔, 行也。**

【译文】"困于葛藟"因为位置不当。"动悔有悔", 是因为行动的结果。

【解读】葛藟 (gě lěi) 是一种缠绕而生的植物, 臲卼 (niè wù) 是动摇不安的样子。"困于葛藟, 于臲卼"表现出, 上六自下而上之后的不安。

"曰动悔"一句, 实际上是将"困于葛藟, 于臲卼", 做成了"动悔"的名词解释。意思就是, 被困于葛藟和不安之中, 就叫作"动悔"——动而有悔。

这是建立在上六的不正常运动的基础上的, 因为上六是自六二而来, 按照正常的运动模式, 应当与其正应九五交换位置,但实际上却是与上九交换，来到了一卦之终，这就导致了三个不当：

首先，觊觎尊位要取九五而代之，属于动机不当；其次，与上九交换，属于行为方式不当；最终，来到一卦之终，位于九五之上，属于结果不当。总之，既有不当动而动之实，又有僭越之嫌。所以是难以自安的。

但是，由于上六的上往，归根到底是在九二自困的行为推动下完成的，而九二的自困从结果上看，是促成了阴阳的交通，实现了恒通，所以只要上六"有悔"，其"征"，仍旧可以视为是"吉"的。

也就是说，此处的"征"是指其在卦变中的运动，而非在此基础上的继续征进——已处一卦之终，再征则落于卦象之外，何吉之有？

象辞"困于葛藟，未当也"的意思，就是这上六的行为和位置不当。"动悔有悔，行也"一句，往往让人误以为，"动悔有悔"应当被断句在一起，实际上则是在说，无论是由动产生的悔，还是其心中的悔，都是因为"行"造成的。

# 井——取贤于民

**巽下坎上 水风井**

　　井卦是由泰卦，经过初九和六五的交换，演变而来的。与否卦的天地不交不同，泰之为泰，就在于其展现出一副阴阳交泰的和谐景象。但如果就此即认为泰卦所对应的时局，要好于否卦，那就只能是小民之间了。

　　事实上恰恰相反，隐藏在泰卦的安定祥和背后的社会问题，远比否卦严重得多。因为虽然否卦是阴阳不交，但是全卦/社会的主导权，仍旧控制在阳刚手中，因此统治者的行为未失其贞，而仅仅是在方法上，存在一些过激的问题；泰卦虽然阴阳交合，然而全卦/社会的主导权，却为阴柔所掌握，因此有主上昏庸无道的问题，必须进行较为彻底地转变，才有可能将天下，重新引入正途。

　　井卦所要阐释的内容就是，在上述背景，如何取士纳贤，转换思想的问题。卦中最显著的特征，有以下几点：

　　首先，卦中没有明显的君王之象，换言之，升进而来的九五，仅仅是被取纳的贤士的代表而已。如果一定要寻找一个君象的话,那么这个君象应当是在卦外。

其次,虽然都是以"井"为喻,讲述在"泰"的背景下,如何取士纳贤的问题,但是卦辞和爻辞中的"井"的用法,完全不同。

最后,虽然无论是卦辞还是爻辞的取义,都是建立在在"泰"的背景下,如何取士纳贤的问题上,但是在具体取象时,却人多是就井卦自身所显现的、静态的象来取用的。也正是由于这种源于动却取于静的取象方法,才导致后人在解读井卦时,往往有无处着力之感,进而形成诸多偏误。

另一个使井卦较为难解的原因是,自泰到井的卦变,实际是以阴柔——六五的自知之明为基础的,即是六五主动让出尊位,自降于最下,阳刚才得以一跃而上,所以,在客观上体现的是阴柔的一种"高尚",按照通常的思维,这是应当加以肯定和赞颂的。但是崇阳抑阴在《周易》中,是不可逾越的基本原则,所以井卦中对初六没有只言片语的赞许,相反还有明显的贬斥之意。这就在客观上,给后人理解卦义,增加了一层迷雾。

**井 改邑不改井,无丧无得。往来井井,汔止,亦未繘井羸其瓶,凶。**

【译文】更换了村落,却不更换水井,就相当于没有损失也没有获得。来来往往地挖井,相当于,就要停下(到了井口)了,也没有将水提上来,而被井磕碎了提水的瓶子。

【解读】井卦的卦辞,毫无疑问是六十四卦中,歧义最大的卦辞之一。比如对"改邑不改井，无丧无得"一句，就有两种截然不同的解读：一种是因为"改邑不改井"，所以"无丧无得"。第二种是"改邑不改井"，可以"无丧无得"。其他细微变化，还可以衍生出另外几种。出现如此巨大差异的原因，就在于没有充分地理解上述，卦变前后的时势变化。如下图所示：

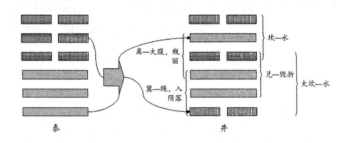

如前所述，卦变之前的泰卦，虽然表面一派祥和之气，实则危机深重，社会到了必须加以变革的时候，而由泰到井的变化，就是这种变革的具体实施办法。所以，"改"是必然的，必须的。

在这个基础上，再来审视"改邑不改井，无丧无得"，就不难发现，原来这是一句"反话"：如果"改邑不改井"，就相当于/会因为"无丧"，也/而"无得"；或者说如果"改邑不改井"，就只能是"无丧无得"。无论"无丧"和"无得"是合是分，最终意义落在"无得"上。"无得"就是一无所获，就是徒劳无功，这显然是一种婉转的否定。所以"改邑不改井，无丧无得"所要表达的真实意思就是：既然要/已经"改邑"，那么就一定要"改井"，否则不会产生任何实际意义。

此处的"井"是用来比喻事物的关键、根本的。这是因为，在生产力低下的氏族时代，井是人们生活的中心，中国的所谓井田制，就是说将一块以井为核心的土地，平均分成九分，由八户人家来共同耕种，每户各领一分，中间剩余的一分是公田，由八户共同耕种。这种人口聚居的地区，就是最小的"邑"，可见井是邑存在的基础与核心。所以，如果说"改邑"——迁移等，而"不改井"，就相当于没有"改邑"。

卦辞分为前后两部分，第一部分用一句"反话"，强调了"改井"的必要性。后半部分，则是在说不能怎样改。对"往来井井，汔至，亦未繘井羸其瓶，凶"一句的解读，自古颇多谬误，原因就在于没有理解这"不能"二字。

"往来井井"的意思是，来来往往地挖井——前个井是动词，后一个井是名词，井的价值在于能够用以取水，所以挖井是一件不需要频繁实施，但一定要持之以恒，直达成功的事情。"往来井井"所反映的情形，恰恰是挖井的大忌——不停地挖，却始终没有出水，等于是徒劳无功。

"汔至，亦未繘井羸其瓶"是另一个与井有关的比喻，其作用是加强对"往来井井"这种徒劳无功的行为的理解。"汔"是几乎将要的意思，"繘（jú）"本意是从井中取水的绳子，这里是名词动用。"羸"是缠绕的意思，仕这里引中为磕碰的意思。整句话的意思是：相当于，就要停下（到了井口）了，也没有将水提上来，而被井磕碎了提水的瓶子。以此来解说那些频繁更换地点挖井的行为，由于没有最终，所以都是无用之功。

这样的结果、行为，当然是"凶"了。这样，卦辞中的"凶"，就不会与上六的"元吉"冲突了。因为卦辞中的这个"凶"，是在明确了必须要"改井"之后，告诫不能如"往来井井"这样的"改"。而具体应当怎样改，则是通过六爻的爻辞来诠释的。

象曰：巽乎水而上水，井。井养而不穷也，改邑不改井，乃以刚中也。汔止亦未繘井，为有功也。羸其瓶，是以凶也。

【译文】入于水而上水，就是井。井能够滋养民众，而不穷尽，"改邑不改井"是因为阳刚行为适度。"汔止亦未繘井"是为了有功绩。"羸其瓶"所以有凶祸。

【解读】"巽乎水而上水，井"是通过上下卦来解释卦名，下巽为入，上坎为水，所以有入于水而上水之象，而这正是井的基本功用。（参见上图）

从象辞不难看出，孔子并没有完全理解井卦的精髓，因为"井养而不穷也，改邑不改井，乃以刚中也"，传达出来的主要观点，显然是"不改"。"羸其瓶，是以凶也"则将"凶"的作用范围，局限在"羸其瓶"上，说明没有厘清卦辞中，前后两个部分之间的关系。

所以，笔者不对此段象辞，加以深入地解读，以免造成对读者更深的误导。

象曰：木上有水，井。君子以劳民劝相。

【译文】井卦有木材上面有水之象，君子观此象，应当懂得犒赏臣民促其相互协助。

【解读】卦中下巽为木，上坎为水，所以有木上有水之象。

从"君子以劳民劝相"一句可以看出，大象的取象是建立在，将卦变过程，看作是阳刚即九五主动上行的基础上的。因为泰卦中上坤为民，九五进入坤中而成井，因此会产生"劳民劝相"的感悟，"劝相"就是促其相互协助的意思。这固然可以认为是象之所示，但却与理不合，更与之后六爻所要阐释的取士之法无涉。

**初六，井泥不食，旧井无禽。**

【译文】井中有污泥，不能食用，旧井边上没有动物。

**象曰：井泥不食，下也。旧井无禽，时舍也。**

【译文】"井泥不食"因为位处最下。"旧井无禽"，是说被时局所舍弃。

【解读】如下图所示：

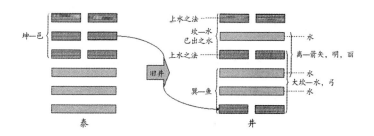

井卦六爻的取象，也是非常独特的。除初爻以外，其他五爻

被分成了阴阳两个序列，分别自下而上，以井为喻，针对于静态的井卦取象，其中阳爻为水，是被汲取、提升的对象；阴爻则为辅助提升水的手段。

初六则是卦中唯一，以卦变的动态过程取象的一爻。而其爻辞，与其说是针对井卦之初六而言，不如说是针对泰卦之六五而言。

"井泥不食"是说井中充满了淤泥，（水）不能再食用了。"旧井无禽"是说井因为长时间的废弃不用而干涸，周围连来饮水的动物都没有了——古时的很多井，都是在泉水的基础上，整砌而成的，因此动物也可以来饮水。这两句的背后，都是井必须整修，甚至弃之另建，也就是要"改"的意思。

在泰卦的祥和背后，之所以会隐藏着巨大的危机，归根到底就是六五无治国之能造成的结果。井的作用是滋养民生，因此是邑的根本；君的作用是滋养民众，因此是国之根本。由此可见，"君"与"井"在养民这个问题上，是具有相似性的。所以，没有治国之能的六五，就如一眼拥塞着污泥，不能再滋养民生的井一样——无用，必须要"改"。

好在六五仅仅是无能昏庸，却并非完全无道暴虐，所以会主动/顺从地让出尊位，来至一卦之最下，为阳刚的被汲取、拔耀创造了条件。这其中似乎可见"禅让制"的精神所在。

象辞说"井泥不食，下也"，被大部分人理解为，是在说初六不能食的原因，是因为它在井的最下，或许孔子也确实是这个意思。但笔者认为，至少可以借来说明，初六是自上而下的——泰之六五是应当下来的。"旧井无禽，时舍也"则可以视为是在宣告, 泰之六五的时代已经结束, 或者被时代所抛弃。

这样, 不仅可以更清楚地诠释, 泰之六五的让位之责, 和取士之任, 同时也为之后六四、上六两个阴爻的解读, 提供了基础。需要注意的是, 虽然是阴爻, 但根据泰卦所显示出的祥和, 可以推断此间的阴爻, 并非是奸邪的象征, 这是其能转换为井卦, 并主动 "改井" 的基础。

### 九二, 井谷射鲋, 甕敝漏。

【译文】在井下的谷中 (可以) 射鱼, 盛水的罐子破旧漏水。

### 象曰: 井谷射鲋, 无与也。

【译文】"井谷射鲋", 是因为没有应与。

【解读】在井卦中没有君象, 而且所取之象, 也与爻位关系并不密切, 而是注重于同一属性的爻之间的相对关系。比如, 九二象征的是尚未得时, 但德业已修的 "大人", 因此在大多卦中, 都是有所作为, 或者可以有所作为的一爻。但是在井卦中, 却成了 "甕敝漏", 一个漏水的破罐子, "甕 (wèng)" 同 "瓮"。

这主要是因为, 九二是三个阳爻中, 最下的一爻, 因此于水, 是无法汲取之水; 于才, 是不足取用之才。(参见上图)

所谓 "井谷射鲋" 就是在井下的谷中 (可以) 射鱼, 或者井下有缝隙, 因此水只能维持鱼的生长, 而不能上涌的意思。总之, 是说井存在漏水的问题, 九二是一个不堪之才。

如果要就其九二爻位取义的话,也是侧重于未得时,但不如按照其在阳爻序列中的相对位置取义,来得简洁深刻。

象辞"井谷射鲋,无与也",将九二不得汲取的原因,归结为"无与"——无应,虽然勉强可通,但与井卦所要阐释的义理,有较大的出入。

**九三,井渫不食,为我心恻,可用汲,王明,并受其福。**

【译文】井已经淘去了污泥,却不被食用,为我感到惋惜。可以汲取,王如果英明的话,就可以(和我)一起享受福祉。

**象曰: 井渫不食,行恻也。求王受福也。**

【译文】"井渫不食",行人感到遗憾,请求君王接受福祉。

【解读】"渫(xiè)"是除去,淘去污泥的意思,"井渫不食,为我心恻"的意思是,井已经淘去了污泥(可以食用了),却不被/来食用,为我感到惋惜、遗憾。这显然是一句,怀才不遇式的抱怨。

"可用汲,王明,并受其福"的意思是,可以汲取,王如果英明的话,就可以(和我)一起享受福祉。这是一句明显的书生式的求进之语。

对于九三的"自我标榜",爻辞并没有任何斥责、告诫之辞,说明是肯定了九三,已经具备了被汲取的资质。这是因为,九三位于阳爻序列的中间,因此就其本身来说,已是可用之才;

但就时势而言，却未必受到了重视。

"王明"一词，结合三四五共成互离的卦象，说明了九五并非是君王之象，或者说，君象并不在卦中这一事实。

至于，爻辞中透露出来的急于上进的心态，则是来自与九三"终日乾乾，夕惕若"的"本性"。

象辞"行恻也"的"行"，是行人、路人的意思，"行恻也"就是行人、路人都心有不忍的意思。


**六四，井甃，无咎。**


【译文】用砖砌井壁，没有咎害。


**象曰：井甃无咎，修井也。**


【译文】"井甃无咎"，是指修井。

【解读】"甃（zhòu）"的本意是砖砌的井壁，此处是名词动用，是用砖砌井壁的意思。其作用是使能够更加清洁，更容易被汲取使用，即是辅助水的被汲取的。

六四是阴爻序列的中爻，初六自上而下，是开辟了水——阳刚的升进之路，这是从井中取水，从民间取士的基础。六四较之初六更上一层，所对应的取士之策也更进一步——护其身而助其升。

从象上看，六四位于上下卦之间，且与三五两个阳爻组成互离，使下卦得以附丽于上卦，因此接引阳爻升进之象。（参见上

图）

象辞"井甃无咎，修井也"仅仅是直解了"甃"的意思而已。

**九五，井冽寒泉，食。**

【译文】井水清澈甘甜，被食用。

**象曰：寒泉之食，中正也。**

【译文】清澈甘甜而被食用，因为其位置中正。

【解读】"井冽寒泉"说明九五是一眼清澈甘甜，而且清凉的泉水，这正是泉水中的上品。"食"则说明了九五不仅可食，而且已经被食。从象上看，九五是上坎之主，上坎又在初至四形成的大坎之上，因此是水上之水，是"已出之水"。（参见上图）

九五的卓越品质，源于其位于阳爻序列最上的位置，说明其于水已是"冽寒泉"，于才已堪大用。

象辞以"中正"来解读九五的"寒泉"品质，也可以通。

**上六，井收勿幕，有孚元吉。**

【译文】井用完之后，不要盖住，有信诚大吉。

**象曰：元吉在上，大成也。**

【译文】大吉（之人）在上，大有成就。

【解读】关于"井收"有不同的理解，有人认为是继六四而来，指用砖砌井壁接近井口时，逐渐收拢的特点；也有人认为是指井使用完毕之后的意思。但都不影响对爻辞的理解，因为爻辞的重点在于"勿幕"——不要盖上盖子。

上六是阴爻序列的最上一爻，因此其对应的取士之策，也是最高境界的终结策略，形象地说就是"勿幕"——不要盖上盖子，意味着人才贤士的进身之路永远是畅通的，君王取士之心，永远是活跃的。用现在的话说，就是要建立长久的机制，尽可能地缩小人为因素的影响。

"有孚"笔者认为是指上六与九二之间的关系，因为取士之路的畅通，对于九二这种才且未具的人来说，意义最为重大，因为这就是意味着希望的存在。反之，取士之路的畅通，又可以使九二对君王表现出更大的忠诚。

所以，"有孚"是双向，所谓的取士之路，也是一条连接着君王与九二之间的心路。透过这条路，不仅可以为君王汲取治国之士，更能聚拢天下士子之心——即如后世科举所起到的作用——实现天下安定、人民忠诚的目的。所以"元吉"。

象辞说"元吉在上，大成也"，没有完全埋解爻辞所要传达的内容，因为"成"带有终结的意味，而"勿幕"强调的恰恰是没有完结。

综观六爻不难发现两个特点：

一是，层层深入，具有鲜明的次序感；二是自初至上，实际上是在讲述对井的改造、修葺，而始终没有讲到重新挖井。这两点恰恰与卦辞中的"往来井井"相对,"往来"有反复无常、杂乱无序的意味,正与六爻中鲜明的次序感相对;"井井"是重挖新井,正与六爻的修井相对。

由此可见,井卦,或者说先圣通过井卦所要诠释的,针对"泰"进行的改革——"改井",是重传统、重继承的改,并不是剧烈的变。

# 革——变革天命

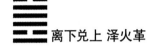 **离下兑上 泽火革**

"革"的本意是改变,而不是革除,但是随着时代的变迁,革除的意味变得越来越浓烈,以最为后人熟知的革字组词——革命为例,按照中国传统的天命论,治理天下的君王,是天命的承接者、践行者,是代表上天来管理民众的人,因此当其失去这种资格的时候,天命就会转移到另一个,更适合的人的手中。

按照这一观点,君王的更迭,就如同某一特定职位上的人员更换一样,虽然可能有些不愿,甚至是矛盾冲突,但大可不必非除之而后快。所以,商汤在"革"夏桀之命的时候,仅仅是剥夺了他的统治权而已,并没有取其性命,而是将其放逐到远方。因为所谓的"革命",只是要转换大命的归属权,而不是要革除某人的性命,更不可能是革除天命。

但是到了武王伐纣的时候,人们对"革"的理解,已经发生了根本性的变化,已经从转换、转变,演变成了革除。因为,从武王对着纣王的尸体"三射三击"来看,即使纣王不自焚,也绝无生存的可能。

民风尚淳的西周初年，对"革"的认识已然如此，权谋诡诈日渐其甚的后世，就更不必说了。所以，后世解易者，总是在不经意间，就会将"革"理解为是革除，或者具有革除的意思，若是在其他问题上，这种理解虽有偏差，却也不会造成太大的错误。但是在解读革卦时，这就成了方向性的错误。因为"革"在这里所要传达的，恰恰就是转变与革除的区别，即意在强调是转变而不是革除。

因为，如下图所示：

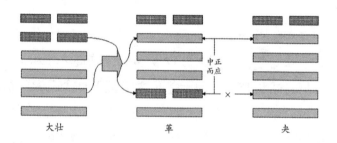

革卦是由大壮，经过六五与九二的互换，演变而来的。与以大壮为背景，通过继续阳刚的升进，变为夬卦，来实现阳刚居于五位的方式相比，二者之间最大的不同之处，就在于，"革"是将归于六五的尊位——天命，转移到了九五手中，同时又通过转换其爻位的方式，保留了六五的"物质"存在；夬卦则是以将六五革除——从物质上毁灭的方式，来实现对尊位——天命的占有。

所以，一旦将"革"理解为革除，哪怕是不经意的，也会造成对革卦的解读的偏差。反之只要将"革"的意义，牢牢地锁定在转变上，革卦的内涵就会洞然可见。

**革 己日乃孚, 元亨, 利贞, 悔亡。**

【译文】只有经历了"己日"之后, 才能信服, 大亨通, 有利于正固, 没有忧悔。

【解读】革卦卦辞是六十四卦中, 较为难解的一卦。其中古来争议最多的就是, "己日乃孚"一句。仅"己"字就有三种不同的解释——天干中的己, 地支中的巳, 还有人认为是"已日"的已, 已日就是浃日的意思, 浃日是天干运行一周十天的意思。但无论哪一种, 都是将"己日"二字, 认定为是指一段时间周期。

"己日乃孚"就是, 只有经历了"己日"之后, 才能信服的意思。

笔者认为, 将"己"字理解为天干中的己, 更为贴切, 也更有利于对卦辞和爻辞的解读。如下图所示：

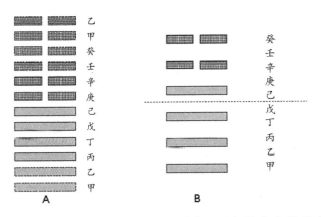

"己"是天干的第六位, 刚刚过半, 而在卦变之前的大壮中, 阳刚的数量, 也刚刚过半。"过半"意味着事物将发生根本性的转变, 或者说具备了发生根本性转变的条件。而这正是大壮卦所反映的核心矛盾——阳刚虽然没有占据尊位，但是在数量上已经过半，阴阳之间的争夺，来到了最关键的时刻；整个卦象，正处于发生根本性转变的边缘之上。

在这种背景下，妥协是最容易出现的一种选择。所以"己日乃孚"中的"孚"，是阴阳之间的相互信服、信任。"己日乃孚"的意思就是，在"己日"——阳爻在数量上已经过半的时候，阴阳之间实现了相互的信服。套用一句现代的外交辞令就是：在最后关头，双方终于达成了共识。"己日"就是这个最后关头——阳刚将要革除六五的关头。

所以：

"孚"是"革"前提和基础，阴阳因为相孚而"革"——变决除为转换。"己日"则是"孚"的前提和基础——阳刚不至"己日"，不具备足够的条件积累，则不会被"孚"；阴柔不至"己日"，不迫于压力，也不会"孚"。二者相较可知，在"革"的过程中，阳刚具有更大的主动性，因此也表现出更多的"孚"，阴柔表现出来的则是，无奈和顺从。这一点在爻辞上的体现就是，两个阴爻皆"无孚"，四个阳爻中，除初九以外皆"有孚"（见后）。

"元亨"是因为"己日乃孚"所导致的"革"的第一个结果。其依据是两个方面，一是相对于通过将六五决去，而占据尊位的形式而言，"革"的方式避免了阳过盛、阴过衰的局面，最大可能地保证了阴阳协调，所以能"亨"；二是因为能够产生"利贞"的结果，能够有利于贞正，所以"元亨"——大亨。

"利贞"在此处具有两层含义，首先是"革"的第二个结果，因为经过卦变之后，九二升至九五居中得正，六五下至六二也居中得正，因此"革"之术是阴阳归正之法，与夬的决阴进阳相比，显然更有利于"贞"；其次是一句戒语，是为了警戒"革"不可轻为，需要待到"己日乃孚"之后，同时"革"之后，更不可轻易，所以应当贞固。

"悔亡"是继"利贞"之后的第三个结果，相应于"利贞"的两层含义，也可以衍生出两种"悔"：一是不革而夬导致的悔；二是因为不能守正导致的悔。

**彖曰：革，水火相息，二女同居其志不相得，曰革。己日乃孚，革而信之。文明以说，大亨以正，革而当，其悔乃亡。天地革而四时成，汤武革命，顺乎天而应乎人，革之时大矣哉。**

【译文】各卦显示，水火得以共处，两个女性共处一处，但心志并不相互融合，叫作革。"己日乃孚"是说变革而产生信任。以和悦的方式推广文明，通过正当的方式形成大亨的局面，变革而恰当，其忧悔才会消亡。天地不停地变革才能形成四季，商汤、武王革命，是顺应于天命人愿，革卦对应的时势太重要了。

【解读】"革，水火相息，二女同居其志不相得，曰革"一句，是在解释卦名革。卦中上兑为泽为水，下离为火，因此有"水火"之谓。水火本不相容，因此先儒往往将"相息"理解为相互克制，但由于卦中并没有相克之意，所以又转而说，有相互滋养之意，或者相克相生兼而有之，可见含混不清之甚。

结合上述，关于"革"的分析，笔者认为所谓"相息"，就是指相克之意的消亡，"水火相息"就是水火得以共处的意思。

孔子认为"唯女子与小人为难养也，近之则不逊，远之则怨"，背后的根源无外乎是，此二者都相对的缺乏理性，重于感性。所以女性之间的爱恨情仇，往往上升不到"志"的高度，就已经爆发了，其表现就是人际关系上的，形同水火的决裂。所以"二女同居其志不相得"，是一种几乎可以等同于"水火相息"的，极为"罕见"的关系。

"曰革"——这就是"革"，从决裂相各归其正，相安无事地转变。

"己日乃孚，革而信之"一句，首先明白无误地说明了"革"不应当是革除，否则是无法产生"信"的结果的。

"文明以说，大亨以正，革而当，其悔乃亡"，是在综合性地解释卦辞"元亨，利贞，悔亡"。卦中下离为文明，上兑为悦，所以有"文明以说"之象，即以和悦的方式推广文明，或者因为文明而实现和悦的意思，这实际上是在解释为什么能"元亨"。

同样，"大亨以正"也具有，通过"正"的方式来实现亨通，和亨通能促进/实现"正"两种意思。"革而当"既是对"大亨以正"的肯定，同时又说明了卦中所示的"革"的具体方式。因此这两句是在解释"利贞"的。

"其悔乃亡"说明"悔亡"，是"利贞"即"大亨以正"的结果。

"天地革而四时成，汤武革命，顺乎天而应乎人"，是分别用天道运行的规律，和当时人们最为熟悉的两次，关于革命的记忆，来说明"革"的重要性和必然性——在条件成熟的时候，"革"既是天道/天命的体现，也是维护天道/天命的手段。（看

来孔子并没有看到或深究，汤武革命之间的细微差异）

"革之时大矣哉"是彖辞中，常用的引起读者关注的赞语。

**象曰：泽中有火，革。君子以治历明时。**

【译文】革卦有大泽中有火之象，君子观此象，应当懂得修治历法明确时令的重要性。

【解读】卦中上兑为泽，下离为火，因此有泽中有火之象，说泽中有火，而不说泽下有火，其意义与"水火相息"类似，突出的是一种共存关系。

"君子以治历明时"一句的意思就是，通过观革之象，要领悟创制历法，明确时令的重要性。这一句，确实与卦义相去较远。

**初九，巩用黄牛之革。**

【译文】用黄牛皮做的绳子固定它。

**象曰：巩用黄牛，不可以有为也。**

【译文】用黄牛皮做的绳子固定它，不可以有所作为。

【解读】"巩"的本意是用皮革捆扎东西，进而引申出使牢固等意思，由此可见对初九"巩用黄牛之革"，除了显而易见的使之固定不动的意思之外，还有促其坚固的意思，即不仅是固，而是要固而强之。

要理解这一点，就有必要认识到，革之初九实际上就是大壮之初九，因此同时具有两种特性，首先初九是勿用之潜龙，因此在革的时代，不应有所动作；其次初九又是大壮中，阳刚升进的实际推动者，阳刚之所以能够达于"己日"，都要拜初九的推动所赐，所以即使在革的时代，仍旧需要初九作为基础。

比之于人事，初九在下，扮演的是略有才具的草民角色，这样的草民，既是变革之基，又往往是不正之因；既是社会进步的力量源泉，又往往是阻碍社会归于安定的因素；既是促成"己日乃孚"的不可或缺的力量，又是"利贞"的最大阻力……所以，既需要约束，又不能削弱，因此"巩"——固而强之，就成了最佳方案。

如下图所示：

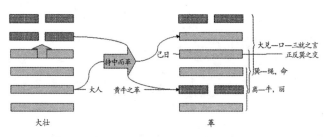

所谓"黄牛之革"，应当主要是指六二，六二位于下离之中，离为牛；六二又位于互巽之中，巽为绳。所以有"黄牛之革"之象。比之于人事，初九升进（不止）的最直接目的，就是以决去阴柔为代价，让阳刚占据尊位，所以在"革"之时，虽然没有将阴柔彻底革除，但是六五自上而下，变成了六二，对初九来说，应当是最大的安慰,可以在一定限度上,稳定其躁进的情绪。

同时,六二下来形成的离卦,离为附丽,所以有通过六二,使初九附丽于上之象,也符合"巩"的意义。

象辞"不可以有为也"着重于"巩"中包含的"固"的意思,而忽视了其中的"强"的意思。

**六二,己日乃革之,征吉,无咎。**

【译文】到了己日因此要变革它,征进吉祥,没有咎害。

**象曰: 己日革之, 行有嘉也。**

【译文】到了己日变革它,行动会有嘉美的结果。

【解读】《周易》中的爻辞,大多是针对各爻的主动行为而言的,所以先儒往往根据"己日乃革之",将六二理解为"革"的主体,进而导致对六二爻辞解读的根本性错误。

因为一旦将六二设定为"革"的主体,那么就必须要回答,"己日乃革之"中的"之"所指为何,这个问题。显然这个"之"既不能是六__,也不能是与其没有任何直接联系的上六,那么就只能是阳爻中的某一爻,其中最有可能的就是九五。这不仅与崇阳抑阴、阴随阳动的基本原则相违背,而且与卦辞中的"利贞"直接冲突——六二、九五此时都是居中得正,若革而变之,则是由正而变为不正。

所以,将六二设定为"革"的主体,即将本句视为是六二的主动行为的解读思路, 是不可取的。换言之, 爻辞描述的是六二的被动行为, 即以大壮的六五是被"革"的对象, 是"己日乃革之"中的那个"之", 六二是"革"的结果 (之一)。

"乃"字是表示递进关系的连词, 因此往往具有主动性的意味, 用在此处, 则是为了在暗中显示, 六二 (原来的六五) 有顺从、配合"革"的意愿, 即在被动接受的大背景下, 存有的主动的一面。这是自六五到六二, 始终居于中位, 始终循于中道的特性使然。(参见上图)

同样"征吉"也不是指六二主动的"征", 而是指卦变中, 九二对六五的"征"。"吉"是对"征"的结果——阴阳归正的评断。

"无咎"是针对九二一跃而至九五, 自一介草民一跃而登尊位的, 超常规跨越的评断。其依据浅而言之, 与"吉"同。深而言之, 则是天命观的体现——九二的跃升是为了顺应天命, 当然"无咎"。

象辞"行有嘉也"应当更侧重于对六二自身, 在卦变中的"行"为的评断。

**九三, 征凶, 贞厉。革言三就, 有孚。**

【译文】征进有凶祸, 正固则有危厉。再三有要求变革的呼声出现, 有信诚。

**象曰: 革言三就, 又何之矣。**

**【译文】**再三有要求变革的呼声出现，又要到哪里去。

**【解读】**对九三的理解，可以从两个方向展开：一是从"革"的演进来看；二是从其与阴柔的关系来看。

首先，从"革"的演进来看。九三仍在下卦之中，未达"己日"，说明"革"的条件尚未完全成熟，因此"征凶"——征进则凶。同时，九三已然处于下卦之终，已经濒于"己日"，说明"革"的条件即将成熟，"革"已经呈现出必然之势，所以"贞厉"——坚守不动将会有危厉。概而言之，九三位于"革"的边缘，因此动则有凶，不动则会有厉，最佳的折中方案就是不动而动——"革言三就，有孚"，其中"革言"应当是指来自底层的，对"革"的要求，"就"是完成的意思。"革言三就，有孚"就是，再三地要求"革"的呼声出现，最终达到"有孚"的意思。总的来说，还是强调九三应当静待时机的成熟。这种事情，在后世的中国历史上，曾经上演了无数次，其中最典型的一次，就应当是西汉末年，天下从官员到士绅，再到百姓的，对王莽的劝进。

其次，从其与阴柔的关系来看。九三在卦变之前，即在大壮之中，虽然是阳刚的一员，但同时又是六五之臣的身份，因此"征"之则为不忠，因此"凶"；守"贞"又为不智，故而会有"厉"。只有再三进谏变革之言——"革言三就"，才能既"有孚"于君，又"有孚"于民，符合其爻位的本分。

象辞说"革言三就，又何之矣"，是建立在静态的卦象基础上的，即"革言"已经"三就"，又何必行动，或者又要到哪里去的意思。事实上，过分地强调了九三的不动，因此与"贞厉"有所冲突。因为"革言三就"是一种动态的等待。

**九四, 悔亡, 有孚改命, 吉。**

【译文】没有忧悔, 有信诚改换天命, 吉祥。

**象曰: 改命之吉, 信志也。**

【译文】改换天命的吉祥, 是因为能使其志, 得以信服。

【解读】九四的解读, 同样需要建立在动态的基础上。所谓"悔亡"与卦辞中的"悔亡"一致, 都是指不革而夬, 导致的卦象过刚不柔的悔。

之所以, 将"悔亡"的责任归结于九四, 是因为九四在大壮中, 是阳刚决去阴柔的先锋, 因此如果出现不革而夬的局面, 那么九四就是"悔"的直接制造者。同时, 结合九五"大人虎变"的爻辞, 还可以更深入地了解到, 九四冒进必然有悔的更本质的原因就是, 九四不是"大人", 不具备"大人"的特质, 不可实现"虎变", 所以一旦其进而为九五, 则必有悔。

"有孚改命"所改的不是阴柔之命, 而是改九四自身, 可能升进为九五的"命"。

"吉"是对九四"改命"的评断, 也是对其将要得到的结局的预测。

九四的价值在于, 在天命当前伸手可及的情况下, 能够"有孚改命"之人, 古来稀有。至于九四之"吉", 更是古今罕有。反倒是, 古往今来多少九四, 生前以铁肩担天下, 死后却落得骂名千古。

这是因为，自复至大壮，九四是阳刚决去阴柔的先导，始终是阴阳矛盾冲突的焦点所在，所以，虽然在客观上，对阳刚的回归，作出了卓越的贡献，但同时也为阴柔所不容，为阳刚所猜忌，因此虽然在大壮时，貌似为天下所望，实则已经自困于时势，为阴阳双方所不容。如果能够自知而功成身退，"改命"而去，则可得"吉"。否则，必是大凶。

在中国的历史上，隋炀帝杨广应当就是最典型的一个悲剧型的九四。杨家是由西魏演变而来的鲜卑政权西周的皇亲国戚，隋帝国的建立，是结束游牧民族对中国北方长达400多年黑暗统治的发端，后来主要由杨广完成的南北统一，和对突厥的征讨，则是中华民族民族自尊心、民族认同感重构的关键。但是由于杨家父子，正处于数百年来积聚的文化矛盾、民族矛盾的焦点，所以终究不能为当世所容。最终在一片声讨声中，身败名裂。不世之功被忘却，千古骂名被强加。

象辞"改命之吉，信志也"的意思就是说，"改命之吉"是源于，通过"改命"，而使其志，得以信服。

当然，如果站在九四作为阳刚的代表，即站在阳刚的整体高度上，九四的"改命"，也可以视为是阳刚整体性的观念转变。

**九五，大人虎变，未占有孚。**

**【译文】**大人完成了虎变，不用占卜有信诚。

**象曰: 大人虎变, 其文炳也。**

【译文】大人完成了虎变, 其纹理彪炳于外。

【解读】九五的 "大人", 说明了两点: 首先九五是自九二而来, 否则 "大人" 就只能是变的结果, 而不能是变的主语; 其次是只有 "大人" 才能 "虎变"。

在古代虎与龙都有君王之象, 因此所谓 "大人虎变", 就是九二这个 "大人", 经过卦变之后, 变为了天命的承受者。这种由民而君的变化, 就是 "虎变"。

"未占有孚" 是强调, 九五有孚的必然性。

象辞 "其文炳也", 一方面是说 "虎变" 本身所具有的重大意义和显著影响; 另一方面也是对经历了 "虎变" 的九五的描述。九五为得位的大人, 肩负着 "圣人作而万物睹" 的责任, 因此也必须具有相应的能力。这种能力的表现, 就是 "其文炳" ——其纹理彪炳于外, 就如同老虎一样。

**上六, 君子豹变, 小人革面, 征凶, 居贞吉。**

【译文】君子会完成豹变, 小人则变换面孔, 征进有凶祸, 居于正固则吉祥。

**象曰: 君子豹变, 其文蔚也。小人革面, 顺以从君也。**

【译文】君子会完成豹变, 其纹理(影响)盛大。小人变换面孔，是为了顺从君王。

【**解读**】上六与六二相似，在充当被革的对象的同时，又表现出相当程度的主动顺从的意愿和行为。所不同的是，六二因为曾经占据着尊位，所以是必革的对象。上六在这里则是代表着，除了六五以外的，其他不具有影响力和决定权的阴柔。因此其爻辞中同时包括了"君子"和"小人"两大分类。

"君子豹变"说明，君子在革之时，能够随着时代的变迁，而作出较为最彻底的转变，但终究君子不是大人，更不是九五，所以不能"虎变"，而仅仅是"豹变"。豹虽然不如虎威，但数量更多，而且其纹理，也具有一定的威慑力和装饰性。即如君子虽然不如大人，但因为其庞大的数量，而对社会起着决定性的影响。所以象辞说"君子豹变，其文蔚也"，"蔚"是盛大的意思。

"小人革面"是说小人在革的时代，只会"革面"——变换面孔，作出顺从的姿态，但却未必深入其心。

"征凶"应当主要是针对"小人革面"而言，即"征之则凶"。意思是说，无需对"小人"的内心世界过于强求，只要其能"革面"，即可包容。这是因为"小人"之所以成为"小人"，就是因为其本身就缺乏对道义的认知，而仅仅是为利益所驱动。所以"革面"即意味着其暂时的无害，即如象辞所言"顺以从君也"。如果强求其心而征之，则必坏其利。坏其利则必激其反，反而会致凶。

"居贞吉"是双关语，是对阳刚和"小人"，同时起作用的诫语。